# 流行歌の精神史

―あの頃こんな唄が流行っていた！―

神津陽

創風社出版

流行歌の精神史
―あの頃こんな唄が流行っていた！―

目次

## Ⅰ　流行歌の戦後興隆期



## Ⅱ　流行歌の70年代黄金期

# 流行歌の精神史

―あの頃こんな唄が流行っていた！―

# I　流行歌の戦後復興期

# 1 松山恵子と三大ヒット作

誰もが齢を重ねるし、自分の経験や知見で自他の判断を図る。どんな個性も時代や社会の函数なのだが、自分にとっては大切な世代論や時代経験も早晩古びてしまう。だが時代がどう変わろうと各自の心は記憶の蓄積とともにあり、国家や政治家や経済指導者や迎合者の史観とは直結しない。人々は国のためにではなく、ある環境のなかで家族や地域社会とともに勝手に生きる。昔よく通ったタイ南部のサムイ島が国家の枠組みに入ったのは明治維新と同年で、その前は海上周辺を自由に移動していたそうだ。

私の育った長い戦後時代の価値規範は最大振幅で変動したが、各自を支える思想骨格は共同性の記憶と結合している。この個と共同性を結ぶ記憶に最も深い影響を与えた者を天才と呼ぶなら、誰も美空ひばりに及ばない。ふと口に浮かぶ彼女の歌こそ、愛おしいではないか。

この戦後庶民の心を熱狂させた美空ひばりは１９３７年生まれ。数々の書籍やテレビ番組で日本の復興と寄り添うかのひばり一家の苦闘は知られるが、今回はひばりから最も影響を受け人生を歌に捧げた、宇和島出身で私にとっても身近な松山恵子を例に示す。

松山恵子はひばりと同学年で１９３７年4月10日生まれ（１９３８年説は誤り）だ。北九州に生まれ東京に移り、更に親の縁で宇和島沖の九島、次に宇和島駅前に転じた。恵子は和霊小学校高学年で山の手の芝居小屋・融通座で「美空ひばりショー」を観て、心震える感動を受けたという。

戦後直後は中学校の卒業アルバムが十頁もない貧困期で、恵子の家は焼き芋屋だ。商品配達中にひばり映画のあらすじを私の前で説明する稲垣商店の姉ちゃんも、熱心なひばりファンだった。姉ちゃんは家が焼けて行方不明だが、恵子は全生涯を掛けひばりを追い続けたその点が違った。

松山恵子の父親は宇和島市沖の九島の外の戸島の岡崎家の出で、恵子の本名は岡崎恒好(つねこ)。岡崎船問屋の千石船が土佐の岩崎弥太郎船と衝突し沈没、補償交渉に敗れて問屋は解体し一族は離散する。どの岡崎家も生計上から住所を転々としたが、出自の誇りは保持していた。

宇和島近接の戸島は土佐のキリシタン大名の一条兼定の没地として知られるが、庄屋は代々田中家でその末裔の茂ちゃんは私の城南中一学年時の隣席にいた。田中家に次ぐ有力家が岡崎家で、私の高校同級生の岡崎渉の兄の幸裕弁護士は、恵子の親族から何かと相談を受けたらしい。

美空ひばりに大感動した恵子は、親に泣きつき融通座近くの宇和島で唯一の音楽教室「なかむら軽音楽団」に入る。猛練習の末コロンビア全国歌謡コンクールに入賞し、中学卒業直前に一族の期待を背負い大阪に一家移住。その経緯は当時同じ城北中学教員だった私の父から聞いた記憶がある。大阪での恵子の消息は知れぬが歌に専念したことは確かで、翌々１９５４年の日本マーキュリー全国歌謡コンクールで優勝し歌手への道を歩む。宇和島恵子では知名度が弱いと芸名を松山恵子とするが、恵子はその点を気に病んでか、何度も地元の宇和島でのコンサートに戻ったようだ。

デビュー後の松山恵子の歩みは、Wikipediaなどで調べれば分かる。デビューして二年後の「未練の波止場」が大ヒットし１９５７年の紅白歌合戦に出場。その後も毎年「だから云ったじゃないの」「お別れ公衆電話」などヒットを飛ばし、紅白にも計八回出場した。

恵子のレコード発売枚数は多くないが、69年交通事故後も肝炎罹患の際も歌手活動は続けた。人当たりのよい柔和な性格で「オケイチャンよ」と自己紹介しつつの舞台登場や、アンタナイテンノネの決め台詞位は誰もが知っていよう。国民的中堅スターだった。

ひばりは数知れずの歌を残し、多くの話題を振りまき、１９８９年に悲劇的最期を遂げる。一方、同学年の松山恵子はナツメロ番組女王の座をキープしつつ芸能生活50周年を迎え、２００６年5月に肝臓ガンで死去。翌6月には久し振りの新曲が発売予定となっていたところだった。何が歌手の人生として幸いかは分からない。


「未練の波止場」の歌詞は〈もしも私が重荷になったらいいの〉で、〈捨てても恨みはしない〉に続く。この思いつめた冒頭句と、サッパリした居直りの次句の組み合わせが目新しい。飲み屋でこの冒頭の応答があると、女はその次を聴きなよと言ったらしい。

〈もしも私が重荷になったらいいの　捨てても恨みはしない　お願いお願い連れて行ってよこの船で　ああ霧が泣かせる未練の波止場〉が、松井由利夫作詞の第一番。だがここでは感情の盛り上がりと抑制の主役像はあいまいで、後半が唐突だ。

第二番は〈たとえ港の花でも女は女　嘘では泣いたりしない　お願いお願い　ひとりぼっちにさせないで　ああ風が泣かせる未練の波止場〉。ここで主役は港町の酒場女と船乗り男と分かり、出航予定の男に取りすがり残される女の心情が吐露される。

第三番は〈何といわりょと私はあきらめ切れぬ　あなたを離しはしない　お願いお願い船に乗せてよ連れてって　ああドラが泣かせる未練の波止場〉。明確なのは出会い↓付き合い↓船が出る前での、男に寄り添う女の意志だ。だから乗船する男に未練が残るのだ。

「未練の波止場」はタイトルからは、別れざるを得ない男へ寄せる愛着を歌う未練歌の代表格と目される。だが一番の「捨てても恨みはしない」は未練ではなく、三番の「あなたを離しはしない」とも矛盾する。この男女間の距離を定めているのは船である。

男の船での仕事は何か知れぬが、女は船への同乗をせがむ。ここで男女間に別離はなく、深情けの女の悩みは出航中のひとり身だと分かる。ドラが鳴る大型の正規船だから、女を隠せる余地

はない。女は自分の慕情を確認しつつ、長期の見通しを考えている。

前年のコロンビア・ローズ大ヒット「どうせ拾った恋だもの」に「未練の波止場」の歌詞は影響を受けている。前者は見合いや紹介でなく偶然始まった恋での男の不実に、捨てちゃえ捨てちゃえと抗する。だが後者は男の仕事故の別離を克服し得る、二人の進路を模索している。

恵子の次のヒット作「だから云ったじゃないの」も前作と同じ松井由利夫作詞だ。恋に悩む女に先輩が、自分の経験をもとに「だから言ったじゃないの」と宥める。待つのは辞めて捨てちゃいなと言うが、「港女は強いはず」との仲間意識が励ましの根拠だ。

歌一筋で家族の庇護下に成人になった恵子に、そのころ大人の女の恋愛経験はない。また一回り年長の松井は東京育ちの作詞家志望の教員で、港女の哀歓を知るアンテナは持ち合わせぬはずだ。由利夫が恵子宅で面談し吸収した岡崎家の有する海での経験が、恵子の連続ヒット歌詞の背景ではないかと推測する。


恵子が次に組むのは「おんな船頭歌」や「東京アンナ」を出した藤間哲郎で、1954年に「お別れ公衆電話」の大ヒットを生む。この世で男女間の恋愛ほど不可避で不可思議なものはないが、この曲は女の側から見た恋愛心理の生成と終末を描き秀逸である。

藤間哲郎は恵子の前二作の歌詞を十分に検討し、場所を港から駅に変えて連作を完成させた形だ。未練の語は出るが、主意は全く異なる。携帯電話以前で個人電話などない時代に、揺れ動く自分の意思を相手に伝える手段の公衆電話に藤間は着目したのだ。

この歌の特色は歌詞の順番と、時間の流れが逆なことだ。三番〈先があるのよあなたの身には〉と女が身を引く理由が示され、二番で好きだから「逢えばもろくなる」心理を述べ、だから汽車に乗ろうとしたがいつか公衆電話を掛けたとの一番の歌詞は現実と逆の時間順だ。

一番の後半の馬鹿な「私の未練」を生んだ別離の壁は、女が考え自分で作ったのだ。だから戻ることはできるが、決めた自分の心から戻る訳には行かぬ。しかし汽車に乗る直前に、つい電話を掛けてしまった。発車時刻は迫り手持ちの十円玉も切れる、そんな緊迫した局面を見事に切り取っている。ビッグになる彼のために身を引くとの判断は古風で、今時の婚活レディの玉の輿願望とは真逆だ。

昭和二十年代は冷戦時代で日本は朝鮮戦争特需に沸き原爆許すまじを歌っても、社会基層は古いままだった。私は小学生で近所のテレビのある家に「笛吹童子」を観に毎回通い、「お富さん」を歌っていた。

戦後憲法で男女同権が定まったが、まだ見合結婚が全盛で赤線もあった。自由な男女関係を装っても、家柄や仕事や稼ぎ等の目に見えぬ制約があった。戦後の洗礼を受けた活発な女性の一部は仕事を探し都会に出て経済力を得んとし、水商売の女もそれに伍していたのだ。

ここで身を引くのは戦前的な籠の鳥に安住する女でなく、自分も仕事で自活する女だ。彼女は貧しくとも楽しく恋愛を続けていたが、おそらく彼に社長令嬢との縁談などのハプニングが起きたのではないか。〈こんな女は忘れるものよ〉との自嘲からその事情が透ける。

いきなり女から別れ話を持ち出された男がどうするかは、藤間の詞にはない。好き合っている男は飛んで来るし、〈逢えばもろくなる〉彼女とは元に戻れるはずだと考える。何時が「切れ目時」かも分からぬ男からすれば、理由はともあれ汽車に乗る直前の女の電話は女の方がズルイのだ。

男の反発を承知でこの歌が広がる理由は、恋愛の主導権を女が握っているからだ。男に言い寄られ愛され相思相愛になり逢えばもろくなっても、女には自分が決めて戻れる場所から飛び出すロマンがある。貴方のためよと言われても女の言う「切れ目時」は男には謎である。

見田宗介『近代日本の心情の歴史』は未練を、保持・獲得が不可能となった対象への愛着とする。だが1950年前後の未練歌の隆盛を、戦後混乱期の再編と不満に還元できるか？　恵子の未練歌はもっと複雑で、関係継続を自ら断念した後の切実な愛憎心理を示している。

「お別れ公衆電話」の駅は、地元では日本の終着駅の呼び名のある予讃線宇和島駅だ。2000年の宇和島出身の大和田建樹作の鉄道唱歌百周年イベントに、恵子は肝臓ガンを押して参加し同級生の前でこの「お別れ公衆電話」を激唱、また宇和島駅構内に「携帯電話専用公衆電話」を寄贈した。

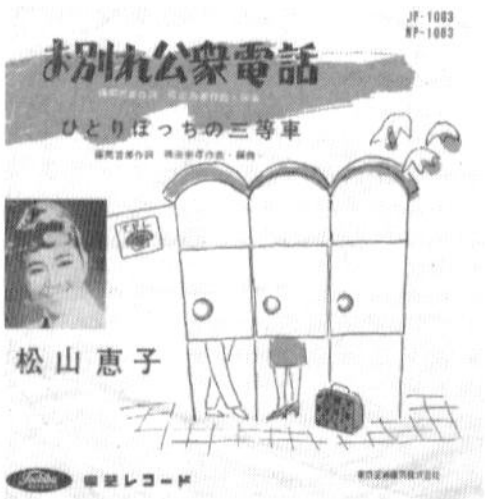

〈註〉松山恵子の子供の頃については宇和島での同級生の福島晴子さんと久保月丸さん、戸島の岡崎家については岡崎渉君に話を聞いた。また「宇和島・北宇和・南宇和の今昔」でのメガネのタナベ店田部司氏の松山恵子紹介文も参考にした。

# 2 歌声喫茶の歌を巡って

本稿の「出版人」第1回連載を読んだ友人から「なぜ総タイトルが流行歌の精神史なんだ、なぜ歌謡曲じゃないのか」との質問があった。確かにふと口ずさむ歌は唱歌・童謡・民謡・浪曲・クラシック・ポップスの一節など幅広いが、演歌・ムード歌謡など歌謡曲が多いかも知れない。だがNHK番組名が大衆化の発祥と伝わる歌謡曲は殆どがレコード化されているし、今ではCDやDVDに取って代わられている。私らが記憶している様々な歌の源泉はラジオやテレビや文化メディアに影響されるが、更にもっと広く家族や居住区や行楽地などでの社会的経験にも拠っている。

そのような意味では思い出して口から出るメロディは時代文化の象徴であり、個人の年齢蓄積の偏差により取捨選択されて変化する。かつて戦中派の吉本隆明は1964年の「日本のナショナリズム」で、大衆ナショナリズムの所在を戦前の軍歌と唱歌と童謡で示して見せた。

ならば戦後の特に60年安保世代と全共闘世代をつなぐ記憶の紐帯領域を考えると、後者にはレコード化されず学校でも教わらぬのに知ってしまった歌声喫茶の歌の影響がかなり大きいだろう。これらの友と一緒に聞いて覚えて合唱し記憶の幹となった歌は流行歌だろうが、歌謡曲ではない。

1970年代に日本で開発されたカラオケは、今や世界中に浸透している。人々が機械に音程調整され画面の歌詞を歌うスタイルしか知らねば、人の激情の発露である告白も絶唱もアジテーションも、それらへの同調による行動も知らず、生きる世代が続く事になる。それでは情けないではないか。

と言うことで今回は流行歌の新たな淵源として、一時は隆盛を極めた歌声喫茶の歌を考えたい。歌声喫茶は1951年の新宿「どん底」開店から始まり、70年代に入ると急速に歌の世界での勢いが衰えた。その後、世に背を向け、斜に構えた大学生層は「替え歌」類などに興じるようになった。

歌声喫茶は世話係のリーダーがリクエストを集め、アコーディオン伴奏で希望曲を希望者が歌い、店全体で合唱する仕組みだ。そこで始まり広がった流行歌は、「北上夜曲」「山のロザリア」「北帰行」「惜別の歌」「琵琶湖周航の歌」「川は流れる」など60年代初中期に集中している。

私の記憶では60年代歌声喫茶のメッカは、新宿でどん底、カチューシャ、灯などが乱立していた。どれも左翼臭があったがどん底はアナ系、カチューシャは三派系、灯は民青系と客筋の年齢層や軸が異なった。重なりはあるが、この軸を外すと歌声喫茶の隆盛と衰退の理由を見失う。

今の若者には信じ難いだろうが、戦後から70年代初期まで、日本知識層の主流は左翼だった。私は中大入学時に川添利幸教授のバス旅行で、ロシア民謡を原語で合唱する先輩達に驚いた。哲学者廣松渉に当時の東大駒場で共産党支持が七割で、どん底には三島由紀夫も出入りしたとも聞いた。

敗戦後日本は米軍占領下にあり、民主化運動が反米軸に傾くことは分かる。だが終戦直前にソ連は平和条約を破り日本に宣戦布告し、漁夫の利を得た。終戦翌日に伯父が満州牡丹江で死んだ私にはソ連の非は明確だったが、戦後の世の中は政治も思想も文学も「社会主義」に傾斜していたのだ。

私は四国の僻地の宇和島の田舎育ちで、最も安い映画上映は労音だった。だが数々のロシア民謡の類を、まとめて歌って覚えたのは上京後の歌声喫茶だった。各歌声喫茶では歌集を出していたが、濃茶色のどん底歌集のトーンがロシア的で最も暗く、カチューシャには戦闘的な歌もあった。劇場風で広かった灯の歌集は逆に明るく健康的なミーハー的労働歌類が多かった。つまり歌声喫茶から時代の深層を考えるとき、政治色に踏み込むのは止むを得ないようだ。

どの店でも定番は、「ともしび」「カチューシャ」「トロイカ」「黒い瞳」「バイカル湖のほとり」「アムール河のさざなみ」「バルカンの星の下で」などだ。「インターナショナル」「ワルシャワ労働歌」「満州の丘に立ちて」「心さわぐ青春の歌」「しゃれこうべと大砲」「イムジン河」など政治色の強い物も流行った。またロシアに関わらぬ「アリラン」「川岸のベンチで」「草原情歌」「勝利をわれらに」「ローレライ」「帰れソレントへ」なども人気だった。

私が歌声喫茶に通ったのは、学生運動に入る前の真法会研究室にいた65年前後だ。高度成長賛美もその尻での「しあわせの歌」などの実感もなかった。共産党風の明るい歌声喫茶で合唱などは本当に気恥ずかしくて、勝平隆一主宰の「魔歌」という先輩たちの詩同人に属しつつ半ばふてくされて「郵便馬車の馭者だった頃」など歌っていた。

一番は〈郵便馬車の馭者だった　俺は若くて力持ち　そこは小さな村だった　俺はあの娘《こ》に惚れていた〉。中は飛ばし〈皆の衆　あの娘が死んでいた　茶色の瞳を閉じて　酒をくれ早く酒を　もうその先は話せない〉で終わる。皆がラスト部に力を入れ、彼女もいないのに呑んだくれていた。

歌声喫茶が生む可能性は私見では「淋しきアコーディオン」に秘められていたと考える。家が近かった女子美出の市場女子から教わった訳詞は〈夜半の眠り深まり　戸も窓も閉ざされ　ただ街の何処かや　一人弾く手風琴〉で始まり、〈汝れが幸遠からず　知らず待つや汝れは　夜もすがら彷徨《さまよ》いて　まどろみを覚ましつ〉で終わる。訳詩は意訳もあるが、細部は重要ではない。第二次大戦直後の戦勝国ソ連での、帰らぬ人と待つ人と手風琴の対比が光るのだ。

注目すべきは二連二部のリフレインの、哀愁を帯びたメロディラインだ。いち早くイブ・モンタンがシャンソン風にカバーした曲だから、きちんと目利き出来る者がいれば日本でも大ヒットしたはずだ。だが当時はソ連と文化ルートが通じてなかったのか、見果てぬ夢のまま終わった。

この歌は「どん底歌集」では「淋しき手風琴」で出ていたはずだが、明るく健康的でないためか「灯歌集」には載っていない。今の60歳代後半～70歳代の音楽好きの人はこの歌を知っているだろうが、レコードのない歌の雰囲気を伝えるのは難しい。

歌声喫茶の収載曲数も多い二木紘三のブログ「うた物語」(http://duarbo.air-nifty.com/)にも、

この曲は何故か入っていない。だがYouTubeを探ると「淋しいアコーディオン」として何種類かの投稿がヒットする。恐らく70歳代だと思われる伴奏者や歌い手たちの表情が、何とも誇らしげだ。80年頃に札幌市の琴似駅前で東京帰りのアコーディオンの名手が、どんな曲でも伴奏できねば呑み代タダとの看板を出し、突然に入った私もこの歌を一緒に楽しく歌い呑んだ記憶も蘇える。

歌声喫茶の盛衰は、政治と文学論争が殆ど政治優位に進んだ「戦後政治」時代の産物だ。このため保革補完体制の完成期に隆盛し戦後的左翼の拡散とともに分解し衰微した。メーデー後の集合場所や、学生運動後の休憩所にはよいが、内ゲバ状態になれば対応出来る訳がない。

具体例を挙げておこう。中大法科の同学年で共産党民青の幹部だった宇野君から、卒業20年ほどしてどこで調べたか知らぬが日野市の拙宅へ葉書が届いた。会ってみると公務員を辞め日野市の豊田でバイト暮らしで、八王子に出来た「灯」支部のリーダーだと言う。学館闘争ではなぜ１５００名の民青が一割の社学同に同調したのかと上部学対らに追求されたが、俺たちの方針は間違ってなかったよなと私に同意を求めた。当時の内部資料類も貰って『極私的全共闘史―中大１９６５～68』で活用したが、彼はその後、行方不明のようだ。

今、どん底は昔風居酒屋に戻り、カチューシャは閉店。新宿靖国通りに別の「ともしび」は続いているが昔若かった人々の歌声サロン風で、毎月のリクエストを見ても恋愛物が前面に様変わりだ。全国各地に歌声店は残っているが、新たな流れが生まれる見込みはない。丸山明日香『歌声喫茶「灯」

の青春』（集英社新書）は母の足跡を娘が訪ねて再構成する形の新書本だが、「灯」の位置や役割が過剰で相対的に見る視点に欠ける。

２０１４年６月末の日比谷での反原発集会入口で、大木晴子＋鈴木一誌『１９６９―新宿西口地下広場』（新宿書房）を知った。当事者風の意欲は分かるが、歌声を反戦歌に突出させて終わるフォークゲリラ自体への自省的検討が弱い。好位置にいた加藤登紀子の「淋しいアコーディオン」の野暮天な訳詩とは別の意味で残念だ。

「歌声喫茶ベスト」（キングレコード）。このＣＤには政治色の強い歌は入っていない（写真は新宿「灯」だろうか。）

## 3 「日本」に飛び込んだ小畑実

小畑実は雑誌「平凡」の花形歌手ベストテン男性歌手の部で、1952〜1954年の三年間ベストワンに輝いた甘いマスクと歌声の人気歌手だ。後に述べるように訳ありで、小畑には謎が多い。だが一般化されている生年1923（大正12）年だと健在なら95歳だ。1979（昭和54）年に没すまで晩年はナツメロ番組にも多く出たが、ナマ小畑を知るのはかなり高齢層だ。

だが戦前から270曲近くもレコードを出し続けているから、誰でも何かの歌は知っているはずだ。〈湯島通れば思い出す　お蔦主税の心意気〜〉の「湯島の白梅」、〈影か柳か　勘太郎さんか〜〉の「勘太郎月夜歌」、〈しばし別れの　夜汽車の窓よ　言わず語らずに心とこころ〉の「高原の駅よさようなら」などは、後にちあきなおみがカバーして再燃した「星影の小径」（14参照）よりもポピュラーかも知れない。

小畑実は数々のヒット曲を持つ大歌手だが、人気の頂点の1955年に32歳で大阪の19歳の社長令嬢と結婚し、1957年に自ら芸能界を引退する。その後にアメリカに渡り永住権を獲得し、ホテルを経営。だが5年半でアメリカ生活は切り上げ日本に戻り、義父の会社経営に協力し、作曲活動に尽力。1976年には歌手に復帰し、夫婦でレコードを行商販売する。

この小畑実の波乱万丈と思える行動の背景には何があるのか、疑問に思う人も多いだろう。2014年刊の飯島哲夫『星影の小径　クルーナー小畑実伝』は、この謎に正面から挑んだ唯一の本である。筆者は長く映画・テレビ業界に従事した諸関係を活かして様々な資料を収集し、知名度は高いのに知られる所が少なかった小畑実の生涯を丁寧に復元している。


小畑実の謎の第一は、自己紹介してきた大正12（1923）年4月30日の生年月日が、京都の旧制両洋中学保存資料では大正9（1920）年4月30日生まれだった点だ。小畑実は長く秋田県生まれ、東京の日本高等音楽学校卒業。父は朝鮮人宣教師で病没、母は秋田県農家の小畑いくえ。平壌のミッションスクール付属小学校から、京都の両洋中学へ進んだと言ってきた。

小畑実は両洋中学中退と明記していたが実は卒業していて、卒業学籍簿では氏名は康永喆（コウエイテツ＝カン・ヨンチョル）、保護者は母で任龍淑だ。小畑は両親とも朝鮮人のれっきとした朝鮮民族の出身だったのだ。幼時より歌が上手く同郷出身のテノール歌手の永田弦次郎に憧れて本土に渡って来たのだが、朝鮮人の出自を隠さんとの配慮が小畑実という名の謎の源だったようだ。

両洋中学では朝鮮名を名乗っていた小畑は、その名で東京の日本高等音楽学校に進んだと思われる。小畑は当時は中野にあった音楽学校近くの下宿に住んで、4年間も牛乳配達を続けて生活費を稼いだ。母と二人で上京し後に母を秋田に帰したとの本人の説明は真っ赤な嘘で、実はこの新井薬師の下宿屋の女主人の小畑いくゑさんが秋田県出身だったのだ。

いくゑは小畑家に嫁いだ姉が死亡したため後妻に入り、その長男が非合法共産党の小畑達夫だった。立花隆の『日本共産党の研究』では中央委員長格だった宮本顕治らが財政部長の小畑達夫をスパイの疑いで昭和8年12月23日に査問し、翌日に小畑は死んだ。継母いくゑは当時、手塩に掛けて育ててきた達夫がスパイの訳がないと、泣いて悔しがったそうだ。

いくゑは下宿人の実を我が子のように可愛がったというから、頼る者のない実も心打ち解けたに違いない。毎日の食事を挟んでの会話から〈母は小畑いくゑで秋田大館の農家出身〉との背景と〈我が名は小畑実〉の物語が作られたのだろう。互いの思惑も届出日も分からぬが小畑いくゑが同意したことは確かで、物語は朝鮮人の創氏改名を進めた日本の国策にも合致していた。

小畑は戦前に50曲を出し、戦後は日本の流行歌手トップの座を占めた。その故か戦後に永田弦次郎のように北側の広告塔にはならず、結婚相手は駐日大使館の土地を韓国政府に寄付した民団幹部の娘だ。57年末引退後は米国でホテル経営し夫婦は韓国人だと告白。63年末帰国後は作曲活動に転じ韓国でも活動したが、68年には一家で日本へ帰化している。

小畑実の活動は歌手活動の枠組みを越えて幅広いが、常に置かれている状況下で最大の努力を傾注しているとも理解できる。その意味では小畑は韓国人の出自を、自己を制約する逃れようのない環境と受け止めていたようだ。選曲権はあるはずだが、戦前の50曲のうち半分以上は、「世紀の決戦」

「精出しゃお国が強くなる」「友よ首途《かどで》だ」「戦う翼」などの軍歌系だ。

だが日本軍支援の軍歌を歌うかたわら、小畑実は「婦系図」や「伊那の勘太郎」の映画化と連動し、「湯島の白梅」や「勘太郎月夜歌」を大ヒットさせている。また作曲家江口夜詩に師事し、音楽界のボスの一人の田中宏明の知遇を得て、古川ロッパの兄の推薦も受けて音楽業界に地歩を築いてゆく。戦時中は関西の主要劇場を中心に、実演に頻出しているそうだ。

日本高等音楽学校の在学中に小畑は流れ来る藤山一郎の「なつかしの歌声」〈銀座の街　今日も暮れて　赤き灯燃ゆ　恋し東京〜〉に憧れた。レコード会社に入った小畑に専属料や印税が安いとの嘆きを聴いた田中宏明は新興演芸に掛け合って劇場実演を紹介する。小畑実の原動力はよい歌を得てスターになりたい、そして歌手で自活したいの二本柱だったようだ。

戦後の小畑実はすぐ軍歌から離れ、水を得た魚のように〈売れそうな歌〉に飛びつき続々とレコードを出して行く。小畑は若いながら守備範囲が広く、さわやかな笑顔と低音の甘い歌声が人気を集めた。小畑実は一時期は年長の「かえり船」の田端義夫や「東京の花売り娘」の岡晴夫と並んで、戦後歌謡界を領導する三羽ガラスとまで呼ばれた。

だが小畑の残した歌を今聴くと、歌い継がれている人気曲は「ロンドンの街角で」のような和洋折衷の曲ではないと分かる。長谷川一夫の映画の主題歌「小判鮫の唄」の二番は〈好きといおうか嫌いといおうか　嘘と誠は両花道よ〜〉だ。作曲家江口夜詩が捨てた反古から小畑が拾ったと言う「長崎のザボン売り」は原爆後の〈鐘が鳴る鳴る　マリアの鐘が〜〉だ。謎を持つ小畑が歌い歴史に残る歌の多くは、日本庶民の情緒や歴史感覚に近いところにある。

先に小畑実は「売れそうな曲」には、がむしゃらに飛びついた旨のニュアンスを述べた。股旅物もド演歌も戦後的アプレや西洋情緒も少女趣味の憧れも、小畑実は卒なく歌いこなすことができた。だが本人が最も力を入れてその分野の第一人者になろうと努力し工夫したのは、「星影の小径」で高い評価を得たクルーン唱法だと飯島哲夫は指摘する。

小畑実は小唄・端唄の稽古に打ち込み「小判鮫の唄」で成功を収めたが、日本的発声法は自分には無理があるとも考えていた。小畑は元々がクリスチャンで酒も煙草もやらず、アメリカ式の自然で無理のないクルーン式発声法に関心が深かった。クルーンとは小声でささやくとの意味で、ビング・クロスビーやフランク・シナトラがこの唱法の代表格とされていた。

小畑に相談された田中宏明はその後に二人で唄入りのアメリカ映画を探し歩き、ビング・クロスビーとフランク・シナトラの映画は全て観たそうだ。小畑はその努力を経て自己流のクルーン唱法を編み出し、実地に活かしていった。「薔薇を召しませ」のヒットで気をよくした小畑は、次の「星影の小径」で漸く自己流のクルーン唱法の五割が表現できたと自負している。

後にも述べるが「星影の小径」は戦後歌謡史に残る名曲だ。だがキングレコード上層部は同曲の新しさが分からず売出しを拒否しオクラになりかけたところに、ＮＨＫが助け船になってくれた。ＮＨＫの懇意のプロデューサーに事情をぼやくと、見本盤を聴いて高く評価してくれた。ラジオ放送が先行して庶民の評判を得て、あわててレコードを量産したようなのだ。

次に移ったコロンビア時代には、古賀政男作曲の「銀座シャンソン」や「ロマンス娘」などハイテンポの曲も多い。だが田中宏明作曲で藤浦洸作詞の「思い出の小径」はもろに小畑の希望を入れたクルーン唱法を狙ったと言われる。だがビクターに戻り〈日本唯一の軟唱歌手《クルーナー》、小畑実復帰第一回作品〉と名売り大ヒットした「高原の駅よさようなら」は、低音域ではないが、私は和製クルーナー唱法の完成形態と評価できると考える。

小畑実は引退騒動などもあるが、一時期は日本一の人気歌手だった。知名度も高くレコードの歩留まりもよいので、様々な分野で多くの曲を歌っている。しかし、このクルーナー唱法は魅力的でマダムキラーと呼ばれたが、生涯にわたって長続きした訳ではない。


小畑実のこの一曲となると迷うが、1951年の「高原の駅よさようなら」は、春日八郎「赤いランプの終列車」、岡本敦郎「高原列車は行く」、三橋美智也「哀愁列車」などの列車物の走りである。民間ラジオ放送の開始の推力もあり大ヒットしたが、中味は後の小林旭のようなさすらい者と地元娘の恋愛劇の別れの舞台が高原の駅なのだ。無国籍臭が魅力的だが、一般化は難しい。

小畑の名を世に知らしめた戦前の「湯島の白梅」、「勘太郎月夜唄」、48年の「小判鮫の唄」は、映画と連動して波及した。前の二作はいずれも藤原亮子が一番、小畑が二番を歌い、三番がデュエットだ。「小判鮫の唄」は雪之丞変化など別作も多く、伊那の勘太郎は立地が狭い。だが湯島の白梅のお蔦・主税の悲恋物語は誰でも知っており、曲の流れもスムーズだ。

「湯島の白梅」と「勘太郎月夜唄」の作曲者はビクターの清水保雄だが、実は清水はコロンビアに復帰した古賀政男の別名だったと最近分かった。日本歌謡曲の父と呼ばれる古賀政男は学生時代の五年を京城で過ごし、朝鮮音楽に親しんだ。その古賀が１９５０年～の朝鮮戦争を悲しんで作曲したのが「涙のチャング」（長鼓）だ。小畑が歌った丘灯至夫の詞は〈昨日は南　今日は北　娘哀しや　アリラン越える～〉だったが、YouTube等では、歌詞も歌唱も全くヒットしない。

私の「流行歌の精神史」は歌の表層から時代の深層を探る意図ゆえ、誰もが今アクセスできぬ作品は失格だ。古賀政男との友情の産物かも知れぬ「涙のチャング」は失格とすると、小畑の一作は「湯島の白梅」だ。主税は芸者との結婚反対の師の意思をお蔦に伝え共に苦悶する。三番〈青い瓦斯《ガス》燈境内を　出れば本郷切通し　あかぬ別れの中空に　鐘は墨絵の上野山〉が秀逸だ。主税＝泉鏡花が師尾崎紅葉の死後にこの芸者と結婚したのは、悲恋の事情を知る庶民には救いだったそうだ。

# 4 知る人ぞ知る二葉あき子

今回は考えるところがあって戦前・戦後に数々の名曲を世に出した、二葉あき子を扱う。二葉の歌手活動歴は長く、つい最近に96歳の高齢で亡くなった。とはいえ生年は私の親父に近い1915（大正4）年であり、最後のヒット曲というべき「水色のワルツ」発売は私が幼稚園に入った1950年だから、現役時代の彼女を知る年齢層はかなり高いはずだ。

流行歌は時代の産物であるが、各自の記憶のなかへの残り方は様々である。過去の流行歌への関心はテレビ番組の「懐かしのメロディ」類で聞いたくらいでは、メロディラインは心に届いても、歌手名や曲名や歌詞まではなかなか心深の記憶には残らない。しかし古い記憶ほど覚えているのは、心の成長段階における情報吸収力の差に関連しているのだろう。

私は二葉の歌の熱心な聴き手ではないが、心に残っている何曲かは時代を画した名曲だと考えている。そんな忘れた頃の記憶を思い出させてくれたのは、ヒップアップの島崎俊郎らがお笑い芸の後に歌う二葉あき子の「さよならルンバ」のおちゃらけ改変歌だった。島崎がアダモちゃんで〜すと、黒塗りの大顔で出てきて鈴を振って歌っていた、あれです。

島崎らの歌詞は〈それではお別れしましょ、あなたとサヨナラしましょ！　バイバイバイバイ！　バイバイバイバイ！　御機嫌、うるわしゅう〉で、サヨナラだけに過剰な思い込みを加えている。漫才ブームの後半期にヒップアップが「オレたちひょうきん族」のタケちゃんマンで、レギュラーを持っていた頃のもう30年も前の話である。

本来の「さよならルンバ」の藤原洸の歌詞は〈このまま　お別れしましょう　あなたの　言葉のまま　ダリアの　花びらさえも　恋の時すぎりゃ　色はさめる　ああ　さめた後から　いくら　泣いて　泣いて　泣いてみたとて　かえらぬ　恋の終りは　しおれた　花びら〉と正規のルンバリズムに言葉を盛り合わせた名作で、とてもケチ付けできる代物ではない。

著作権保護期限の関連もあるのか、最近は歌や映画の復刻物が目立つ。山田洋次の映画「東京家族」は家族構成やストーリー展開まで小津安二郎「東京物語」のリメイクだが、それなりの新味も配慮されている。だが島崎らの「さよならルンバ」は誰が思い付いたか知らぬが、インパクトの強い「さよなら」の文言だけ盗用しコメディ化した猿マネだと言うしかない。

私は上京して中大法科に進み、司法試験受験団体の真法会研究室に入ったが、確か秋の親睦バス旅行で二葉あき子の「水色のワルツ」を歌った記憶がある。メロディが気に入って歌ったのだが、〈君に逢ううれしさの　胸にふかく　水色のハンカチをひそむるならわしが　いつの間にか身に沁みたのよ〜〉の歌詞は、どう見ても大学一年男子には相応しくはない。

高木東六の情感あふるる曲調に乗せた藤浦洸の１９５０年発売のこの歌詞は、朝鮮戦争勃発の時代背景からは屹立している。だが悲恋ロマンを幼稚園児の私が分かる訳はない。思い返すと、この歌の記憶は私の高校時代に基点があったのだ。私は四国西南部の片田舎の宇和島で生まれ育ち、宇和島南高校時代はブラスバンドでクラリネットを吹いていた。

ブラスバンドの公的な仕事は、運動会などの学校行事や松山での野球応援など大して多くない。部員は一応は行進曲の類はこなす義務があるが、普段の日常活動は自由である。多感な高校時代の一応は音楽好きな部員たちは、ラジオやレコードや高校教科書や様々な情報源を辿って各自が自分なりに好きな音楽ジャンルやリストを持っていた。「水色のワルツ」は私のリスト曲だった。

そのころのブラスバンド部員の夕刻の溜り場は、一級下のトランペットの大野博史君の私室だった。当時の宇和島で一番の飲み屋街の桜新道で、大野の親父は中華料理屋上海を開いていた。飲み屋街の店裏に飲み屋の女達の狭い部屋が連なり、その流れ下に大野の私室もあった。ギターを弾いても大声で歌っても、諍いがあっても誰からもクレームが来ない別天地だった。

場所柄か集まって来るのは部員の中ではワル側の男連中で、店が暇な折には我が物顔で表の店のレコードを聴いていた。そこに二葉あき子もあったのだ！　そこで出た何気ない出自の話では、大野の親父は広島出身で二葉あき子の親類だったのである。彼は戦前に西日本各地を転々とし宇和島に行き着き、桜新道の繁栄の可能性を信じかなり広い地所を買ったらしい。

データを見ると確かに彼女は広島市の出身で、安芸《あき》国の大須賀町二葉《ふたば》の出身地名を組み合わせて〈ふたばあきこ〉の芸名を付けたそうだ。幼児より音楽に関心があり、広島高女から東京音楽学校（今の東京芸大音楽学部）に進んだ。在学中に先輩でレコードを出していた増永丈夫（レコード名は藤山一郎）の歌を聴いて、流行歌手になる意思を固めたという。

正規の音楽教育を受けても歌手への道は簡単ではなく、音楽教師をしながらレコードを出し漸く世に認められるのは、卒業4年後の「古き花園」からだ。サトウハチローの歌詞は〈古き花園には思い出の数々よ　白きバラに　涙して　雨が今日も降る　昔によく似た　雨の色はいぶし銀　ああ変わりはてた　さみしいわが胸〉と乙女チックな感傷に充ちていた。

日本での乙女趣味の伏流には、小林一三が創始し1919（大正8）年に正規発足する宝塚歌劇団がある。その流行にはロシア革命に触発されたマルクス主義やプロレタリア文学運動への反発があるように見える。昭和初年にはフランスから映画のトーキー化が到達し、弁士が活躍する無声映画を打ち破った。だが映画は伊藤大輔らの傾向映画が主で乙女趣味は出ない。

絵画には大正初年からの竹久夢二や高畠華宵らの美人画ブームがあった。宝塚歌劇団は昭和9年には東京宝塚劇場を開き「すみれの花咲く頃」を出した。当時はブルースも人気だったが洋風趣味のレベルだった。歌謡曲における乙女ブームは教科書歌謡風の状態が続き、少し遅く戦後に最盛期が来たようだ。この時期の特徴は、焼け跡日本での米国流キリスト教への迎合だ。

ＮＨＫラジオの「鐘の鳴る丘」は、空襲した米国側の指示により始まった戦災孤児救済ドラマだった。その菊田一夫の原作からさらに分作されたのが映画「フランチェスカの鐘」で、フランチェスカとは孤児施設名である。二葉あき子が歌った同名の主題歌はフランチェスカの鐘の音を繰り返すが、どんな音かイメージも浮かばぬのにヒットしたのだ。

二葉あき子の作品リストを見ると、ヒット曲は「古き花園」「別れても」「フランチェスカの鐘」「バラのルンバ」「恋のアマリリス」「水色のワルツ」まで、どれもが広義の乙女調である。これはレコード製作会社側の二葉あき子を定着させるイメージ戦略の結果だろうが、それから外れたヒット曲もある。異色なのは１９４７年発売の「夜のプラットホーム」である。

服部良一作曲・奥野椰子夫作詞の同曲は、当初は１９３９（昭和14）年公開の映画『東京の女性』の挿入歌で淡谷のり子が歌っていた。だがその歌詞が厭戦気分を助長するのではないかと軍部で問題にされた。歌詞が出征する軍人を女性が悲しげに見送る場面を連想させると断定され、このレコードは検閲に引っかかり、すぐに発禁処分とされた。

この歌は作曲家・作詞家の自信作だったため、戦後にブルースの素養のある二葉に白羽の矢が立って再び日の目を見ることになり大ヒットした。同曲は前奏から徐々にイメージを膨らませ、ブルースの哀調を全面展開する佳作である。歌詞も列車に乗る恋人と別れ一人残された女性が余韻を味わっているもので、戦前の検閲の狭量な偏見がよく分かる。

歌詞は〈星はまたたき　夜ふかく　なりわたる　なりわたる　プラットホームの　別れのベルよさよなら　さよなら　君いつ帰る〉のスタイルがリフレインする。広いプラットホームでベルがなり、発車した後の一瞬の空白をよく描いている。この作詞家の秀逸な現場感覚は、二番での〈柱に寄りそいたたずむ私〉、三番の〈窓に残したあの言葉〜〉の歌詞でよく分かる。

新幹線が登場する前の夜の長距離列車では、この歌に似た哀愁劇はよく見掛けたものだ。別れの名残を惜しんで早めに駅に着いて、持参したみかんなど食べ尽くし、旅人がトイレに立った際に座席の窓にメッセージを書き残す。大時計の分針の進み方が気になり、ついに発車ベルが鳴り、列車が離れたら見送人はすぐ帰ればよいのに、つい脱力して動けないのだ。

私は戦前の淡谷のり子の吹き込みは知らずに、この二葉あき子の最大ヒット曲の舞台を出身地の広島駅のプラットホームだと思い込んでいた。東京や大阪なら発車後に人は散り果てることはなく、始発駅でなければカップルが情緒を楽しむ余裕はないと思えたからだ。これは勘違いだったが、戦後の二葉あき子には広島駅へ込めた別の思いがあったようである。

二葉は東京音楽学校を出た後に、郷里の高女で音楽を教えつつ、コロムビアレコードの専属歌手となる。「古き花園」のヒット後にブルース歌手への自信を持つが、戦争期は慰問活動にも参加する。1945年8月6日の広島原爆投下日に、二葉あき子はちょうど帰省中だったが、原爆投下時間にはトンネルの中にいた。広島の実家は被災したが、本人は被害を免れたのだという。

歌手活動が主になり、二葉の結婚は１９４３年に遅れ、男子を産んだがすぐ離婚したそうだ。

一生の仕事と定めた歌手活動は持続したため、仕事と子育ての調整に苦労したようだ。原爆投下時の里帰りには、戦時中でのレコード活動中断や、戦況不調のための軍隊慰問の中止のほか、幼児の子育てに関する様々の事情もあったのかも知れない。

二葉あき子は多様な歌を吹き込んでいるが、ヒット曲を見ると基本的守備範囲はバタ臭いブルースやルンバに絞られる。その範囲の曲は優先的に回って来るし、担当作曲家にも可愛がられたようだ。自分の歌に対する評価に厳しいタイプで、「水色のワルツ」後の多作期を経て高音域が出なくなり自殺未遂を起こすが、師である服部良一に助けられたそうだ。

二葉は歌手間の交友にも熱心でレコード会社の評価も高く、ＮＨＫ紅白歌合戦には１９５１年の第一回から第十回まで連続出場している。晩年には様々な音楽番組のナツメロ特集の常連出場者だったが、高齢化による難聴が進み伴奏音が聞きにくくなったとの理由で２００３年に引退し広島に戻った。

二葉あき子は２０１１年に死去したが、実に96歳の大往生だった。

# 3 国民的ヒーロー　石原裕次郎

世の中での物事の評価法には様々な基準があるが、芸能の雄たる映画の黄金時代が制作本数や観客動員数で1960年前後であったことには誰も異論はないだろう。そのミーハー的関心の集中度において、石原裕次郎（1934〜1987）がトップスターであることにも異は出ないはずだ。

私の周辺にも、理想の男性を石原裕次郎と定めたために婚期を逸した女性がいる。また気楽な居酒屋だが、音楽は長年集めた裕次郎しか掛けぬ店が私の郷里（宇和島）にもある。裕次郎が育った逗子の運ちゃんも、ケンカは川地民夫の方が強いのに人気じゃ裕次郎に敵わないと評している。

兄の石原慎太郎は『弟』を刊行したし、妻の石原まき子（北原三枝）は裕次郎本を何冊も出している。だがヒーロー化の材料が揃おうとも、私は裕次郎の本領は戦後の新不良だと考える。頑張って慶応農業高校卒業が似合いなので、不良が難関の慶応義塾高校ではファンは面白くないのだ。

高校時代から不良の裕次郎は、映画俳優を目指し東宝・松竹・日活などを受験するが全部不合格。兄慎太郎が芥川賞受賞の「太陽の季節」の映画化条件に裕次郎の日活入社をネジ込み、水の江滝子が了承した。コネ入社後の活躍が人気をよび、裕次郎はいきなり日活のトップスターとなる。

湖南でヨットを乗り回す石原家は大富豪と思われがちだが、それは事実ではない。かつて新井将敬を〈在日〉は北朝鮮へ戻れと選挙で追い詰めたことのある石原慎太郎は、自分の先祖は没落したが由緒ある武家だと語った。だが兄弟の愛媛県出身の祖父は警察官で転勤を繰り返したとの伝承はあるものの、石原家の先祖伝来の菩提寺さえ今だ定かではないのだ。

兄弟の父の潔は1899（明治32）年に祖父の転勤先の愛媛県の長浜で生まれ八幡浜で育ち、宇和島中学を中退し、地元の先輩の山下亀三郎の山下汽船に店童（上席デッチ）入社する。潔が役職を得て長く住んだ逗子の大邸宅は実は亀三郎の別荘で、岩場の海育ちが裕次郎の自負だった。

石原裕次郎はまず映画スターであり、その業績は102本の出演作品に収まっている。だが日活の経済的救世主の仕事を芸術性で評価するのは野暮天で、川島雄三監督の日活の異色作「幕末太陽伝」での裕次郎の高杉晋作役はいかにも幕末太陽族だったねとでも言ってやればよいのだ。

60年安保デモが背景の映画を観て、裕次郎も時代の子だと感心したことがある。調べなおすと石坂洋次郎原作の「あいつと私」のようだが、悠木千帆が共演者との思い込みを含め私の勘違いが多かった。また思い返すと「乳母車」「陽のあたる坂道」「あじさいの歌」、など石坂物の裕次郎映画は気を入れて観ていないのだ。記憶はかくも不確かである。

私のなかでの裕次郎の確かな記憶は、私が中学生頃の初期作品だ。「俺は待ってるぜ」「嵐を呼ぶ男」「明日は明日の風が吹く」「錆びたナイフ」「風速四十米」、などの主題歌は今でもちゃんと歌える。

だがストーリーの方は心もとない。映画全盛期でも、繰り返し反芻する訴求力は歌の方が強いのだ。

裕次郎の歌には毀誉褒貶があるが、本人は幼時期より鼻歌風の歌い方が好きだったようだ。中でも愛唱歌はサトウハチロー作詞、服部良一作曲で霧島昇が歌った「胸の振り子」と、本人と声音が似ていて歌手の目標としたディック・ミネの「夜霧のブルース」だそうだ。要するに裕次郎が王道としたのはムード歌謡で、その分野ではトップスターに成長したといってよい。

裕次郎がレコード化した300曲もの歌の中で、ムード歌揺は後期に多い。ざっと見渡しても、〈君の横顔素敵だぜ、すねたその瞳が好きなのさ〉二人の世界、〈愛しても愛しても　愛し切れない君だった〉～夜霧の慕情、〈しのび会う恋を、つつむ夜霧よ〉夜霧よ今夜も有難う、〈生命に終わりがある恋にも終わりが来る〉粋な別れ、〈これでおよしよ、そんなに強くないのに〉ブランデーグラス、など数々挙げることができる。

レコード吹き込み枚数に比して「石原裕次郎の世界CD全10巻」が堂々と出ているのは国民的人気の産物だろう。1957年の「俺は待ってるぜ」から1977年の「ブランデーグラス」まで、市井の誰もが裕次郎の歌を10曲くらいは鼻歌で歌えるはずだ。

シングルレコードの売上げ実績で、裕次郎の代表曲ベストテンを確認しよう。売上げ第一位は1961年発売の「銀座の恋の物館」で何と335万枚だ。大高ひさお作詞・鏑木創作曲の裕次郎と牧村旬子のこのデュエット曲は、実は裕次郎の映画「街から街へつむじ風」の挿入歌だった。歌が大ヒットしたので、翌年に同名の映画「銀座の恋の物語」を作ったようだ。

売上げ第二位は池田充男作詞・鶴岡雅義作曲の65年の「二人の世界」で285万枚。また第三位は萩原四朗作詞・上原賢六作曲の62年の「赤いハンカチ」275万枚だ。歌の先行ヒットで、これも64年に裕次郎と浅丘ルリ子の映画「赤いハンカチ」が作られるが、主題歌と映画ストーリーとの接点は殆どなかった。

その後の売上げ順位では、第四位が67年の「夜霧よ今夜も有難う」、第五位は57年の「俺は待ってるぜ」、第六位も57年の「錆びたナイフ」、第七位が64年の「俺はお前に弱いんだ」、八位は66年の「夜霧の慕情」、九位は77年の「ブランデーグラス」、十位が63年の「夕陽の丘」でそれでも143万枚だ。

ベストテン外であっても、裕次郎には最初の56年の「狂った果実」からラスト87年の「北の旅人」まで多くの愛唱歌がある。同時代に歌ってなくても、慎太郎作詞の「狂った果実」は海の近くでの物憂いたゆたいが伝わって来る。72年の「恋の町札幌」は学生運動後に流行ったが、カラオケでよく歌った友人の飛田春樹ももう死んだ。

レコード売上げ枚数が多いことは大衆的人気のバロメーターであり、レコード会社や映画会社には死活問題である。しかし売上げ順は万人にとっての、心に沁みる歌のランキングではない。会社経営は数字で動いているが、心は経験に繰り込まれた記憶の中を動いているからだ。

流行歌史の本は、レコード売上げ順をデータの根拠にしているものが多い。そこで正確なデータが論述を左右して当然だとの錯覚が生じるが、それは会社側の都合だ。しかもその頃は映画俳優もレコード歌手も会社所属で統制されていて、金は得てもスターには人形のような自由しかなかった。裕次郎も日活を辞め70年にフリーになるが、後の活動は浮き沈みのレベルに止まった。

裕次郎は57年に、前年のユル・ブリンナーとイングリッド・バーグマンの映画「追想」の主題歌を歌っている。行方不明のロシアの白系皇女「アナスタシア」の悲劇を歌うのに、スローな低音は魅力的に響いた。上京後に歌声喫茶でも歌ったが、裕次郎の雰囲気には敵わない。彼の「アナスタシア」のレコードは発売枚数が少なく、市場では高値を呼んでいるらしい。

また裕次郎は58年に「口笛が聞こえる港町」を歌ったが、その後に神戸を舞台に映画化された時の題名はなぜか「赤い波止場」で、主題歌も別の同名曲が追加されていた。他方で日活でライバルだった小林旭は60年正月に渡り鳥シリーズの映画「口笛が流れる港町」を出し、紛らわしい名のその主題歌も歌っている。

後から考えると、日活正規入社の小林旭らと、いきなり横からすべり込みトップスターとなった石原裕次郎の映画製作上の支持勢力間の対立があったのだろう。だが困るのはファンで、私なんかは「口笛が聞こえる港町」は小林旭の歌だと思い込んでいた。だが今回聞きなおして、私の記憶の中の歌は石原裕次郎の歌だと分かった。

猪又良が作詞した石原裕次郎の「口笛が聞こえる港町」の一番は〈君も覚えているだろ　別れ口笛　わかれ船　ふたりの幸福を　祈って旅に出た　やさしい兄貴が　呼ぶような　ああ　口笛が聞こえる　港町〉である。事情は分からぬが訳ありのカップルを、見守り支援する兄貴がいる。だがこの兄貴と二人の関係は判然とはしない。

作曲は鈴木三重子の「愛ちゃんはお嫁に」の大ヒットで知られる村沢良介で、手馴れたメロディの流れである。押さえ気味の導入部から､優しい兄貴像を引き寄せる中間部への抑揚が見事である。歌詞からも曲からも、恋人からの兄貴への感謝の念はよく伝わってくる。

感謝の念は友愛の産物だが、この歌での兄貴への感謝はその程度を越えている。だから映画「赤い波止場」での、神戸での殺し屋とヤクザとの抗争の主題との関連も読めない。猪又良は後に平手造酒が主役の「大利根無情」を作詞するから任侠や無頼に関心はあったのだろうが、この「口笛が聞こえる港町」は恋人を見守る兄貴の話だろう？

歌詞の二番は〈二度と泣いたりしないね　君が泣く時ゃ　俺も泣く　ふたつの影法師を　一つに重ねたら　月夜の汐路の　向こうから　ああ口笛が聞こえる　港町〉で、三番は〈涙こらえて　振りむく　君の笑くぼのいじらしさ　思い出桟橋の　夜霧に濡れながら　兄貴の噂をするたびに　ああ口笛が聞こえる港町〉である。

裕次郎のファン層ははば広く、先に述べたようにムード歌謡の類も数多い。裕次郎のこの一曲を選ぶのは難しいが、私は敢えて右の「口笛が聞こえる港町」を選ぶ。歌詞の限りでは歌のテーマは恋愛と友情の関連なのだが、たまに二人で噂をするのだからこの兄貴とは兄弟以上の仲のはずだ。私は流行歌ではめったに見ない、この微妙な関係への着眼を評価したい。

男性も女性も中学時代の価値観の軸は信義であり、友情の継続や貫徹に思い悩む。普通の中学生の私が教科書の余白に「練鑑ブルース」の歌詞を書き込んだくらいに、反抗も背伸びもしたいのだ。その頃の不安定な心理からは、恋人たちを見守る兄貴の存在はよく分からない。だが相互の心情を含め、考え込んだ記憶があるのだ。

『銀座の恋の物語』
売上335万枚！

作詞：猪又良　作曲：村沢良介
〈元の曲〉

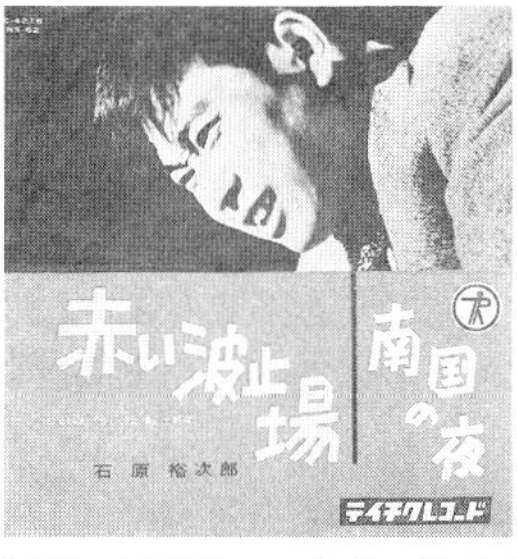

作詞：中川洋一　作曲：鏑木創
〈「赤い波止場」に変更された〉

# 6 美空ひばりの国際性？

美空ひばりは1989（平成元）年に52歳で肺炎で死んだ。私もひばりの歌は幼児期より親しんでいるが、特にオネエ系連中には熱狂的ファンが多かった。高校のブラスバンドで後輩の六本木の一ちゃんが帰郷して美空ひばり全集を買い込み、私が宇和島の御霊信仰のナゾを暴いた『兎の耳』を書いた頃に、この本を読みながら聴くひばりは最高よ！　と真夜中に電話が入った。

『週刊現代』が2015年の新年号で〈戦後日本の偉人百人を特集し〉芸能界では一位高倉健、二位美空ひばり、三位渥美清。総合ランキングで一位長嶋茂雄、二位吉田茂、三位松下幸之助を挙げている。だが受け手の心奥に届き反芻される時代的影響力という点では、長嶋を百倍してもひばりには敵わない。美空ひばりこそは戦後が生んだ唯一人の天才である。

一九三一曲もの録音曲数の美空ひばりの仕事に及ぶ、歌謡曲の業績は戦前戦後を通してない。何しろ昭和12年生まれのひばりは9歳で美空楽団で初舞台を踏み、12歳で「悲しき口笛」が大ヒット、50歳の「乱れ髪」まで歌一筋で生きたのだ。音楽学校出の藤山一郎のような基礎教育はまったく受けぬまま、芸の中で育ち習練を積んできた見事な生涯だ。

だが美空ひばりを戦後が生んだ最大の天才だと評しても、ひばりの歩みもその土台である戦後日本と同様の屈折を帯びていた。まずお嬢＝ひばりを晴れ舞台に押し上げてきた母親の喜美枝との近過ぎる親子関係。また12歳で会った時からの信義を互いに通した山口組三代目田岡組長との交流。実弟哲也逮捕などでの紅白歌合戦連続落選などが問題となった。

私は明倫小へ隣の6年生の山本紀ちゃんに付き添われて通い、その隣の防空壕跡で宮田まあちゃんに「越後獅子の歌」「私は街の子」などを教わった。私が最初に知った流行歌手は美空ひばりなのだ。宇和島の同年代の友人にはひばり好きが多いが、年長のインテリ層には成り上がり歌手だとひばりを嫌う者が多かった。ひばりの死後、立場の異なる江藤淳と吉本隆明が共に戦後社会におけるひばりの才能と役割を絶賛した後は、ひばり評価は安定する。

インテリ層がひばりを低く見たのは、自分らの土壌の日本的評価の反映だと言ってよい。警察は江戸時代からの興行師の伝統を無視し、勃興する山口組＝神戸芸能社と敵対した。

ひばりの弟二人の不祥事は、ヤクザ排除のかっこうの餌食となった。天下のＮＨＫは警察判断を隠れ蓑に、本人には何の落ち度もない大スターを何年も公共放送から排除したのだ。

美空ひばりは戦後日本と同様に多くの事件に遭遇し災禍に見舞われながら、歌手としての力量は揺るがず不死鳥のように何度も再起してきた。12歳でデビュー後に少女歌手の地位を確立し、20歳の折にファンに塩酸を掛けられ、田岡一雄会長のひばりプロに所属、27歳で小林旭と離婚後も「柔」でレコード大賞、36歳で紅白落選後も歌を探り7年後に復活する。

ひばりの歌手活動の特色は、母加藤喜美枝が主導する一家的事業としての推進である。ファンによる塩酸投げ事件の後に、会場防衛の要請から田岡組長の庇護を受ける経緯はひばりにとっては必要事だった。だが三人の弟妹のうち長弟益夫（小野透のちかとう哲也）と末弟武彦（花房錦一のち香山武彦）を歌手にしデビューさせたのは一家のエゴであろうが、二人の不始末が後にひばりの足を引っぱる事になる。

まもなく長弟哲也は自ら歌手を引退して父親の会社を引き継ぎ、勝手に入れ墨を彫り入れた。また組関係でハクを付けようと賭博・鉄砲不法所持・恐喝などでの逮捕を重ね、暴力団摘発作戦の警察の標的とされた。各地のひばり公演でかとう哲也の降板の公的申し入れが相次ぎ、週刊誌で話題が広がり、ひばりはＮＨＫの紅白歌合戦において連続６回の落選に至るのだ。

田岡会長のアドバイスも聞かず哲也防衛を貫いたひばり側の親子結束の論理には、アジア的家族防衛観の無理があった。ひばりには何の落ち度もないのに紅白を落とされたと言い続ける根拠は弱かったが、それはひばりの歌の広く深い振幅の底流でもあった。戦後社会の天才といえども、戦後社会に応じた新たな家族像は提出できなかったのである。

だが少女時代の希望の歌の頃を過ぎ、「日本橋から」「ひばりの佐渡情話」「津軽のふるさと」「哀愁波止場」などマイナートーンに軸足が移ってもひばりファンは動じなかった。社会底辺での自分らの抑圧された心根の解放者であれば、ひばりの弟が何をしようとよいのだ。小林旭との結婚劇に敗れ、かとう哲也の子の和也を養子に迎えてもファンは減らなかった。

人生の転機となる小林旭との愛憎劇は、竹中労がひばり一家に密着し、『完本　美空ひばり』（筑摩書房）を、大下英治が周辺の徹底取材で『美空ひばり　時代を歌う』（新潮社）を書いている。だが高倉健が結婚したら主婦になってくれと江利チエミに言うような家父長的時代の事だから、トップスターのひばりに小林が靴紐を結ばせ、車を買わせたとの噂も出た。愛し合った末の結婚生活は、ひばりには負担が増大する難物だったようだ。

芸能界は収入も多く気ままな世界と思われがちで、一山当てれば大スターを夢見る俗物も多い。名実ともにトップスターのひばりの片思いに、格下の旭が食いついたのだ。両想いを確信して夢見心地のひばりに、喜美枝も止むなく結婚を認め別居も承知した。だが資料を見ると旭の亭主面はどんどん拡大し、金銭面だけでなく映画や舞台や歌手活動にまで及んだ。

世田谷の新居の贅沢過ぎる調度類を旭は記者団に自慢し、金はひばり任せで旭御殿と呼ばせた。またトラブル続きの末にひばりの北海道での興行権を、旭が独断で本間興業へ売却した不祥事が発覚する。仕事の激減を自覚したひばりは芸道に掛ける一大決心を田岡社長に告げ、田岡が旭を説得して入籍なきままの奇妙な理解離婚発表となった。

ひばりの離婚後に労音への接近や古賀メロディの組み込みなどの転身を見た竹中労は、自分のひばり記事原稿料のすべてをつぎ込んで黒人ジャズレコードをひばりに送り続けたと言う。ひばりは台湾やハワイやブラジルなど海外公演にも出て絶賛を得ているが、離婚後の新環境もプラスに加えて学校英語もままならぬひばりが見事な洋物ジャズ歌手にもなったのだ。

１９６４年離婚後に、ひばりはＪＡＺＺ系レコードを何枚も出している。そのなかに41曲を収めた「LOVE! MISORA HIBARI:Jazz & Standard Complete Collection 1955-66」がある。ジャズ喫茶全盛時代の私の感覚ではひばりの洋物ジャズ風コレクションは、演歌風ひばり像を打ち破るインパクトに満ちている。原信夫とシャープ&フラッツの演奏も素晴らしい。

ひばりの別の側面を知る意味で、全曲名を挙げておこう。Ｄｉｓｃ１は、①ラヴ②恋人よ我に帰れ③月光価千金④帰れソレントへ⑤カタリ・カタリ⑥禁じられた遊び⑦アイ・ラブ・パリ⑧薔薇色の人生⑨セ・マニフィック⑩愛の讃歌⑪ともしび⑫慕情⑬トラジ⑭ブンガワン・ソロ⑮サンパギータ⑯アロハオエ⑰愛のタンゴ⑱匕首《あいくち》マッキー（マックザナイフ）⑲シェリト・リンド⑳ククルクク・

パローマである。

Ｄｉｓｃ２は、①Ａ列車で行こう②スターダスト③歩いて帰ろう④ブルーベリーヒル⑤ジャスト・ワン・オブ・ゾーズ・シングス⑥愛さないなら棄てて⑦クライ・ミー・ア・リヴァー⑧ラブ・レター⑨ロンリー・ワン⑩ラ・ノビア⑪ペイパー・ムーン⑫旅愁⑬ロック・ローモンド⑭ダニー・ボーイ⑮虹の彼方に⑯トゥ・ヤング⑰夕日に赤い帆⑱ブリテンド⑲魅惑のワルツ⑳アヴェ・マリア㉑霧のロンドン・ブリッジ　である。要するに戦後ヒットした洋物音楽を目配り広く集め、ひばりが歌っているのだ。

文章で歌を紹介するのは難しいが、Ｄｉｓｃ１の②恋人よ我に帰れ、⑦アイ・ラブ・パリ、⑮マックザナイフなどの節回しと歌唱力には驚く。三人娘の江利チエミ・雪村いずみもＪＡＺＺを歌っているが、当然ながら英語歌詞を英文として学び英語で歌っている。だがひばりは洋物歌詞を英文として理解するのではなく、耳で聞いた英語発音をそのまま音として復元しているようだ。

特にＤｉｓｃ２の①Ａ列車で行こう、②スターダストなどはひばり十代の歌唱と伝わるが、英語発音を日本語文脈に浸透させた見事な歌唱力である。他方でひばりは同じ頃に戦前流行歌の「影を慕いて」などをカバーしたレコードも出して評判を得ている。

要するにひばりの音楽的感性は古今東西の音楽曲を三回聴いたら覚えるとの聴力で受容し、瞬時にして自家薬籠中のものに転化し得たのだ。

天才美空ひばりの国際感覚は、日本国内のみでの評価に留まらない。1969年のブラジル公演では、新曲の関東春雨傘〈関東一円　雨降るときは　さして行こうよ　蛇の目傘　どうせこっちはぶん流し～〉などは場内静まりかえるほどに絶賛を待たそうだ。いまYouTubeで眺めても、異郷の地でひばりが熱狂を集めた様子は十分に伺い知ることができる。

米国の黒人歌手代表格のハリー・ベラフォンテの1974年の来日時に、竹中労がひばりと引き合わせた秘話がある。ひばりが父親増吉から習った「唄入り観音経」を無伴奏で歌うとベラフォンテは感銘を受けて聞き入った。その後に回りの皆に勧められても何も歌えなくなり、後に自分は用意してきた「サクラサクラ」など日本の歌をその場で歌うことが恥ずかしくなったと述べたそうだ。

ひばりの歌の国際的真価は。死後四半世紀を経てますます明確になっている。だが庶民ひばりの芸道の推進力であった家族的扶助と情愛は、求めても求めても逃げ水のように去っていった。戦後日本は国民的歌手ひばりを金満家に押し上げたが、金銭的余裕はついに家族的紐帯の強化を支え得なかった。これは高度成長後の、今の日本社会の課題でもある。

ということで私なりのひばりの名曲を挙げるとなると、諸事情は後景に退く。少女期のきらめきや、「ロカビリー剣法」や「お祭りマンボ」などのコミカル物もよいが、「津軽のふるさと」から「哀愁波止場」へのマイナーな抒情や、折に触れて歌いこんだ落ち着いたJAZZ系スタンダードにも魅かれ、ひばりはこの一曲を選べない。この人ほど早世が惜しまれる歌手はいない。

蛇足。ベラフォンテが感嘆した「唄入り観音経」はひばりのオリジナル盤歌詞〈風まかせ～〉と違って、三門博の浪曲風〈遠くちらちら灯りが揺れる　あれは言問　こちらを見れば　誰を待乳のもやい　舟月に一声雁が鳴く　秋の夜更けの吾妻橋～〉の方を歌ったようである。

ひばりの没後、政府は女性初の国民栄誉賞を贈ったが、後知恵の類だ。

# 7 マイトガイ小林旭

1938年生まれの小林旭はデビュー60年近く、現在も活躍中の息の長い自己決定型の俳優・歌手である。マイトガイといっても今はマンガが主流の時勢だが、実は私は四国の片田舎の高校生時代に郷里宇和島が舞台である1960年公開の映画「南海の狼火」のロケで、まだ若い小林旭と浅丘ルリ子のカップルの絡みを見ており、映画の背景にもちらっと登場している。

小林旭の芸暦は長いので、受け取るイメージも年代により様々だろう。1960年代の中高生なら日活映画の浅丘ルリ子が相手役の渡り鳥シリーズや、宍戸錠がライバルの諸シリーズを知っているはずだ。また陽気なツーレロ節やダンチョネ節や自動車ショー歌などを聴き、歌声喫茶などでは北帰行・さすらい・惜別の歌を旭の歌とは知らず口ずさんだ事だろう。

その後の70年代が青春の人々は東映に移ったあとの映画「仁義なき戦い」シリーズでの苛烈な武田明役や、酒場歌から日本有線大賞を取り全国へ流れた「昔の名前で出ています」の、〈京都にいるときゃ忍と呼ばれたの　神戸じゃ渚と名乗ったの〜〉で始まる捨て鉢な居直りの歌詞を憶えているだろう。旭はこの大ヒットで紅白歌合戦に初出場している。

１９８５年には小林旭の大ファンの大滝詠一が、旭の再起を願って作曲し阿久悠に作詞を頼んだ「熱き心に」のメロディが全国に流行り〈北国の旅の空　流れる雲はるか　時に人恋しく　くちびるに　ふれもせず　別れた女《ひと》いずこ　胸は焦がれるまま　熱き心に　時よもどれ　なつかしい想いつれてもどれよ～〉の歌詞が心に残っている人も多いはずだ。

旭には互いに秘めてきた浅丘ルリ子とのロマンスや、天下の美空ひばりとの結婚・離婚騒動や、先輩女優の青山京子との結婚などの華やかな話題も多い。そこで本稿では小林旭の書いた２００１年の「さすらい」、２００４年の「熱き心に」、２０１１年の「永遠のマイトガイ小林旭」の二冊の著書と、２００４年の「小林旭50周年グラフィティ」を参照しつつ筆を進めたい。


小林旭は東京都世田谷区に生まれ、父が映画の照明技師で母が民謡・小唄などの師匠であった影響からか、４歳で児童劇団に入る。目黒高校在学中に日活ニューフェースに合格。20歳の時の１９５８年には映画「絶唱」に主演し、その年の映画関係新人賞を総ナメにした。また同年に「女を忘れろ」でコロンビアレコードから歌手デビューする華麗な履歴だ。

当時は映画会社が専属俳優を抱えてボロもうけしていた、映画黄金時代である。１９５９年の「銀座旋風児《マイトガイ》」から小林旭のマイトガイシリーズが始まり、「ギターを持った渡り鳥」から渡り鳥シリーズが追加された。さらに60年からは「海から来た流れ者」が第一作の流れ者シリーズが続くことになる。

１９６０年撮影の「南海の狼火」は、山崎徳次郎監督の流れ者シリーズの第３作である。四国西南部の高知寄りの宇和島市がロケ地で、地場産業の真珠養殖場や著名な闘牛試合を巡る利権抗争や、7月末の和霊大祭やデートコースの城山や滑床渓谷や鹿野川ダムなどが舞台となる。主人公旭はギターを抱えて船で九島沖から宇和島港に入り、一仕事終えて船でまた宇和島を出て行くのだ。

アクションドラマなのでストーリーは単純で、老舗の須賀真珠の追い落としを図る新興の宇高真珠の金子信雄が悪役だ。須賀の娘の浅丘ルリ子を旭が助け、ルリ子の兄は女に溺れ脅され宇高の手先となり、流れ者の宍戸錠が町に入り旭のライバルとなる。だが闘牛に勝たんと相手牛に薬物注射し借金のカタにルリ子を狙う金子の手法に、錠は愛想をつかし旭を助ける。

1960年の私は高校一年だが一学期は黄疸で長期入院し、軽快した夏休みに「南海の狼火」ロケを追った。「宇和島音頭」は県教組委員長の国村三郎作詞で、高校一級下の姫の宮ユリが吹き込んだ。だが櫓の上で旭が歌うのは一番の〈聞いてな聞いて嬉しや　宇和島音頭〜〉ではなく、二番の〈掛けたな　掛けた情けは　浮気じゃ咲かぬ〜〉と〈和霊まつりや牛角力〜〉が入る三番だ。地元でも誤解があるが後の宇和島おんど〈空に浮かんだ　鶴島城の〜〉とはまったく別物である。

「南海の狼火」で小林旭はキャバレーで「ツーレロ節」二番〈けんかするほど仲がよい　いやならけんかをするものか〜〉を歌う。だが主題歌は「さすらい」で最初と最後の船中で若山牧水風の哀愁に充ちた二番〈知らぬ他国を　流れながれて　過ぎてゆくのさ　夜風のように　恋に生きたら楽しかろうが　どうせ死ぬまで　ひとりひとりぼっちさ〉が流れる。この歌調は病み上がりの当時の私の暗く寂しい心にも入り込み、自問課題ともなった。

「小林旭大全集」の歌詞カードではこの「さすらい」は西沢爽作詞・植内要採譜・狛林正一補作曲・編曲となっている。だが採譜とは民謡など口承されてきた歌を楽譜に書写することだし、編曲とは原曲のアレンジだ。別の原曲があるのなら、採譜も新たな作詞もおかしくはないか？　西沢爽は作詞家協会会長を務めたビッグネームなのに、どうも疑問が残る。

調べて見ると「さすらい」の原曲は、太平洋戦争中にフィリピン・ルソン島の日本兵の間で歌われていた「ギハロの浜辺」らしい。「二木紘三のうた物語」への投稿によると、戦争帰りの丸亀高校の英語教師が授業中に歌った曲を、習い覚えた生徒から聴いた植内要が採譜し、後にコロンビア勤務となった植内が敏腕ディレクター馬場玄三に採譜を渡したそうだ。

そうして植内要が丸亀出身者から採譜し狛林が補作曲し、原詞を知らぬ西沢が新たに書いた「さすらい」が誕生した。丸亀の教師の譜面には作曲大西嘉武・作詞第16師団将兵と書かれていたそうだが、原曲を踏まえつつ全く別のリニューアル曲が出来たと評価してよい。

１９６０年代と言えば戦争経験世代の多くは40歳前後の壮年期で、多くの兵隊歌が変容して流行歌となっていた。小林旭も海軍小唄から来た「ズンドコ節」、特攻隊の断腸の想いから曲名が付いた「ダンチョネ節」から、私のラバさんをもじった「旭のラバさん」、また満州浪人の「馬賊の歌」や「蒙古放浪歌」まで歌った。西沢爽が新作詞した「アキラの～」シリーズも元は戦前学生の愛唱歌でもあった。

小林旭には60年近い芸歴があり、今は落ち着いているが若い頃は映画でも歌でも超売れっ子だった。初期の歌には兵隊歌のほかに童謡集や民謡風や遊び歌やマイトガイ風の映画主題歌を連続してレコード化し、中期にはしっとり落ち着いた恋歌や酒場歌がある。後期には美空ひばり追悼の「惚れた女が死んだ夜は」も歌い、様々な組み合わせのCDも多い。

ざっと記憶をたどって、耳に残る曲を選んでみよう。初期ではデビュー曲の野村俊介作詞の〈ダイス転がせ　ドラムを叩け～〉はよい歌だが、題名がなぜか「女を忘れろ」だ。また関沢新一作詞の〈鳥の野郎どいていな　トンビの間抜けも気を付けろ～〉も題名は何と「ダイナマイトが百五十屯」で、西沢爽「ダンチョネ節」〈逢いはせなんだか　小島の鴎～〉の方が気分が落ち着く。

面白歌では「恋の山手線」に続く、星野哲郎の「自動車ショー歌」〈あの娘をペットにしたくって　ニツサンするのはパッカード　骨のずいまでシボレーで　あとでひじてつクラウンさ　ジャガジャガのむのも　フォドフォドに　ここらで止めてもいいコロナ〉がよく歌われた。NHKなどで発禁処分にもなったが、時を経て2011年には車メーカー11社の応援ソングに様変わりした。

落ち着いた歌の「北帰行」〈窓は夜露にぬれて　都すでに遠のく～〉は旅順高校生だった宇田博作詞作曲の逍遥歌で、歌声喫茶から火が点いた。同様の島崎藤村の「惜別の歌」〈遠き別れにたえかねて　この高楼《たかどの》に登るかな　悲しむなかれ我が友よ　旅の衣をととのえよ〉が中大学生歌となる詳細は作曲した元中大生の藤江英輔があちこちで記している。この分野では石坂まさをの「北へ」〈名もない港に桃の花は咲けど　旅の町にはやすらぎはないさ〜〉が光っている。
愛と恋に関する歌は多く、川内康範作詞の「落日」〈うらぶれこの身に　吹く風悲し　金もなくした　恋もなくした〜〉の後に、遠藤実の秀作「ついて来るかい」〈ついて来るかい　何も聞かないで〜〉が続く。終わりはみなみ大介の〈慰めなんかは　ほしくない　黙って酒だけ　おいてゆけ　惚れた女が死んだ夜は　俺はひとりで酒をくむ〉「惚れた女が死んだ夜は」だ。

小林旭は戦後の映画黄金時代の1960年代、日活の屋台骨を支えた大スターだ。だが正規にニューフェース試験を突破した宍戸錠や旭を出し抜き、プロデューサー水の江滝子に兄の石原慎太郎がごり押しコネ入社させた石原裕次郎が社命でトップスターに上る。小林旭は拳銃を撃ちまくる無国籍映画・日活西部劇と侮蔑されながら、地道に着実に人気を得た。

当時のスター地図では高倉健31年生まれ55年デビュー、宍戸錠が33年生まれ55年デビュー。石原裕次郎34年生まれ56年デビュー、小林旭38年生まれ56年デビュー、北原三枝33年生まれ、青山京子35年生まれ、美空ひばり37年生まれ、江利チエミ37年生まれ、浅丘ルリ子40年生まれ、と出生とデビュー年と興行成績による上下秩序が厳然とあった。

美空ひばりとの結婚・離婚では、ひばり側の資料のみが流布し、私の目も少し曇っていたようだ。「明星」の人気投票男女トップ俳優対談で恋人はいないと旭が答えると、ひばりは「私と付き合いな」と告げ、その告白は本気だったようで翌日から旭の全行動はひばり側の監視下に入った。

そのうちひばりはパーティで旭を私のダーリンだと紹介するようになり、父親役の神戸芸能社長の田岡一雄が「ひばりと一緒になったれや」と告げに来る。ようやく新婚生活に馴れた頃にまた田岡がやってきて「ひばりが仕事を続けるために別れたれや」となり、旭は未練半分で、話題となった理解離婚会見をする。ひばり側の事情で入籍していなかった事実も、旭は知らなかったそうだ。

旭が偉かったのは、ひばりが死ぬまで結婚・離婚の経緯に沈黙を守ったことだ。もっと偉かったのはひばりとの結婚直前まで、二年も旭と同棲していた浅丘ルリ子だ。旭が家族を作るため青山京子と結婚し何十億の負債を返して芸能生活50周年を迎えた後に、ルリ子はテレビ番組で旭と夫婦同然の仲だったと初告白した。そういえば私が宇和島でベタベタの二人を見たのも熱愛期だ。

「徹子の部屋」に二人で出たルリ子と旭は、日活最盛期には42本も共演し年間に360日も顔を合わせた相思相愛の仲だったと照れながら確認しあった。そして互いのデビュー60周年を祝し阿久悠が前に作った「いとしいとしというこころ」をデュエット曲で出してもいる。これもいい話だが、それでも私は小林旭のベスト1は「さすらい」だと考えている。

『さすらい／アキラのホイホイ節』（1960年9月10日）
日活「南海の狼煙主題歌

〈註〉古くから小林旭と日活映画に造詣の深い浅賀満君に、本稿資料の一部を拝借した。

# 8 日本的情緒を生きた島倉千代子

島倉千代子は2・26事件の起きた1938年に品川で生まれ、2013年に75歳で天寿を全うした。デビュー曲は16歳の折の大ヒット曲「この世の花」とされているが、本人の書いた『島倉家』では11歳で「お山のお猿」をテイチクから出したが誤植で戸倉千代子の歌手名だったと言う。

童謡「お山のお猿」は〈お山のお猿は鞠《まり》が好き　トントン鞠つきゃ　踊り出す　ほんにお猿は道化者～〉の歌詞で、私も幼稚園の頃によくレコードを聴いた記憶がある。名義が戸倉でも実態を重視すれば、これをデビュー曲としてよい。とすれば島倉千代子は歌謡曲の女王の美空ひばりより長く、死亡年の75歳まで60余年の芸能生活でレコードを出し続けた記録保持者となる。

美空ひばりの縦横無尽の活躍と比べると、対抗馬の島倉千代子の歌はインパクトが薄く映る。だが本人が自選した「愛すべき歌謡曲（＝こどもたち）」の歌い出しを見ると、「この世の花」〈あかく咲く花青い花　この世に咲く花数々あれど～〉、「逢いたいなァあの人に」〈島の日暮れの段々畑　紺のモンペに涙がホロリ　ホロホロリ　逢いたいなァ　あの人に～〉、「東京だよおっ母さん」〈久しぶりに手をひいて　親子で歩ける嬉しさに　小さい頃が浮かんで来ますよ　おっ母さん～〉、「からたち日記」〈こころで好きと叫んでも　口ではいえず　ただあの人と　小さな傘をかたむけた〜〉、「恋しているんだもん」〈小指と小指からませて　あなたと見ていた星の夜〜〉、「愛のさざなみ」〈この世に神様が　本当にいるなら　あなたに抱かれて　私は死にたい〜〉、「鳳仙花」〈やっぱり器用に　生きられないね　似たような二人と笑ってた〜〉、「人生いろいろ」〈死んでしまおうなんて悩んだりしたわ　バラもコスモスたちも　枯れておしまいと〜〉などだ。どの歌も戦後、各時代の気分とけなげに生きる女性の心情を伝えている。

だが島倉千代子の人気が続いたのは、不幸のデパートとの呼び名が付くほどに世間の常識を超えた災禍に何度も見舞われながら常に背筋を伸ばして歌っている印象の影響が大きい。千代子は戦災にあっておらず親族に戦死者もいないが、「東京だよおっ母さん」は、歌手の不幸の印象が加味され靖国の兄を偲んで自ら母を案内している様子に聴こえたという。

私の父の兄の正は満州で戦死したが私には何の記憶もなく、九段坂や二重橋の名も嫌いだった。だが千代子の実母は、この歌から靖国神社を除いて「普通の親子のように東京見物がしたい」と言ったそうだ。七歳のときに疎開先で水汲み中に転倒し、なんとか手術できたが左手が動かなくなった。手が動かぬ故に千代子は歌に熱中したが、母には歌手の名声より親子の仲の方が大問題だった。

千代子は左手をかばいつつ歌の好きな小児麻痺の長姉敏子と、地元の若旦那楽団に入りのど自慢荒らしを重ねたそうだ。その結果が「お山のお猿」であり、日本音楽高校1年のときに全国歌謡コンクールで優勝し、コロンビア専属となる。数々のヒット曲に恵まれ生計も安定し、東京高輪に島倉家の一戸建て住宅を千代子が購入。紅白歌合戦にも連続出場するようになる。

１９６３年に元警察官の父寿雄が他界。落ち込む千代子は支えてくれた阪神タイガースの藤本勝巳と25歳で結婚する。母のナカは千代子に普通の結婚・出産を望んでいて、プロ野球選手との結婚には大反対だった。すれ違い生活に疲れた千代子は5年後に離婚するが、母は門前払いし千代子が買った家に千代子を入れない。そこで千代子は別戸籍を決意する。

35歳のとき母ナカが他界。千代子49歳のときに音楽の師の長姉敏子が入水自殺。芸能界に入り失敗した弟二人とは絶縁状態。千代子の収入増加とともに、一男四女の島倉一家は崩壊状態となる。それでも千代子は新たな自分だけの家族を求め、死産した自分の三子を合わせて恵と命名し指輪に刻んで持ち歩き、自分の墓にも千代子の名と並べて彫り込んだそうだ。

島倉千代子の不幸は家族関係に止まらない。身体・病気・事務所・借金などが相次ぐが、そのたびに千代子は歌により復活してきた。１９６８年の離婚前後はなかにし礼作詞・浜口庫之助作曲の異色作「愛のさざなみ」で日本レコード大賞特別賞。姉敏子の目黒川入水事件後の紅白出場辞退の際は、皮肉にも中山大三郎作詞・浜口庫之助作曲の「人生いろいろ」が大ヒットした。

千代子は7歳時に左手損傷の大事故の後、23歳時にはファンの投じたテープの直撃で失明寸前となる。この時の恩人が眼科医の守屋義人で、感謝の意を込め、千代子はこの医師を信頼した。この守屋が15年後に善人顔で再登場し、千代子はつい実印を渡す。守屋らは島倉千代子の信用を利用し次々と借金を重ね、保証人印を押し、不渡り手形を乱発してゆく。

千代子が事態に気付くのは守屋義人の事業失敗後で、千代子は20億円もの故なき借金を押し付けられる。千代子は覚悟を決めキャバレー回りや地方巡業を厭わなかった。背景には細木和子を含む事件師グループがいたと「細木数子地獄への道」（2005年、鹿砦社）は記す。

千代子の不幸はこれで終わらず、晩年まで続く。2004年に「歌手生活50周年」を迎え、千代子は35回目（当時の最多出場記録）の紅白歌合戦への最後の出場を果たし「人生いろいろ」を歌う。だが島倉事務所スタッフによる資産奪取と、千代子名の借金への付け替えが発覚。足下での事件再発の痛手は大きく、千代子は69歳の誕生日に事務所を解散（閉鎖）する。

幼時より歌しか知らない千代子は心機一転、簿記の勉強を始め記帳にも挑戦。その後、周辺の協力により新事務所を設立し、事務所企画で書籍『島倉家』を刊行する。千代子は歌手だけの役割を止めて、自分が家長として参加する新事務所を「島倉家」と名付けた。そこで元美容師の佐藤敬を息子、アメリカ帰りの若い寺西一浩を孫と呼ぶ新体制を作る。


島倉千代子の人生は49歳の「人生いろいろ」の後に後半戦に入る。50歳代半ばに乳癌だと告白するが、これは軽快。だが72歳での肝臓癌は極秘扱いするが、三度の手術のたびに悪化しついに肝硬変に至る。千代子は死期を見つめつつ最後のコンサート・テレビ出演・ブログ更新をこなし、60周年記念曲「からたちの小径」の録音3日後に死去する。

千代子は2013年11月8日に75歳で死ぬが、青山斎場ではこの遺作CDと録音風景を報告する千代子の最期の肉声テープが流れたという。不幸のデパートとよばれるほど人生の悲惨を体験し、千代子に借金を押し付け自己破産して延命する社員をみてきた。声の出ぬまま自分が選んだ「孫」に裏切り者たちを刺し殺したいと伝えた千代子は、自ら最高の死を演出したのだ。

私と同年代で時折テレビにも出る田勢康弘（日本経済新聞客員コラムニスト）が、1999年に分厚い『島倉千代子という人生』（新潮社）という本を出している。田勢は長い記者生活で「偉い」人たちに食傷し、やっと出会えた志高い島倉千代子を書こうとした。よく取材はしているが、自分にしか千代子を書けぬとの自負は自信過剰にみえる。とても視野や切り口を突き詰めているとは思えないのだ。

田勢は島倉千代子を通して戦後日本庶民を書くというが、私は千代子は戦後の異端だと考える。美空ひばりは母の喜美枝と一卵性親子と呼ばれ、夫の小林旭より家族を優先し、兄弟防衛のためには警察やＮＨＫとの対立も厭わなかった。だが島倉千代子の母は娘に普通の生活を望んだから野球選手との結婚に反対し、千代子はデビュー後は自己責任だからと弟の芸能活動を助けなかった。戦後庶民の感性は、千代子家よりひばり家に近いだろう。

田勢のミーハー的な島倉千代子への愛着度は島倉利用主義の細木数子に勝るが、島倉千代子の美空ひばりへの尊敬度には敵わない。左手手術後の千代子には「越後獅子の歌」「東京キッド」「私は街の子」とヒットを飛ばすひばりは、同級生ながら神様だった。だからファン投票でひばりを抜いても前に出ず、ひばりも最期には唯一の友人として千代子には心を許したらしい。

ここで恒例となった島倉千代子のベストワン選びである。島倉千代子と聞くと年長者の特に女性は、清純派歌手で泣き節を思い出すという。たしかに先に触れた千代子自選集の「この世の花」「東京だョおっ母さん」「りんどう峠」「からたち日記」「逢いたいなァあの人に」「恋しているんだもん」「鳳仙花」「思い出さん今日は」「ほんきかしら」等はそのグループだ。

だが島倉千代子は60年間もレコードを出し続けているのだから、もっと幅広い視野から、千代子の歌を検討して見たい。

私の記憶に頼ると、千代子は人生の岐路で「人生いろいろ」を出し、コロッケの物マネで島倉ブームが起きた、これが文句なしにベストワンだ。

「人生いろいろ」の人気フレーズは〈人生いろいろ　男もいろいろ　女だっていろいろ　咲き乱れるの〉で、男女対等関係のなかでの恋愛模様を窺わせた。千代子のデビュー曲の「この世の花」の〈想うひとには嫁がれず　想わぬひとの言うまま気まま〉の締めや、「からたち日記」の〈こころで好きと叫んでも　口では言えず〉の恥じらいや、「鳳仙花」の〈やっぱり器用に生きられないね　似たような二人と笑ってた〉の気弱な共振はもう新時代からは遠いのだ。

千代子も「人生いろいろ」には思い入れが強く、B面予定を無理にA面に変えさせた。また自分が酒を呑めぬからと、「酒で悩みをまぎらす」歌詞を変えてと作詞家に申し入れたそうだ。中山大三郎の最終の歌詞では、髪を短くしたり小指をかんだりに変わっている。

「人生いろいろ」の最終歌詞の一番は〈死んでしまおうなんて　悩んだりしたわ　バラもコスモスたちも　枯れておしまいと　髪を短くしたり　つよく小指をかんだり〉〈自分ばかりを責めて泣いてすごしたわ　ねぇおかしいでしょ若いころ　ねぇこっけいでしょ若いころ　笑いばなしに涙がいっぱい　涙の中に若さがいっぱい　人生いろいろ　男もいろいろ　女だっていろいろ　咲き乱れるの〉である。中高年者が歌いながら反芻すると男女を問わず味わい深いものがある。

「人生いろいろ」（1987 年 4 月 21 日発売）のジャケット
第 20 回日本作詞大賞
第 8 回メガロポリス歌謡祭・演歌大賞
第 29 回日本レコード大賞・作詞賞
第 30 回日本レコード大賞・最優秀歌唱賞

# 9 フランク永井は低音の魅力

お笑いに歌謡漫談というジャンルがあって、1960年頃は後に泉ピン子の師匠になる牧伸二がウクレレ漫談をやっていた。ヒット作は「低音の魅力」で「フランク永井は低音の魅力 神戸一郎も低音の魅力 水原弘も低音の魅力 漫談の牧伸二は低能の魅力 あ〜嫌になっちゃった あ〜驚いた」が一番だ。これを機に低音ブームが石原裕次郎まで続く。

数年前に流行した女性お笑いコンビのダメヨ・ダメダメは無意味な拒否表明だが、「あ〜嫌になっちゃった〜」は小学生にもリアリティがあった。神戸一郎は「十代の恋よさようなら」でデビュー、「銀座九丁目は水の上」がヒット。水原弘は1959年の「黒い花びら」が第一回レコード大賞になるが低迷し、「君こそ我が命」でカムバックするが早世。低音で息が長かったのはフランク永井だけだ。

フランク永井は戦後日本での十人枠に入る人気歌手で、晩年には自殺未遂の後遺症に悩まされるが、まとまった評伝はない。ここでは情報化社会の恩恵を活用し、ネット情報を入り口に検討しよう。フランク永井は1932年に宮城県の松山町に生まれ、幼児期に父を亡くしたが母が経営する映画館に通いつつ、映画や歌や落語吸収に恵まれた環境で育つ。

東京で仕事をしていた兄を頼って中卒で上京、進駐軍キャンプで運転手のバイトをしながら英語力を体得、軍関係クラブの契約歌手となり好んでジャズを歌ったそうだ。他方で当時の歌手の登竜門だったレコード会社などの「のど自慢大会」に何度も出場し、東京の日本テレビでの１９５５年の「素人のど自慢」の年間トップ賞となり、ビクター専属でデビューする。

本人の希望によりデビュー曲は洋物の「恋人よ我に帰れ」で、声質も合い歌唱力も十分だがレコードは売れない。相談相手の先輩歌手のディック・ミネや作曲家吉田正の勧めもあって、歌謡曲への転進を図った。１９５７年に有楽町へ進出したそごうデパートのCM曲として作られた「有楽町で逢いましょう」が大ヒットし、フランクは一躍トップスターの座を占めた。

フランク永井はその後も毎年ヒット曲が続き、１９５７年から１９８２年までNHK紅白歌合戦に連続27回出場している。「有楽町で逢いましょう」の歌詞は佐伯孝夫で〈あなたを待てば雨が降る　濡れて来ぬかと気にかかる〉で始まり、ラストを〈あなたとわたしの合言葉　有楽町で逢いましょう〉で閉める。二番に〈小窓にけむるデパートよ〉が出てくる構成である。

フランク永井には数多くのヒット曲があるが、作曲家の吉田正との組み合わせが多い。そもそも「有楽町で逢いましょう」は三浦洸一の予定を吉田がねじ込み、フランク永井に回したと噂された。その前後のいわゆる地名物の「東京午前三時」「夜霧の第二国道」「羽田発七時五十分」も吉田正で、有楽町ヒットに続き地下鉄駅開業に合わせ「西銀座駅前」まで作った。

吉田正の作曲は初期の「公園の手品師」を除き、高度成長前期の婚期前の都市サラリーマンの哀歓を込めている。つらい恋を忘れ切れず、夜霧の第二国道を走り、待っていたけど逢えない人を振り捨てて、羽田発7時50分の博多行き最終便に乗る。仕事帰りにメトロを降りて西銀座駅前にも呑みに行く。時にはあの娘を想いつつ、東京午前三時にもなる、時代先端のサラリーマンイメージだ。

だが高度成長期に入っても、一部を除き銀座で優雅にデートできるサラリーマンは多くはなかった。贅沢に経費を使えるサラリーマンは多数派ではないが、彼らの期待や願望が歌詞に込められているとも考えられる。この頃のフランク永井を牽引車とする都市型歌謡の守備範囲は、べたついた演歌層ではなくスマートな都市サラリーマンだったということだ。

しかし都市中心のサラリーマンの娯楽が安酒バーでのスローダンスとなると、都市的虚飾は若者の身に合わなくなる。この隙間に人気繁華街の銀座から新宿への移動や、学生や労働者を含む生活実態への歌の接近要求が肥大化してくる。そこで1960年ころから歌声喫茶を発生源とする、非レコード的な流行歌の自主流通が拡大してくると考えられる。

どんな流行歌手も、特定の時代や社会をリードし影響も受ける。低音の魅力のフランク永井は宮城県出身でジャズに憧れ歌手になるが、本陣はド演歌こそ歌わなかったが都会的ムード歌謡であった。歌声喫茶は青年や学生の溜り場でもあったが、裾野は郷里の田舎と通じていた。有楽町や西銀座での買い物や食事に手の届かぬ学生は、東京で「北上夜曲」を愛唱したのだ。

フランクは「こいさんのラブコール」を含め「東京カチート」から「東京しぐれ」まで都会と都会気質にこだわった。また松尾和子とのデュエット「東京ナイトクラブ」や「おまえに」、リバイバル曲の「君恋し」でムード歌謡の第一人者の地位を不動にした。さらに海外進出にも意欲的で台湾や韓国にも飛び、ジャズのスタンダード曲にも積極的に挑戦していた。

だが世間には、言いがかりめいた災難もある。「夜霧に消えたチャコ」は宮川哲夫作詞、渡久地政信作曲で、発売の1959年の日本レコード大賞の作曲賞・歌唱賞を得ている。しかし私の四国(宇和島)の中学当時の記憶では、主役名の「チャコ」が徳島地方の女性の性器名称なので、徳島周辺ではレコードは発売禁止・ラジオでも流さないとの噂が定着していた。

歌詞は都会の安酒場を辞めたホステスを偲ぶ歌で、宮川哲夫は伊豆大島出身で徳島とは関係がない。殿山泰司の『日本女地図』ではオチャコは香川県、徳島の知人に聞くとチャコと言うのは徳島の吉野川の香川寄りらしい。だがテレビでは「チャコちゃんケンちゃん」が人気だったし、1980年代の「チャコの海岸物語」の大ヒットもある。飲み屋の同郷噂話が足を引いたのだ。

「夜霧に消えたチャコ」は映画化もされて、川内康範の脚本ではチャコは広島出身の原爆後遺症の設定に変わった。流行歌歌詞は実際の生活感覚の反映ではなく、可能性や期待による自己鼓舞や慰謝や反発を引き寄せるようだ。大都市の華美なファッションや飲食も実際は階層化されていて、下層の飲み屋では地域や職業や出身校やの差別がひしめいているのだ。

フランク永井は、戦後の都市化社会の進行の大道を歩み、紅白歌合戦最多連続出場の大歌手となった。だがどんな著名人の人気にも盛衰はあるもので、リバイバル曲が増えた後の１９８３年には突然に紅白歌合戦落選となる。ムード歌謡歌手の頂点を極め、あり余るほどの金が入り家も建てた後に、身体と心の空白状態が生まれたようだ。

永井は宮城県志田郡松山町の出身で、都会的な楽曲が多いが郷里との接点も大切にしていた。デビュー前に彼は田舎でタクシー会社の仕事をしていて、歌の上手い運転手として人気だったという。当時の運転手仲間の間でも郷里の希望の星と自慢で、積み立て貯金をして大挙して上京したそうだ。だが、そのグループとはソリが合わなかったのか、永井は面会しなかったとの話だ。

またヒット曲続出の１９５９年にシズ子さんと結婚し、子供はいなかったが、芸能界一の愛妻家として知られていた。彼がファンを驚かせたのが、１９８５年10月21日のフランク永井の自宅での自殺未遂報道だった。夫人が第一発見者で一命は取り留めたが、脳に障害が残り永井は事件の53歳から76歳没年まで晩年は植物人間で終わった。

自殺未遂の原因を週刊誌は、愛人からの子供の認知と養育費請求を苦にしたと報じた。首を吊ったのだから愛人関係があったのは事実だろう。だが裁判途中で行われたＤＮＡ鑑定では、なんと認知請求した女性の子供はフランク永井の子供ではないとの結果がでた。人気商売故の世間的評価低下が怖かったのか、永井が気弱だったのかは分からない。

85年の永井自殺未遂後も夫人は献身的介護を続けたが、介護や財産処理を巡る永井の親族との葛藤から欝病となり、彼女も1991年に自殺未遂を起こし、翌年に離婚となる。その後にフランク永井は自宅を売却し、田舎から上京した高齢の実姉と一緒に老人ホームに入所したそうだ。2008年に永井は肺炎で死亡したが密葬としたため、翌年に「偲ぶ会」が開かれた。

フランク永井は都市生活の哀歓を振りまいてムード歌謡歌手の頂点に立ったが、自殺未遂の後半生はきわめて日本土俗的な家制度や親族間の軋轢に翻弄されて終わった。自殺未遂後はリハビリ成功による早期復帰説も出たが、知能劣化が進んだ。だが恩人の吉田正が訪問すると、不思議に通常人の会話が出来たとの関係者の証言は救いである。

雑誌『平凡』連載小説を原作とした大映映画の主題歌「有楽町で逢いましょう」は「夢見る乙女」（藤本二三代）とのカップル盤だった。

今40歳代以上の人なら誰でも十曲くらいはメロディを空んじているほど、フランク永井は持ち歌に恵まれていた。だから彼の歌のうちで、どの歌が一番好きかと聞くと意見が分かれるだろう。だがそれを例えば自分がカラオケに行けば歌いたい歌は？　と質問を変えると、デビュー初期の東京物より後期のムード歌謡に重点が移って行くに違いない。

後期のムード歌謡での人気曲は、岩谷時子作詞・吉田正作曲の「おまえに」と、リバイバル曲の「君恋し」が双璧だろう。〈そばにいてくれるだけでいい〜〉で始まる前者は、昭和41（1966）年に「大阪ろまん」のB面の後、1972年、1977年とシングル盤が発売された。「君恋し」の元歌は時雨音羽作詞・佐々紅華作曲で、昭和3（1928）年に二村定一が歌った。

「日本歌謡集」を書いた時雨音羽の解説では、「君恋し」は時雨の戦前の第一作で、ビクターの歌謡曲進出の第一回作品である。二村定一は浅草オペラのジャズ歌手で、この歌のジャズ調の歌詞を上手く歌って人気を得たそうだ。「君恋し」はリバイバルながら、永井の低音の歌唱力でスローテンポの魅力が倍加し、1961年の第三回レコード大賞の大賞を受賞した。

今もよく歎われる「君悲し」の一番の歌詞は〈宵闇せまれば　悩みははてなし　みだるる心にうつるは誰が影　君恋し　くちびるあせねど　なみだはあふれて　今宵も更けゆく〉である。永井はこのメロディが好きで、ゴーゴーやロカビリーにアレンジしたり、ニニ・ロッソと共演でレコード化し、後にジェロもカバーしている。私は「君恋し」をフランク永井のベスト1曲に挙げる。

類似分野でカバー歌手が原曲をしのぐ例に、最初はビリーバンバン、後に坂本冬美が歌って大ヒットした「また君に恋してる」がある。

「君恋し」（1961年）はレコード大賞を受賞した。

10

# 「愛ちゃんはお嫁に」鈴木三重子

旧くからの私の書き物の読者を含む酒席で「ネット社会は情報過多ではないか？　素人が時間を掛けたら出てくる情報を並べても新味はない。流行歌は激動する時代の反映だから、特定の歌を取り上げて時代・社会・価値観の変遷を扱うのも一案では？」との声が出た。私はどの原稿にも私的経験を踏まえた新規情報や考察を意図して加えているつもりだが、今回はこの一曲集中の声に従って考えを深めてみる。

１９５６年に鈴木三重子の「愛ちゃんはお嫁に」という歌が大ヒットした。私は四国の宇和島の多感な小学校6年生で、愛媛県教員勤務評定反対闘争の大波化の流れを感じていた。その頃にまるで戦後社会の激動から取り残された感のある、この歌が流行した。子供らは何の恋愛へのイメージもないのに「愛ちゃんは太郎の嫁になる～」と口ずさんでいた。

一番の歌詞は〈さようならさようなら　今日限り　愛ちゃんは太郎の嫁になる　おいらの心を知りながら　でしゃばりお米に手を引かれ　愛ちゃんは　太郎の嫁になる〉で、自分なりに好きだった愛ちゃんの嫁入りに直面した、おいらの片思いが主題である。ラジオでは「でしゃばり」が「停車場に」と聞こえて、バスで嫁入りする地域があるのかと私は不思議だった。

愛ちゃんとおいらの関係は二番で示される。〈さようならさようなら　悲しい日　愛ちゃんはおいらに　嘘ついた　ウソとは知らずに　まにうけて　夢を見ていた　甘い夢　愛ちゃんはおいらに嘘ついた〉だ。この歌詞の含意は小学生頃の男女観では分からない。同郷で育った愛ちゃんはおいらの問い掛けに対し、好意を傷付けぬよう配慮して答えてきたのだろうくらいの理解だ。

だが三番ではおいらは悔し涙にくれながら、気分転換する。〈さようならさようなら　遠ざかる愛ちゃんは太郎と幸せに　なみだこらえりゃ　はらはらと　ひと雨キツネの　お嫁入り　愛ちゃんは太郎と幸せに〉で終わる。世には男と女しかいないが、男女の好意の合致も付き合いの成就もあきらめ方もなかなか難しい。本稿ではそのような男女関係の難しさをこの曲から検討したい。

流行歌の背景を探るには、その歌の作詞・作曲はもとより時代背景や聞き手の受容状況も考察対象となる。作曲家村沢良介は先に石原裕次郎の「口笛が聞こえる港町」で紹介したが、実はこの「愛ちゃんはお嫁に」がデビュー作であり、演歌を主に多くの作品を残している。だが作詞の原俊雄に関しては、この一作が目立つだけで他のデータが殆ど残っていない。

昭和６（１９３１）年福島生まれで１９８７年に死んだ鈴木三重子の父の正夫は、常盤炭坑節や相馬盆歌で知られる著名な民謡歌手である。三重子にはこの「愛ちゃんはお嫁に」の他に大ヒットはなく、紅白歌合戦出場は二回だけだ。だが父の正夫は三重子との親子出場を含め、初回より五度も出場しており、三重子の実弟が二代目正夫を継いでいる。

苦難の戦後復興はようやく戦前経済水準を越えたとして、経済企画庁は１９５６年に〈もはや戦後ではない〉と宣言した。当時の日本の価値観は伝統的な農漁村地方社会と、高度成長準備中の都市社会に二分解されていた。鈴木三重子の「愛ちゃんはお嫁に」は歌詞を詳細分析するまでもなく、戦後日本で滅びつつあった農村的共同社会を舞台にしている。

時雨音羽の「日本歌謡集」の年表を繰ると１９５６～５７年の流行歌謡曲には、明らかに二色の大きな傾向差があるようだ。「若いお巡りさん」「東京の人」「どうせ拾った恋だもの」「有楽町で逢いましょう」「東京のバスガール」などは都会風だ。これらに対し、「別れの一本杉」「おんな船頭唄」「リンゴ村から」「哀愁列車」「早く帰ってコ」などは農村風で、「愛ちゃんはお嫁に」はこちら側だ。

高度成長に拍車が掛かり保革対立が固定化し都市人口が急増しようと、個々人の共同体的価値観は二十歳頃までの生育環境に制約される。つまり１９７０年頃までに生まれた者たちが成人前の、昭和時代（～１９８９）までの日本在住者の主感性は農本社会的だったと推定される。都会に住んでいようと、心の安定は農本的感性に傾いていたのだ。

近代の恋愛や結婚の原理は、男女個人の相寄る魂の結合である。遠くて近くは男女の仲と言っても、知り合う縁がなければ付き合いは生まれない。戦後日本社会では経済産業活動や学生人口が都市個人社会へ集中し始めても、恋愛も結婚も地域共同体の影響が大きかった。「愛ちゃんはお嫁に」

の田舎くらしのおいらの愛憎と心の歪みは、その端境期に位置している。

ここで原俊雄の歌詞を手引きにして、愛ちゃんとおいらと太郎の相互関係を想定してみよう。愛ちゃんとおいらは、おそらくは同じ村の同じ集落の顔なじみだ。親は百姓仕事などで忙しく、子供らは部落の集会所などに集まって一緒に宿題などやっていたのではないか。そこでは雑談など交え愛ちゃんやおいらなどの年長者が、弟妹たちを教えていたのだろう。

思春期に入って男女関係に関心を持ち始める頃に、中学校などではまず男組と女組の別々の仲が強固になる。そんな同性集団は他の身近な同性集団と差別化を図り、ケンカをしたりスポーツに興じたりする。二人の年齢差は分からぬが、地域の期待もあり勉強も頑張っていたのだろう。だが勉強やスポーツに一生懸命に励んでも、恋愛が成就する保証にはならない。

思春期は自分が主役にならずとも、男女関係には誰もが敏感になり関心があるものだ。そこで男女交際を進めている友人の情報や、男女交際に関連する文化的話題が異様に盛り上がる。私の記憶でも一般論のあとに互いに好みの異性のタイプを言い合ったり、具体的に興味のある異性名などを挙げて同性からの評価を聞いて、少し接近した気分になったりするものだ。

愛ちゃんとおいらは昔から顔なじみの近隣居住者で、一緒に学校に通い地域活動でもリーダーだった仲間だ。親兄弟の氏素性もよく知っており、親族以上に何でも話してきた関係である。このような地域的基盤での親和的共同関係は友情の基盤だが、互いの評価軸がズレてバランスが崩れると「愛ちゃんはお嫁に」のおいらのような勘違い失恋も生じ得る。

愛ちゃんとおいらは仲がよいのに、愛ちゃんはおいらに何の相談もなく、近隣の名家（？）の息子の太郎と結婚することを決めた。部落的共同関係を、愛ちゃんとおいらは仲良く長く維持してきた。この間においらの心の内部では、愛ちゃんは将来の恋人の形に成長していた。おいらは安定した職に就き資格を得たら、結婚を申し込もうと甘い計画を夢見ていたのだ。

隣町で働いている愛ちゃんを帰りに見掛けて喫茶店に誘い自分の夢を熱く語ると、愛ちゃんは貴方なら計画実現は大丈夫よと激励してくれる。集落の先輩は誰もが見合いや紹介で結婚していたが、結婚話は二人には出てこない。彼女が時折口にする〈貴方は昔からの大切な友人だけど、友情と恋愛とは違うのよね〉との文言の深い意味を、おいらは考えたこともなかった。

おいらの将来設計を評価し応援していると信じ込んでいた愛ちゃんが、隣町の太郎と結婚すると聞いて驚き、期待していた親も嘆いた。おいらは親切な愛ちゃんが自分と結婚すると信じていたが、よく考えると二人は誰もが認める仲のよい友人に過ぎなかった。自分の一人合点の延長で愛ちゃんはウソをついたと感じて、おいらは悔しかった。だが二人は手をつないだこともなく、映画「卒業」の花嫁略奪に花嫁が協力するような、男女の秘めたる恋愛関係の蓄積は何もなかったのだ。

友情の意義について考え詰めるのは思春期初期で、恋愛をよく知らぬまま殆どの者が友情の方が大切だと結論付ける。その後に同性の親友相互で話合った末に、連れションのようなダブルデートをしたりする。そのような友情から恋愛への離陸期に、多くの男女が勘違いによる失恋や軽い得恋を経て、当事者二人だけが味わえる恋愛の閉鎖的本質を理解してゆくものだ。

男女間に友情があると言い続ける女性は、男を失望させないための女の親切が男をスポイルしていくことに気付かない。逆に「愛ちゃんはお嫁に」で愛ちゃんのウソを告発するおいらは、仲間意識や女性の友情的親和性を恋愛感情と勘違いしている。しかし思春期後期の失恋・得恋体験をきちんと踏まず、自分が相手に好かれているとの恋愛妄想に終生取り付かれる者も少なくないのだ。


多くの人の鈴木三重子の記憶は「愛ちゃんはお嫁に」一曲だ。1955年に三重子が吹き込んだ「南国土佐を後にして」を、ペギー葉山がカバーし59年に大ヒットした経緯は歌好きでも殆ど知らない。また愛ちゃん～への好評を受けて58年末に鈴木三重子は「兄さは東京で嫁もろた」を出してもいる。愛ちゃん～と男女役が逆で、女性の側からの恨み節である点が特色だ。

だがこの妹は兄貴分を「祭りの晩の約束を　兄さはどうしてくれるのか」となじっている。作詞の荻原史朗は、愛ちゃん～のおいらと異なる位置を妹に与えている。兄さが東京に仕事に行ったのなら、祭の晩に妹分に「俺が帰るまで待っていろ」と約束することは、年齢差を加味するとあり得るからだ。はっきり約束したのなら、妹分は兄さの不実を正面から怒ってよいのだ。

「愛ちゃんはお嫁に」で、おいらの怒りは「夢を見ていた」甘い自分自身に向いている。だから「愛ちゃんはおいらに嘘ついた」との一時の怒りが静まると、「愛ちゃんは太郎と幸せに」とエールを送れる。「兄さは東京で嫁もろた」で「一人隠れて泣くばかり」の妹分とは考えの方向が違うのだ。

もし「おいら」が自分の甘さに気付かず、恋愛妄想を進めたら刃は相手の太郎に向くことになる。
男性の恋愛妄想は最近では中年以降に多く、容易には直らぬと精神科医は言う。恋愛妄想は自分の側の片思いではなく、相手から好かれているとの妄信だから厄介なのだ。愛ちゃんとおいらは幼なじみで仲がよい、だから愛ちゃんはおいらを好きだと妄信したら、愛ちゃんを言葉巧みに奪った太郎はおいらの恋路の邪魔者だ。太郎にだまされている愛ちゃんは被害者だから、おいらが救済すべき役割となる。

旧共同体の集会所やお祭りなどでの仲間的共同性が希薄化し個人主義が主軸化した現在では、失恋や得恋の基礎的経験不足が進み、恋愛妄想的心情は増加しているようだ。冷静に考えれば手も握らぬ女性が自分を激愛している訳がないが、男女間の仲間的友情論のあいまいな流布が、友情から恋愛への転換を過剰に期待させているのではないだろうか？

流行歌は心身の開放を引き寄せることの可能な手がかりだが、失恋や得恋を含めて実地での恋愛経験が足りぬと誤解が加速し、開放されるどころか自己内妄想を育ててしまう。恋愛も性愛も内閉化されるが個人内妄想肥大とは異なり、相寄る二人の心身の中間地帯に滞留するのだ。この差異を情報社会下の草食世代の隆盛に対し、特に強調しておきたい。

# Ⅱ　流行歌の70年代黄金期

11

# 息の長い作詞家　西條八十

西条八十（1892〜1970）は戦前の歌謡曲の第一次黄金期の推進力となり、戦後も活躍を続け、七〇年代黄金期を導いた大作詞家である。

ここで、歌に不可欠な歌詞のなかの時代性を考えたい。「君恋し」の作詞で一時代を築いた時雨音羽の『日本歌謡集』を繰ると時代と歌の流れの関連がよく分かる。驚くことに戦前の1929〜1940（昭和4〜15）年ころまで歌謡曲の第一次時黄金時代が続いたらしい。

今もカラオケで歌い継がれる第一次黄金期の戦前の大ヒット曲を年代順に押さえると、「君恋し」「酒は涙か溜息か」「丘を越えて」「影を慕いて」「急げ幌馬車」「国境の町」「並木の雨」「洒落男」「ダイナ」「二人は若い」「野崎小唄」「むらさき小唄」「旅笠道中」「明治一代女」「無情の夢」「緑の地平線」「船頭可愛や」「雨に咲く花」「忘れちゃいやよ」「ああそれなのに」「女の階級」「東京ラプソディ」「男の純情」「人生劇場」「人生の並木道」「青い背広で」「裏町人生」「別れのブルース」「旅の夜風」「麦と兵隊」「旅姿三人男」「十三夜」「一杯のコーヒーから」「大利根月夜」「名月赤城山」「懐かしのボレロ」「湖畔の宿」「煌く星座」など耳に染みたメロディが次々と浮かんでくる。

そのころの作詞家では、「影を慕いて」古賀政男（作曲も）、「国境の町」大木惇夫、「旅姿三人男」宮本旅人、「別れのブルース」「一杯のコーヒーから」藤浦洸などが著名だ。その中では、「酒は涙か溜息か」「並木の雨」「船頭可愛や」「雨に咲く花」などの高橋掬太郎、また「旅笠道中」「明治一代女の唄」「妻恋道中」「大利根月夜」の藤田まさと、更に「緑の地平線」「人生の並木道」「男の純情」「人生劇場」などの佐藤惣之助の三名が飛び抜けている。

しかしこの同年代に西條八十は、「東京行進曲」「愛して頂戴」「唐人お吉の唄」「女給の唄」「侍ニッポン」「涙の渡り鳥」「サーカスの唄」「東京音頭」「花言葉の唄」「支那の夜」「悲しき子守唄」「純情二重奏」「誰か故郷を想わざる」「なつかしの歌声」「蘇州夜曲」などを多産している。つまりトータルに見ると昭和初期の歌謡曲第一次黄金時代のトップに、西条八十がいたのだ。なお「無情の夢」の佐伯孝夫、「東京ラプソディ」の門田ゆたか、「古き花園」のサトウ・ハチローらは八十の弟子だ。

西條八十は明治25年に東京牛込に生まれた。父は神奈川の庄屋の出で、当時は大きな石鹸製造工場を経営していた。育ての母が人気落語家談洲楼燕枝の実母で、八十は幼児から芝居・寄席に通い落語・俗曲・俗舞のなかで育つ。また貸本屋の大衆小説を偏愛し、英会話も習う夢想家の八十は、中学から早稲田に入り、野口雨情に影響を受け文学青年に育ってゆく。

八十の作詞した歌謡曲名を見ると、その何でも屋的な目配りの広さに感心し、作詞内容に目を転じると対象に踏み込まず、入れ込むこともない軽やかな処理法に驚く。このような仕事スタイルが八十が最長期ヒットメーカーとなった理由だが、それは八十には経験的所産だった。生活力なく初恋に頓挫した兄が父の財産を盗み、家の扶養義務は八十が負わされた結果なのだ。

ボンボン育ちで世渡り下手な文学青年八十は、象徴詩を模索するが食えず童謡に誘われ、〈唄を忘れた金絲雀はうしろの山に棄てましょうか〜〉の「カナリア」を記す。文学を教えてくれた姉兼子の嫁入り後に「誰か故郷を想わざる」二番の〈ひとりの姉が嫁ぐ夜に　小川の岸でさみしさに泣いた涙のなつかしさ〜〉を書く。哀切さは伝わるがどことなく文学青年らしく現実感は薄い。

西條八十は『唄の自叙伝』で、芸術至上主義から俗曲を是認し作詞家へ転じた契機は、1923年の関東大震災だという。被災者でいっぱいの上野避難所の悲痛な夜半に、15歳くらいの少年がハーモニカで歌謡曲を次々と吹き、群衆は怒らずむしろ安堵とやすらぎの表情を見せた。そこで八十は東京が舞台の阿波踊のような流行歌を書こうと決意したのだそうだ。

八十のそんな歌への決意が開花したのが、菊池寛原作の映画主題歌の1929年の「東京行進曲」である。〈昔恋しい銀座の柳　仇な年増を誰が知ろ、ジャズで踊って、リキュルで更けて、明けりゃダンサーの涙雨〉は当てる目的に叶って大ヒットした。当時の流行作詞家をみても、こんなモダンな歌詞が書けるタイプは他になく、この一曲で八十はビクター専属の位置を得る。

ここで知る人ぞ知るの類の、裏話を記しておく。東京行進曲の歌の第4連の頭は当初は〈長い髪してマルクス・ボーイ　今日も抱える「赤い恋」〉だった。1929年は世界大恐慌の年で小林多喜二『蟹工船』も出てマルクス主義全盛期だった。八十はコロンタイ女史の『赤い恋』を小脇に闊歩する青年を見て新宿風景を書いた。だが官憲介入を恐れたレコード会社側の要望で〈シネマ見ましょか、お茶のみましょか　いっそ小田急で逃げましょか〉に変えたのだそうである。

西條八十は早大教授の席を捨てて、割の合わぬ作詞家になったとの声が時折聞こえる。八十は兄貴に父の遺産を奪われるまでに苦労するが、その後は天プラ屋でも株屋でも童謡に近づいても、作詞家になってもちゃんとソロバン勘定は合わせている。問題は象徴詩から流行歌作詞作法への転換であって、これも生活上昇とともにクリアできている。

「東京行進曲」のあとの戦前の作詞では「侍ニッポン」「サーカスの唄」「誰か故郷を想わざる」等を除いて、依頼者＝レコード会社の意図に沿った作意が目立つ。女性物は愛憎幅を拡大し美化したパターンが強い。だがこの忠実性はプラスに転じることもある。「若鷲の歌」や「同期の桜」原詩は八十作品でよく知られる軍歌だが、思い込みは少なくさらりと流している。

八十は敗戦直前に「起て一億」〈松美しく砂清き　三千年の神の国　来り侵すは何奴ぞ〉と書くが、敗戦後の「ワカランソング」では〈勝った気でいて　背負投食って　アレト気がつきゃ家もない馬鹿な戦争でワカランワカラン〉と書く。これは庶民感覚による脱思想的な算盤勘定だ。このいわば思想オンチを活かし得て、八十は戦後も長く生き延びたと思われる。

八十の戦後作品は60年代後半まで続くが耳に残っている印象が強い作品を並べても、「悲しき竹笛」「三百六十五夜」「恋の曼珠沙華」「トンコ節」「青い山脈」「山のかなたに」「赤い靴のタンゴ」

「越後獅子の歌」「角兵衛獅子の歌」「こんな私じゃなかったに」「芸者ワルツ」「丘は花ざかり」「ピレネエの山の男」「この世の花」「りんどう峠」「娘船頭さん」「別れたっていいじゃないか」「しあわせはどこに」「王将」「絶唱」「夕笛」まで、感心するほど目配り広く数も多い。

懐メロの歌の好みでは私は歌手は重視せず、歌詞と曲が醸し出す歌空間の完成強度を評価する。この点から見ると右記では、戦後大ヒットの明る過ぎる「青い山脈」や、お座敷歌の「トンコ節」や「芸者ワルツ」、方向の決まっている「こんな私じゃなかったに」、「別れたっていいじゃないか」、なんてのは私はカラオケで自分から歌ったりはしない。

三曲選べと言われたら「赤い靴のタンゴ」や「ピレネエの山の男」は名歌だが目配りが狭すぎるので、「三百六十五夜」「山のかなたに」「越後獅子の歌」になるだろうか。「三百六十五夜」の〈みどりの風におくれ毛が～〉は静かな夫婦の情愛を描き、歌うは霧島昇・松原操夫妻だった。藤山一郎歌の「山のかなたに」は好きな歌だが、３番の〈赤いキャンプの火を囲む～〉、４番に出る〈聖い祈りのアベ・マリア～〉のアメリカ迎合的な神がかり語句は昔から不要と思っていた。となるとトップは「越後獅子の歌」になるか。

１９５０年に13歳の美空ひばりが歌った「越後獅子の歌」〈笛に浮かれて　逆立ちすれば　山が見えます　ふるさとの　わたしゃ孤児《みなしご》　街道ぐらし　ながれながれの　越後獅子〉は、現場主義の八十がおそらく越後獅子発祥地の新潟の月潟村にも行っただろう歌詞が並ぶ。だが二番で〈芸がまずいと　親方さんに　撥でぶたれて　空見上げれば　泣いているよな　昼の月〉のイメージが小学生の子供心には浮かばず、意味が分かってきたのは芸人差別などに気付く頃だった。

八十には安易に見える歌詞もあるが、回ってきた作曲に思い付いた歌詞を並べる作者ではない。芸者ものにも映画主題歌にもきちんと取材するタイプだったようだ。左翼退潮期に入っての31年の「侍ニッポン」も郡司次郎正の小説の映画化の主題歌である。

これは60年安保活動家の愛唱歌で二番の〈昨日勤王　明日は佐幕　その日その日の出来ごころ　どうせおいらは裏切り者よ　野暮な大小落し差し〉の転向詩を横目に彼らは就職したそうだ。歌詞に出る新納鶴千代の姓にシンノウとルビを振ったが、本当はニイロだったと八十は後に訂正している。

フランス留学後の同31年に早大仏文科教授となった西條八十は、象徴詩からの移行もあり歌謡曲歌詞は己の思想や心情の発露ではないことを熟知していた。だが巴里の記憶を描いた「お菓子と娘」の歌詞、特に二番〈選る間も遅しエクレール　腰もかけずにむしゃむしゃと　食べて口拭く巴里娘〉は、狭い日本に帰って来た抑鬱を跳ね返す気概に満ちている。

八十の巴里への愛情は、二年間の留学体験だけには限らない。日本で無声映画が終わったばかりの1931年にルネ・クレール監督「巴里の屋根の下」公開に合わせ八十が主題歌の翻訳を頼まれた。この際に八十は現地取材の原則をわざと外し、メロディだけ繰り返し口ずさみ、クレールの原詩は未到着のまま、自分の郷愁を盛った歌詞を書いたそうだ。

フランス語に精通した八十は、自分のフランス映画主題歌のイメージに合わせたと言うが、なぜ自ら課した翻訳原則を破ったのだろうか？　八十は巴里留学時代に住んだ安アパート5階の愛の巣を思い出し、当時恋人だった画家の山岸元子との生活を追憶し一日で全歌詞を書き上げたと言う。〈なつかしの思い出に　さしぐむ涙　なつかしの思い出に　流るる涙　マロニエの花はさけど恋しの君いづこ〉〈巴里の屋根の下に住みて　楽しかりしむかし　燃ゆる瞳　愛の言葉　やさしかりし君よ〉〈鐘は鳴る　鐘は鳴る　マロニエの並木道　巴里の空は青く晴れて　遠き夢を揺する〉。追憶と感傷に満ちた私情の吐露を、八十は後にこれは自分の作詞での唯一の例外だと言う。

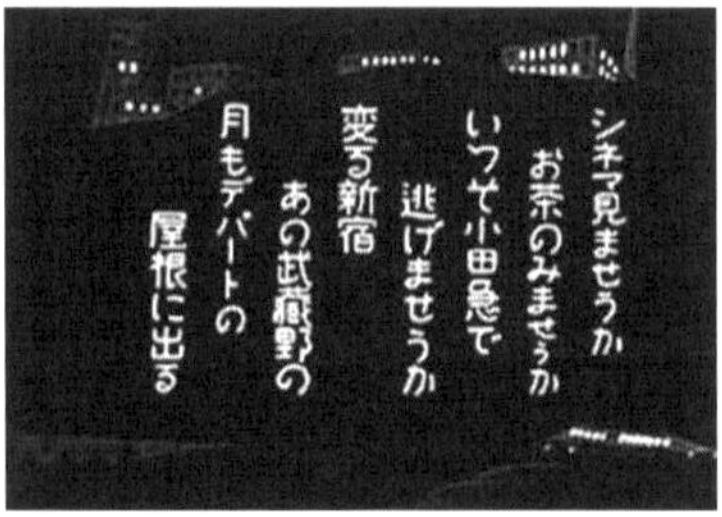


映画『東京行進曲』（溝口健二監督、1929年、日活（太秦撮影所））より

　そのような前置きで改めてこのシャンソンを聴くと、これを八十のベストワンに選びたくなる。八十は１９１６年に結婚したが、留学時は32～33歳だ。当時は留学生は少なく八十は有名人だったから、この不倫事件はパリでも噂のタネになり、新聞のゴシップ記事も出た。八十の妻晴子も新聞記事を読んで心配したらしいが、息子の八束は『父・西條八十の横顔』にて、それは八十にとって忘れられない恋だったと認めている。

　八十には愛着が残ったらしい巴里の恋人の山岸元子は、後に画家として大成し結婚後に八十との恋愛は巴里を舞台にしてこそ成り立つ関係だったと述べる。人生は過ぎゆく、恋は去りゆくか!?

# 12 戦前〜戦後を活きた服部良一の作曲

どんな歌にもメロディの流れがあるが、その多くは歌詞とともに伝播して行く。歌の成立には現代では、作曲家や作詞家や歌手のほか有力な販売会社が関わる。更にレコード、ＣＤ・ＤＶＤやパソコンなどでの複製化が進むと、演奏会、ラジオ放送、テレビ、コマーシャル、ユーチューブなど流行化への素材も機会も増えてゆく。

今は減って来てはいるが各テレビ局では年に何回も華やかな歌手を主軸にした懐かしのメロディの類の歌番組を特集するし、ＮＨＫの日曜昼ののど自慢は何十年も続いている、またラジオ深夜便も人気だ。しかし、これらの番組のなかで、着飾った、過去に人気のあった歌手が新曲を流すが、客筋は少しも沸かない。視聴者は自分の記憶に残っている過去の歌には愛着があるが、彼らの今の歌にはとんと関心がなくて当然なのだ。

歴史的に考えると文学表現は、文字の形で内容が継続し繰り返して読むことができる。だが歌の特徴は文字になった歌詞しか歴史に残らず、曲の流れはいくら文字で説明してもそのままは復元できぬことだ。そこで民衆の歌は民謡や御詠歌のように繰り返し聞いて覚え復元する地方歌の伝承として残った。明治期の演歌節は自由民権運動と併走して人気を集めたが、昭和に入ってのラジオとレコードの並行的普及によって全国民的流行歌が生まれたのだ。

今回ここで触れておきたいのは、世間で流行歌と言うと華やかな歌手がまず浮かぶが、血の滲むような努力で歌を作っているのは作曲家と作詞家である事実だ。他業の例に漏れず発注者のレコード会社が利益の大半を得るが、時代を読む歌の作者は別にいるのである。

本稿は流行歌の精神史のタイトルで、目配りは主に戦後を目安にしている。だが誰もが技量の研鑽の末に花開くのであって、戦前からの蓄積が活かされて戦後の活躍がある。では戦後の流行歌の世界で、もっとも上手く戦前からの蓄積を活かし得た作曲家は誰だろうか？

あれこれ戦後の流行歌を思い浮かべて作曲者をたどって確認してみた。異端との評価もあるだろうが、私は大阪出身の服部良一（１９０７～１９９３）がその第一人者だと思うのだ。

明治期以降の流行歌作曲の大御所といえば、関東大震災後に作詞の西条八十と組んで昔恋しい～「東京行進曲」・踊り踊るなら～「東京音頭」など歌謡曲の大道を示した中山晋平がまず挙げられよう。中山の曲は「波浮の港」「船頭小唄」「砂山」など新民謡調や、「こがね虫」「兎のダンス」「鞠と殿様」など童謡や、命短し恋せよ乙女～「ゴンドラの歌」「さすらいの歌」「カチューシャの唄」など宝塚歌曲調と幅広いが、戦後はさして活躍せず１９５２年に没した。

これに対し作曲界初の国民栄誉賞を得た古賀政男は、昭和歌謡の父とも言うべき存在だ。「影を慕いて」「丘を越えて」「酒は涙か溜息か」で基本スタイルを作り、戦前に「サーカスの唄」「緑の地平線」「誰か故郷を思わざる」「人生の並木道」など詠嘆調や、「青い背広で」「二人は若い」「東京ラプソディ」「懐かしの歌声」など人生応援歌でナツメロの王道を開く。戦後も「湯の町エレジー」「三百六十五夜」「悲しい酒」まであるが、どれも古賀メロディ調の枠内だ。

他方で服部良一は古賀に比すと総曲数も大ヒットも少ないが、激動する時代の転換点を引き寄せ横飛びする自在性を有していた。戦前では「別れのブルース」「雨のブルース」で淡谷のり子をブルースの女王に仕上げ、「夜来香」の編曲で中日で支持される大スター李香蘭の地歩を固め、戦後は「東京ブギウギ」ほかハイテンポの軽快な作曲群で笠置シズ子を音楽界トップに押し上げた。後で確認するがジャズ調からタンゴ、ボレロ、落ち着いた歌曲から、青春歌謡、果ては社歌や校歌まで目配りも視野もきわめて幅広い国民的作曲家である。

服部良一が青年期に大阪の演奏現場で体得した音楽的素養は、主に西洋音楽であり特にジャズ分野だ。服部上京後に「山寺の和尚さん」の新童謡が当たり気をよくしたレコード会社を説得し、服部は藤浦洸と組んでの日本初のブルース制作に踏み切った。

〈窓を開ければ港が見えるメリケン波止場の灯が見える　夜風潮風恋風のせて　今日の出船はどこへ行く　むせぶ心よはかない恋よ　踊るブルースの切なさよ〉。ソプラノだと渋る淡谷のり子を同意させ、戦意高揚歌にこだわる上層部を押さえて出されたこの低く暗い魂の歌「別れのブルース」は、何と満州侵攻の日本兵から圧倒的に支持され国内へ逆波及したのだという。

服部は西条八十と組んだ〈君がみ胸に〜〉の「蘇州夜曲」で中国叙情のトーンは押さえていた。中国の日本軍慰問に出た服部は満州映画スターの李香蘭が歌っていた黎錦光の作曲を、短時間でジャズ調の「夜来香幻想曲」に編曲し、上海交響楽団を指揮して演奏し李香蘭に歌わせた。敗戦直前の上海で好評を得た服部風の「夜来香」は、戦後に李香蘭の歌で日本に逆輸入される。李香蘭は中国人なのに日本協力は許せぬと罪を問われたが、山口淑子の日本人名を明かして無罪となる。民間の日中友好の象徴歌というべき本歌の愛唱者は多く、テレサ・テンによりリバイバルした。

戦後歌謡曲はサトウハチロー作詞・万城目正作曲・並木路子が歌う「リンゴの歌」で始まるとの定評だ。だが〈赤いリンゴに　くちびるよせて　だまって見ている青い空〉では人畜無害の現状肯定ではないか。だが終戦後（厳密には敗戦後）の食糧難の混乱期に新たな価値観への方位を示したのは、服部良一作曲の「東京ブギウギ」だ。服部が曲を示し仏教者鈴木大拙の息子の鈴木勝の原詞を補充した歌詞は、〈東京ブギウギ　リズムうきうき　心ずきずきわくわく　海を渡りひびくは東京ブギウギ　ブギのおどりは世界の踊り〜〉と型破りだった。

ブギは欧米から流行が始まった同一リズムの繰り返しフレーズで楽曲を盛り上げる手法で、「東京ブギウギ」の収録時には噂を聞いた駐留軍が詰め掛けたそうだ。「セコハン娘」に続く「東京ブギウギ」のヒットに会社は気をよくし、服部は三十曲あまりブギを乱作する。芸者姿の市丸の「三味線ブギー」や「ブギウギ音頭」で、色街は盛り上がった。黒澤明は戦後世相を扱った映画「酔いどれ天使」の主題歌に「ジャングル・ブギー」の歌詞を書いて、服部が作曲したこともある。

笠置シズ子は大阪のＳＫＤ出身で舞台中を踊り回って歌う、全身表現家のはしりだ。動きが激しいと警察に牽制されつつ、戦後すぐに服部作詞作曲の「神戸ブギ」を歌う。「東京ブギウギ」の大ヒット後は別府・博多・大阪・名古屋などご当地ブギにも挑む。「買い物ブギ」では「わてほんまによういわんわ」が流行語になり、ブギの女王の異名を得る。笠置は私生活では吉本興業創始者の長男と同棲し、彼の病没後に娘を生み、乳児を抱え仕事を続けた。彼女の後援会会長は東大総長の南原繁だが後援会会員の主力は似た悩みを抱える各地の夜の女だったという。

服部良一のブルースからブギへの転換の如き各時代の作曲の力点は、彼の唯一の著書『ぼくの音楽人生』で示されている。また音楽評論の先端を走ってきた相倉久人が松村洋との対談「服部良一を聴きなおす」を動画サイトで公開している。戦後直後に服部は作品の中では「蘇州夜曲」が好きと言っているが、別に根拠は示していない。３５９３曲もあると言う服部の作品のなかで何がよいかは、趣味が入るので即断では決め兼ねる。

服部の『ぼくの音楽人生』巻末の「主要作品リスト」をながめると、同時代的にではないが私の戦後史で記憶の残る魅力的な作品が数多い。ヒット状況より私の好みを加味して、注目曲を挙げてみる。藤山一郎歌「懐かしのボレロ」、ミス・コロンビア他「一杯のコーヒーから」、渡辺はま子「アデュー上海」、二葉あき子「夜のプラットホーム」、高峰三枝子「湖畔の宿」、「アイレ可愛や」、藤山一郎「銀座セレナーデ」、霧島昇「胸の振り子」、「セコハン娘」、灰田勝彦「東京の屋根の下」、市丸「三味線ブギー」、高峰秀子「銀座カンカン娘」ほか「青い山脈」、「山のかなたに」、「夜来香」、など枚挙にいとまがない。

情景が浮かぶ「夜のプラットホーム」、しみじみとした「湖畔の宿」、落ち着いた歌調の「胸の振り子」、私も時折り口ずさむ「山のかなたに」は、誰もが認める名曲だ。だが服部良一の一押し曲は？ と聞かれたら、私は躊躇なく「夢去りぬ」を挙げる。中国名李香蘭＝山口淑子とは別の意味で、数奇な運命をたどった名曲なのだ。

1948年にヒットした「夢去りぬ」は霧島昇の歌で、加茂六郎の歌詞は、〈夢いまださめやらぬ　春の一夜　君呼びてほほえめば　血潮踊る　ああ若き日の夢　今君にぞ通う　この青春の夢も醒めて散る花片〉だ。だが熱心な音楽ファンから、服部良一は戦時中のタンゴの名曲の「ラヴズ・ゴーン」を盗用しているとのクレームが付いたそうだ。

実は服部良一作曲の「夢去りぬ」は戦前日本で、4回発売されている。1939年のR・ハッター名での洋盤、演奏だけのインストルメンタル洋盤、藤浦洸歌詞の同曲の鈴蘭物語、更に南雅子作詞「夢去りぬ」である。いかに発売枚数が少なかろうと、服部良一がコロンビアの要職にあろうと、戦後を合わせて同一曲の5回発売は異様である。

メッテルに師事して世界先端の作曲術を学んだと自負する服部良一は、日本でも洋楽全般にわたり欧米に匹敵する楽曲を作れるとの自負があったようだ。そこでコンチネンタルタンゴの隆盛を横に見つつ、自前のタンゴの作曲と演奏の世界的評価を試みたのだと私は考える。まず服部は１９３９年にＲ・ハッターの名でビック・マックスウェルの作詞と歌で「ラヴズ・ゴーン」を洋盤で出した。マニアックなファンは欧米制作の洋盤だと信じて絶賛した。同年の淡谷のり子歌の「鈴蘭物語」の藤浦洸の歌詞は、〈風薫るアカシアの　青い並木　鐘鳴らすあの丘の　白いチャペル〜〉と、同曲ながら女性主体の甘い文句だった。

服部は曲を活かす律儀なタイプで、戦前に淡谷のり子歌で暗すぎると発禁になった「夜のプラットホーム」を、１９４７年に二葉あき子に歌わせて大ヒットさせた。霧島昇の「胸の振り子」は、戦後は雪村いずみが歌っている。

また服部は昔から村雨まさおの筆名で作詞活動も続けており、実妹の服部富子の曲は殆ど自分が作詞している。戦後の霧島歌の歌詞の加茂六郎も他の仕事は「アリラン」の訳詩しかなく、これも服部の別名と考えられる。

現時点で「夢去りぬ」を聴き直してみると、歌詞は大味だが、前奏を含めたメロディラインと各連へのつながりが飛ぶように浮き立つ。タンゴで著名なアルフレッド・ハウゼ楽団もレパートリーに加えているし、ボニージャックスも持ち歌にした、隠れた名曲と言えよう。

# 13 作られた大スター　高倉健

本連載も軌道に乗せる基礎条件への目配りは終えた。だが時代の中でのスターの作られ方につき考えさせられる所があり、今回は最近に死んだ高倉健に対象を変えた。

２０１４年11月10日に83歳で死亡と報じられた高倉健は、無名の大部屋スターから１９６０年代半ばにヤクザ映画で脚光を浴び、「唐獅子牡丹」や「網走番外地」のくすんだ歌声は誰もが覚えている。不可解なのはその健さんが昨年、文化勲章をもらった経緯だ。

11月18日に高倉健死亡とのニュースが報じられ、マスコミ各社は報道特集に大童だったようだ。そこで何を間違ったのか自分なりの運動・思想体験に何十年も固執している私に、テレビ朝日の夜の「報道ステーション」からインタビューの依頼が来た。

依頼主旨に合わせ、全共闘世代の活動家が高倉健のヤクザ映画を熱狂して迎えた時代背景を述べた。だが20歳代の担当者が全学連と全共闘の違いなど学生運動の常識も知らぬことが話の途中で分かり、私の名も高倉健主演の「昭和残侠伝」の関東神津組と関連付けたのではといぶかった。

案の定、報道ステーション放映では私は名と顔は出たが学生運動の時代背景に高倉健の映画が合致していたとの断片発言で切られた。問題はその夜の「2ちゃんねる」で、下の世代から国民的大スター高倉健と全共闘とは関係がない、テレビ朝日の偏向姿勢を許すな等で盛り上がった事だ。

このところ朝日新聞は従軍慰安婦問題での偽書依存からの脱出の反省が弱いと随分と非難され、テレビ朝日の報道番組も同類として批判された訳だ。当然ながら私もそんな反応を見込んだ自主規制の被害者なのだが、世論の変化を無視した高倉健評価も白けてしまう。

本業が映画俳優である高倉健の歌は、当然ながら映画と一体化している。元々が高倉は俳優志望ではなく、明大を出たが職がなくスカウトされて東映に入った。デビュー直後から主演映画も多数あったが、カリスマ的人気を獲得するまでには至らなかった。

高倉健の名実ともに代表作は、1964年からの「日本侠客伝」11本、65年からの「網走番外地」18本、「昭和残侠伝」9本の三大シリーズなのだ。このなかで生まれた挿入歌の「網走番外地」は200万枚の大ヒットとなり、「昭和残侠伝」での浅草を舞台にした「唐獅子牡丹」も広く歌われた。

高度成長期に突入した時代に背を向けた学生や職人や取り残された貧民が、土俗的ナショナリティと通底している時代劇やその次のヤクザ映画を支持したのである。

「網走番外地」は古くより刑務所で歌われて来た囚人歌の替え歌なので、発禁にする処置がおかしい。ブログ「仁木紘三のうた物語」では、昔からある原曲に付けた昭和20年代の歌詞を元囚人の伊藤一が昭和31年刊の著書『網走番外地』で紹介したが、問題が起こりそうなのでタカオ・カンベが歌詞を作ったそうだ。元歌を参考にした一部が警察ににらまれたのだ。

レコード化された「網走番外地」の一番は〈春に　春に追われし　花も散る　酒《きす》ひけ酒ひけ酒暮《きすぐ》れて　どうせ俺らの行く先は　その名も網走番外地〉である。この「酒ひく」「酒暮れる」が香具師《やし》が使う用語だからマズイのだそうだ。

香具師はフーテンの寅さんのような江戸の昔からの露店商・テキヤのことで、警察はヤクザと関係があると疑う。だが酒をキスといおうが、呑むをヒクと言おうが本人の勝手だろう。またこの歌詞は酒を呑みすぎると刑務所行きだとの反省や警句が軸であり反社会性は低い。

警察は「網走番外地」の映画ヒットにも歌の流行にも、不快感を示した。レコード会社やテレビ・ラジオ・新聞等マスコミ指導層は自主規制を傘下に強いた。だがテキヤのフーテンの寅さんを映画界から消せないと同じく、由々しき「網走番外地」も大ヒット曲となった。

「唐獅子牡丹」についても検討してみよう。この曲は浅草に根を張る関東神津組と新興ヤクザとの抗争を描く映画「昭和残侠伝」の第2作目の主題歌である。下町の職人と侠客との関連は江戸時代より深く、町火消の新門辰五郎が明治維新前に幕府や新選組で果たした影響も大きい。

作詞・水城一狼・矢野亮、作曲・水城一狼でレコードの「唐獅子牡丹」一番は〈義理と人情秤にかけりゃ　義理が重たい男の世界　幼なじみの観音様にゃ俺の心はお見通し　背なで泣いてる唐獅子牡丹〉だ。この歌は68年東大駒場祭の橋本治のポスターで更に人気を集めた。

68年東大紛争真っ最中の駒場祭では、橋本治が作った〈とめてくれるなおっかさん　背中のいちょうが泣いている　男東大どこへ行く〉のキャッチコピーを付け、いちょうの入れ墨男のポスターを採用した。多くの学生は喝采したが、逆に有識者は眉をしかめた。

だが橋本治はそう書かざるを得ぬ社会的背景を示しただけで、共産党のように東大全共闘はヤクザ的だったと断じても無意味だ。橋本は高度成長に向かう時代風潮と足下の土俗的共同社会を見据え、時代風潮に迎合せぬ姿勢でアンビバレンツな心情を示したのだ。

『昭和残侠伝　唐獅子牡丹』

「唐獅子牡丹」の二番は〈親の意見を承知ですねて　曲がりくねった六区の風に　つもり重ねた不幸の数を　なんと詫びよかおふくろに　背中で泣いてる唐獅子牡丹〉だ。高倉健は映画では実際の不幸を親に詫びるのだが、橋本治はあえて親の期待を裏切ることの方を選ぶのである。

三番の〈やがて夜明けの来るそれまでは　意地で支える夢一つ〉は旧システムへの復古だが、橋本は旧体制への反逆の先は読めぬから〈男東大どこへゆく〉とした。それでは無責任だとの声はあるが、先が見えずとも異議申し立てせねばならぬ時代だったのだ。

「網走番外地」と「唐獅子牡丹」は大ヒット曲だが、高倉健の一作なら私は「男の裏町」を選ぶ。1969年の映画「緋牡丹博徒花札勝負」で藤純子の主題歌と並び〈暗い夜ふけの窓べにすがり～〉「男の裏町」が流れる。矢野亮作詞の二番は〈こんな冷たい世間と知らず　どこではぐれた裏町ぐらし　夢を抱いて出てきた頃は　十七、八の俺ぁまだがきだった〉と、今でも泣ける。

ヤクザ映画の大スターになった高倉健は過密スケジュールと類似ストーリーに不満で、映画館に何度も足を運び満員の観客の熱狂に圧倒されたと言う。唐獅子牡丹のモデルの青梅の飛田東山（飛田勝造）にも私淑したが、基本的に受け身で映画の方向を変える側には向かわなかった。

鈴木都知事と組んで隅田川花火大会を復活させた貢献者の飛田東山は、書道や踊りの流派も開いた趣味人で、東青梅の東山園に私も遊びによく行った。孫の飛田春樹が中大社学同に入ると我が事のように喜び、東山は早く皆のために闘って捕まれと激励もした。その東山も父も孫も皆死んだ。

さて東映株式会社大川博社長下のヤクザ映画は、岡田茂体制では「仁義なき戦い」の実録路線に転じる。そこで高倉健は1976年に東映を退社しフリーとなる。2013年文化勲章受章にいたる高倉健大スターの虚像は、その後の数々の多岐にわたる脈絡のない映画出演作の評価である

一例を挙げる。高倉は76年に大映の「君よ憤怒の河を渉れ」に主演し、任侠スターからの転身と評価される。この映画が中国に輸入され、文化大革命以降の初の外国映画として浸透する。この一

作だけで何の比較材料もなく、中国では高倉健は日本一の大スターとされてしまったのだ。

高倉はその後、77年に「幸せの黄色いハンカチ」、「八甲田山」、78年「冬の華」、80年「遥かなる山の呼び声」、「動乱」、81年「駅」、82年「海峡」、83年「居酒屋兆治」、「南極物語」、85年「夜叉」、88年「海へ」。空いて、98年「ポッポ屋」、01年「ほたる」。また空いて、12年「あなたへ」まで、主役で出ている。

高倉は寡黙な訳あり中年男を演じて評価が高いが、私などにはヤクザ映画の先入観がある。実際に、「幸せの黄色いハンカチ」、「冬の華」、「ほたる」、「遥かなる山の呼び声」、「夜叉」など刑務所帰りが過去を隠して生きる役どころでは、演技もフィットし安心して観ることができる。だが「八甲田山」、「動乱」、「南極物語」、「ポッポ屋」などの主役のどこでも一生懸命の仕事スタイルは国家や会社には都合のよい、高度成長社会の動力賛美のようだ。高倉健のヤクザ物後の各映画は世間で生きる男の顔が優先していて、その表裏の幅が狭く生活臭が簿いのだ。

高倉健は1959年に6歳下の江利チエミと結婚し、チエミが仕事をセーブし62年に妊娠したが中毒症で中絶。事務所に勤めていたチエミの異父姉の使い込みや借金の累を防ぐため71年に離婚。高倉は再婚はせず、チエミ死後も命日には隠れて墓参りする情報も女性の支持を集めてきた。

チエミは、好きだけど別れた高倉健を終生ダーリンと呼び、75年には「酒場にて」の名曲を残した。映画「居酒屋兆治」の主題歌の「時代遅れの酒場」は加藤子登紀子作だが、「酒場にて」の影響の強い返歌のような趣きだ。メロディは単調だが、高倉の節回しはなかなかのものである。

２０１３年に文化勲章に選ばれた際、高倉は「コツコツと仕事をしていると、陰で見てくれている人がいるものだ」と、ヤクザ映画が代表作であることを忘れたかの感慨を述べた。だが仕事を待つ一方の高倉健を追うかに、11月28日に81歳で死んだ菅原文太ならこんな感謝は述べまい。

文太の代表作は「仁義なき戦い」８作と、「トラック野郎」10作だ。特に「仁義～」は終戦直後広島の任侠道とは程遠いヤクザの抗争手記を飯干晃一が週刊誌連載とし、東映が映画化を決めたが、そんな文太はヤクザ組長はミコシに過ぎぬ位の現実感覚を元より持っていた。

また「トラック野郎」は企画者の愛川欣也が文太と組んだコメディで、フーテンの寅さんへ対抗を試みた。ヤクザ任侠道を模索し苦悩する高倉映画に対し、文太の実録物への意欲の方が次の70年代庶民の社会生活意識を吸引し得たようだ。

高倉健の文化勲章授与のセンスは時代遅れの老人趣味に思えて、私は嫌である。

「網走番外地」
（1964年、テイチク）

「唐獅子牡丹」
（1965年、キング）

## 14 沈黙を守るちあきなおみ

２０１５年5月6日の朝日新聞朝刊に全一面を使った「ちあきなおみの世界　CD全10巻」の広告が出た。通信教育で知られるユーキャンの販売戦略は通信販売に特化し、なおみのオリジナル曲と目配り広いカバー曲すべてを聴けるという鳴り物入りだ。夫の郷鍈治の死去に伴い１９９２年に芸能界を引退したなおみへの、長年経ての異様な注目が最近特に目立つ。

なにしろユーキャンが出している「～の世界　全10巻」スタイルは、なおみ・美空ひばり・石原裕次郎・天童よしみの四名だけなのだ。

なおみは引退後は舞台に立たずテレビにも出ぬが、CD類は何種も出た。驚くのは今回の「ちあきなおみの世界～うたくらべ～CD全10巻」の原盤が、２００３年にコロンビア、ビクター、テイチクの三社協力で既に発売されていることだ。

ユーキャン関連会社は２００３年版を「通販限定商品」として売り切って、２０１５年に同一商品を同一手法で売り出した訳だ。23年前に引退したちあきなおみの歌が、現役時代を知らぬ世代を含めて歓迎されている。CMで共演した美川憲一は「他人のCDを聴くのは、淡谷のり子・美空ひばり・ちあきなおみの三人だけよ」と言ったそうだ。

ちあきなおみは１９４７年猪年生まれの全共闘世代で、幼児より芸能プロに入り下積みを経て１９６９年にデビュー。「四つのお願い」で紅白歌合戦に出場、72年には「喝采」がレコード大賞に輝く。73年に知り合った宍戸錠の実弟の郷鍈治との交際が深まり、78年に入籍するが事前に相談がなかったとコロンビアが怒り専属契約を解除された。

郷鍈治がマネージャーとなり、ちあきはビクターにさらにテイチクに移籍する。レコードも出し女優業も続けるが、大注目は受けなかった。最愛の夫郷鍈治が肺ガンで１９９２年に55歳で死亡した際に、ちあきは引退コンサートもせぬまま芸能界から去った。だのに引退後のＣＤ類がちあきの再評価と盛名を生んだのはなぜだろうか？


思い返してみよう。年代も近いからちあきの名はデビュー当時から知っているが、当時のボイン自慢のお笑い路線のレコード会社の売り込みが私は嫌いだった。「喝采」は〈いつものように幕が開き　恋の歌うたう私に　届いた知らせは　黒い縁取りがありました〉の歌い出しのラスト部から、好きな男への鎮魂歌だと知れる。ちあきなおみの不幸の都市伝説は全国を巡り、死んだ夫の郷鍈治は昔からガンだったとして20年後に伝説は完成される。

情報化社会以前には映画会社やレコード会社は、自分らの努力と宣伝がスターを作ると考えていた。だからスターの卵は会社専属にし、本人の希望など最初から無視していた。コロンビアは渡辺プロの小柳ルミ子「瀬戸の花嫁」への対抗曲として、自社のヒット曲のピンカラトリオ「女のみち」を外しちあきなおみの「喝采」を会社ぐるみで押してレコード大賞を獲ったのだ。
コロンビアでは自社が作ったスターちあきなおみの、販路拡大策を準備していた。だが、ちあきは宍戸錠が紹介した弟の郷鍈治との一生に一度の恋に燃え上がってしまった。果ては仕事の減った郷が社長になったプロダクション「ダストファイブ」に、ちあきは移る。コロンビア解約後のビクターもテイチクも、こんなちあきを嫌い大スターには成し得なかった。

金鳥の「タンスにゴン」のCMで自転車の美川憲一がちあきに怒鳴る「もっとはじっこ歩きなさいよ」が流行語になったのは昭和末年ころだろう。その少し前にちあきは先に触れた小畑実の「星影の小径」をカバーしていて、鳥肌が立つほどの見事な出来栄えだった。この名曲のカバー手法が、復帰せぬちあきを幻のトップ歌手に押し上げたのだ。
私は辛うじて原曲の記憶がある「星影の小径」のちあき版に驚き、愛媛県保内町で町会議員と居酒屋「明喜楽」をやっていた菊池明に教えた。菊池がカラオケ店で低音で歌ったら、女の子から何という曲かと問い合わせが相次いだそうだ。音楽業界には売り込み型と別に音楽好きタイプがいて、後者の目利き連中がかように音楽だけのちあき再評価を支えていると思われる。

作詞・矢野亮　作曲・利根一郎の「星影の小径」の歌詞は〈静かに　静かに　手をとり　手をと

り　あなたの囁やきは　アカシヤの香りよ　アイラブユー　アイラブユー　いつまでもいつまでも　夢うつつさまよいましょう　星影の小径よ〉だ。シャンソン風の曲調やアイラブユーの繰り返しの現代的歌詞が好感されてか、後に何社ものＣＭ曲となっている。

利根一郎が小畑実の声質に合わせて作曲し、矢野亮が北海道を思い描いて作詞した「星影の小径」は何人もの歌手がカバーしている。YouTubeで聞き比べてみると、ちあきなおみの気だるそうなハスキーな歌い方が最も原歌の曲想を活かしているように聞こえる。何と当時は美空ひばりと対抗した人気スターの小畑実の原曲より、今のちあきのカバーが勝ると思えるのが不思議だ。

もう一つあげよう。ちあきは夫郷鍈治の死亡前年に、永六輔作詞・中村八大作曲で水原弘が１９５９年に歌った「黄昏のビギン」を上手くカバーしている。〈雨に漏れてた　たそがれの街　あなたと逢った　初めての夜　ふたりの肩に　銀色の雨　あなたの唇　濡れていたっけ〉の歌い出しのラスト部は私は昔から永六輔のもつ女性的感性の産物だと感じていたが、永六輔が自分の作詞じゃないと言い出した。

永はこの歌は作曲も作詞も中村八大だと言うが疑問だ。ＣＭでも人気の「黄昏のビギン」は、ど

うみても水原弘向けのいかつい男声歌ではない。女声カバーでも石川さゆりは強引で、大竹しのぶは正調過ぎ、秋元順子は高音域が目立つ。古い歌をスタンダード化し得る総合力量では、この歌を再発見したちあきなおみの側に自ずと軍配が上がる。

歌手は誰でもよい曲を得て売れることを望むが、売れる曲がよい歌とは限らない。細川たかしは「矢切の渡し」で１９８３年のレコード大賞を得るが、この曲は元々は船村徹がちあきのために作ったB面曲である。発売後6年経て徐々に売れ始めたがちあきは再発売を拒否したので、有線放送1位はちあきの歌でレコードでは競作の細川の下手な歌が売れる逆転が起きた。「ちあきは細部まで聴かせる巧者だが、細川の歌は一本調子のカラオケ向けだ」と、後に船村徹は述べている。

ちあきなおみは下積み経験が長く、地方興行では圧倒的人気を集めていたそうだ。しかし正規に芸能界入りしてからは、業界の波に乗らず自我流を通してきたらしい。芸能界復帰を拒むちあきの頑固さの定着には、夫の郷鍈治の影響があることは確かだ。ちあきなおみの名を冠した本は、石田伸也『ちあきなおみ　喝采、蘇る。』だけなので、これを糸口にしよう。

石田はまだ若く〈西田佐知子は60年安保の頃は「全共闘を象徴する歌い手」と呼ばれた〉など歴史知らずの誤記もある。だが実際にちあきなおみを知る関係者を、細かく回って集めた証言類は信用できる。石田は宍戸錠と会って、実弟の郷鍈治をちあきに引き合わせた経緯や、ちあきが死んだ郷を見送り、葬儀後に最後にちあきと会った折の詳細を聞き出している。

芸能界で顔見知りのちあきと、宍戸錠が番組で再会したのはレコード大賞翌年の１９７３年だ。雑談から「いい男を紹介してください」との話が出て、宍戸は悪役で知られる弟を紹介した。この時に弟の郷鍈治は36歳でちあきは26歳、郷の最初の結婚が一年足らずで破綻した経緯を知る宍戸はこの二人の相性には確信を持った。郷とちあきは毎日会って、すぐ結婚話になったそうだ。

ちあきの恋愛遍歴は分からぬが、ちあきにとって郷は何でも話せる生涯唯一人の伴侶となったことは確かだ。ちあきは郷と出会ってすぐ15年在籍した「三芳プロ」から独立し、ちあきの実家の婿養子となった郷が設立した「ダストファイブ」に移籍する。ちあきの独立理由を聞かれた三芳プロ社長は「男ができたから」と放言したが、独立後は一度もちあきと会わなかったらしい。

郷鍈治は不慣れな音楽界で精魂を込めてちあきを支え続け、１９９２年に肺ガンで死んだ。この17年間に、ちあきが芸能界を引退し復帰しない秘密があるはずだ。宍戸錠は、ちあきが郷が死んだとき病室から飛び降りる・郷の出棺時に一緒に焼いてと叫んだ・郷がオレが死んだらもう唄わなくてよいと言った類の伝説を一笑する。だが93年２月26日の「郷鍈治を偲ぶ会」を最後に、宍戸錠が実弟の嫁のちあきなおみと20年以上も会ってないのは異様ではないか？

ちあきと郷と宍戸の間に何があったかは分からぬが、郷と宍戸が共にちあきの歌の天才を認めていたことは確かだ。また１９９２年９月11日の郷鍈治死亡後のちあきの沈黙時間に、反比例してちあきの音楽評価者が拡大していることも事実だ。その謎について多方面からアプローチしてきたが、ここで改めてちあきと郷鍈治の１９７５年〜１９９２年の仕事から謎を追ってみたい。

ちあきは１９５２年に５歳で日劇に出てからの下積み仕事の苦労話を１９６０年から悪役俳優の郷鍈治に伝え、郷はレコード大賞後のちあきの仕事環境作りへの協力を約束した。ちあきがダストファイブに移る際に郷社長は細かい業務指示書を出す事にし、他方で音楽仕事に関しても相談を重ね、75年には中島みゆき、友川かずき、河島英五らのポップス系楽曲を受け入れた。

仕事漬けの日々から解放されたちあきは体力増強を図り、１９８１年にはシャンソンに進出し「それぞれのテーブル」を出す。85年には満を持して、「星影の小径」を含む名曲集「港が見える丘」を出す。テイチク移籍後の88年には船村徹の「紅とんぼ」のヒットで紅白出場。一人ミュージカル「ＬＡＤＹ　ＤＡＹ」が高く評価される。91年には名曲カバーの「スタンダードナンバー」が人気を呼ぶ。

ちあきの歌を見直すと、ファド「難船」、シャンソン「アコーディオン弾き」、浅川マキ訳詩の「朝日の当たる家」、ビートたけし絶賛の「ねえあんた」、伊東四郎が泣いたという「紅とんぼ」、郷鍈治が呼びに来たかの「冬隣」、投げやりな「カモメの街」、自嘲的な「役者」など聴かせる名曲は数多い。

だが、ちあきなおみの一曲というと、元歌の小畑実をしのぐ「星影の小径」が今の沈黙に相応しいと私は考える。

## 15 無責任スタイル　植木等

本書内容から主読者層を推定すると、その多くが1960年代を席巻した「シャボン玉ホリデー」を何らかの形で記憶している筈だ。同番組は正確には1961年6月から1972年10月まで日本テレビ放送網で日曜夜6時半から7時まで放映された。牛乳石鹸の一社提供番組で、ザ・ピーナッツが司会で、ハナ肇とクレージー・キャッツが常連出演し屋台骨を支えた。

同番組は草創期のテレビ界での基盤確立を目指す、渡辺プロの全力投入作品だった。名古屋の20歳の双子姉妹のザ・ピーナッツ。クレージーキャッツのハナ肇・植木等・谷啓・犬塚弘・安田伸・石橋エータロー・桜井センリらは各自が楽器を操る一流のミュージシャン。伊東ゆかり・中尾ミエ・園まりの三人娘、植木付人の小松政夫、作家の青島幸男・前田武彦らも出演した。

この番組で司会のピーナッツが歌う主題歌〈シャボン玉　ラララララララ～〉は皆の頭に刷り込まれた。植木等が出てきて場違いに気付き〈お呼びでない、お呼びでない？〉と二度確認し〈こりゃまた　失礼致しました〉と場を崩して退場するギャグが子供にも流行した。少し遅れて61年8月発売の青島幸男作詞の「スーダラ節」で植木等（1926～2007）は全国区の大スターとなった。

このドル箱の可能性をなべプロが見逃すはずはなく、クレージーキャッツで受ける仕事と別に、植木等個人への仕事も増大した。スーダラ節は元々はB面で、オーソドックスな歌手を目指していた植木はおフザケ調子を嫌がった。だがスーダラ節ヒットの後にドント節・五万節・無責任一代男・ハイそれまでよと類似曲が続くと、これが植木風になりそれを植木は受容し淡々と演じ続けた。シャボン玉ホリデーは音楽バラエティー番組だが、他になべおさみのキントトコント・ハナ肇のおかゆコントなど人気を呼んだ。またこの番組を足場にザ・ピーナッツ、植木等ほかクレージーキャッツ各自も力を発揮した。ハナ肇は「馬鹿が戦車でやって来る」やアット驚く為五郎。谷啓はガチョーンや「釣りバカ日誌」。画家青木繁の孫で音楽家福田蘭童の子の石橋エータローは、後に料理家になった。

歌謡曲の流れを変えたと言われる青島幸男作のスーダラ節の歌詞一番を見よう。〈チョイト一杯のつもりで飲んで　いつの間にやら　ハシゴ酒　気がつきゃ　ホームのベンチで　ゴロ寝　これじゃ　身体にいいわきゃないよ　分っちゃいるけど　やめられねぇ〉だ。こりゃすごい、まるでアル中やホームレス賛美で、こんな流行歌歌詞は他年代にも見当たらない。

植木等が気分のよい時に歌っていた鼻歌を流用したとの説もある間奏部の歌詞は〈ア　ホレ　スイスイスーダララッタ　スラスラスイスイスイ　スイスイスーダララッタ　スラスラスイスイスイスイスイスーダララッタ　スラスラスイスイスイ　スイスイスーダララッタ　スーダララッタスイスイ〉である。こんな無意味なリフレインの多用も他例がない。

二番歌詞では〈ねらった大穴見事にはずれ、最終レースまで金をつぎ込みボーナスはゼロ、馬で金もうけした奴ないよ。〉三番では〈一目ボレした女にすぐ手を出して、ダマしたつもりがチョイとだまされた、俺がそんなにもてる訳ないよ〜〉と続く。それで一番のハシゴ酒と同じく、競馬や、一目ボレの失敗のオチも〈分っちゃいるけど　やめられねぇ〉で終わるのだ。

１９６１年といえば60年安保の激動の翌年で、時代は高度成長に舵を切っている。だがこの特異な歌詞には、時代環境よりも作詞家の青島幸男の資質の反映が大きいと思われる。

青島は早大卒業間際に結核になり、大学院に籍を置きつつ療養生活を送る。また実兄の許婚者に横恋慕し、異様な赤い長襦袢で電車に乗り自殺未遂の末に、兄の合意により彼女を譲られる。

結婚し結核回復後も青島は就職せず実家で暮らし、なべプロ社長を紹介され、おとなの漫画やシャボン玉ホリデーの構成作家になる。青島がサラリーマンになれず普通の人生行路から外れた疎外感と反発が、スーダラ節の特異性の背景に窺える。だが人生設計に乗ってもハメを外すことはあるものか、高度成長期のサラリーマンの共感も得て、青島幸男は後に東京都知事になった。

スーダラ節作詞の青島幸男は１９３２年生まれの才人だが、歌手の植木は作曲をした１９２５年生まれの同年の萩原哲晶と古くからの音楽上の付き合いがあった。萩原は東京芸大を出たが戦後にデューク・オクテットというバンドを組み、そこにハナ肇と植木が加わってきた。植木は三重の浄土真宗寺を継ぐ立場だったが、親の期待に反して戦後混乱期の音楽界に飛び込んだのだ。

植木は小学6年から5年間も、お寺の小僧として東京に修行に出された。長兄は戦死・次兄は病死し、寺を継ぐため東洋大に進む。1950年に東洋大学を出るが、生活の必要もありバンドに入って身入りのよい米軍キャンプを回った。植木はギターを独学で学ぶが、ドラムで著名なハナは工学院、トロンボーンの名手の谷啓は中大出身で、誰も音楽の専門教育など受けていない。

おとなの漫画でデビューした青島幸男とモノがでかいのでデクの愛称で七回結婚した音楽バカの萩原哲晶が組んで植木等が歌う、無責任風コメディ歌が1961〜1963年に集中的に発売され植木＝無責任男評価が固定化する。だが実際の植木は酒は呑まず・競輪競馬パチンコも・何のハミ出しもしない堅物で、長く尾久の四畳半の安アパートで親子五人で住んでいたそうだ。

青島・萩原・植木トリオの名曲の一部を記憶復元のために挙げておこう。「ドント節」〈サラリーマンは気楽な稼業ときたもんだ〜〉、「ハイそれまでよ」〈あなただけが生きがいなの〜〉、「これが男の生きる道」〈帰りに買った副神漬けで〉、「だまって俺に付いて来い」〈ゼニのない奴ぁ俺んとこへこい〜〉、「無責任一代男」〈〜こつこつ

やる奴ぁ　ご苦労さん〜〉、「ホンダラ行進曲」〈一つ山越しゃ〜〉。他、「いろいろ節」、「ゴマスリ行進曲」、「ショボクレ人生」、「どうしてこんなにもてるんだろう」、「これで日本も安心だ」、などいくらもあって、歌い出し曲集に収めきれない。

このくらい無責任物が並ぶと、幅広くサラリーマンの悲哀の引き寄せが可能だ。１９６２〜１９６３年だけで植木等は15本も映画に出ているが、殆どが手際よく仕事をこなし出世街道を要領よく歩みマドンナを射止める前途洋々男の筋書きだ。スーダラ節のそんなにもてる訳ないよの自省が、二年後にはどうしてこんなにもてるんだろうとの自己賛美に至るのは高度成長風か？

大正末年生まれの植木等は戦後社会の混乱期を、ミュージシャンとして手探りで生きた。生来の二枚目フェースで枯葉調の大人の歌をしっとり歌い上げる予定だったのに、スーダラ節で路線転換が起きると感じて植木は父に相談した。父徹誠は、等にスーダラ節を歌わせて、この歌は必ずヒットするから是非歌えと予想外の反応を示し、青島君の歌詞は素晴らしいと絶賛したそうだ。

植木等の親父の徹誠は、三重県下では最も知名度の高い坊主だと地元出身の大学同期の高木に聞いた。徹誠は戦前から国家主義・戦争賛美・思想統制・差別に反対し、住職の身ながら4年近く投獄された。ただ徹誠のスーダラ節支持は時代感覚ではなく〈分かっちゃいるけど　やめられねぇ〉の詞文は、浄土真宗始祖の親鸞に通じる人間の真理だとの評価だったようだ。

徹誠は人間平等を願って等の名を付けた。また自分も音楽家志望だった履歴があり、当初は等のミュージシャンへの道に反対したが、後には等の夢の実現に協力した。だが国民的ヒーローになっても、等は未完成だと考えていたようだ。植木等は自伝は書かぬが、親父の影響は大きく『夢を食いつづけた男　おやじ徹誠一代記』を出版している。

植木等は岩波ブックレットで沢村貞子との対談集『しっかり母さんとぐうたら息子の人生論』を出している。興味深いのは、スーダラ節で定まった評価枠のくだらない存在惑を、植木は頑張って演じて来たとの告白だ。求められるおかしな役柄維持への植木の懸命な努力から、ステテコ上下・腹巻・パナマ帽子・チョビひげの植木等風お笑い装束が生まれたのだ。

植木等のこの一曲は国民的スター期から選ぶべきだろうが、これがなかなか難しい。後世代以降には植木風スタイルは、はぐれ者の人生指標となった。48年生まれの武蔵美大全共闘だった戸井十月の遺著は『植木等　わかっちゃいるけど　やめられない！』だ。少し年下で52年生まれの青学大の前川藤一は横超社ホームページで、糖尿病だが「解かっちゃいるけど　やめられない」酒呑み心理を述べる。これらは植木徹誠と同じく文言への思想的心酔だ。

青島幸男はスーダラ節の頃に植木に〈作詞のほか作曲もし、映画の脚本・監督・主演をし、直木賞を取り、国会議員になる〉と豪語した。その後に青島は人生目標のすべてを実現したが、佐藤首相への男メカケ批判のころも東京都知事時代も場違いめいて、人生を楽しんでいる様子はなかった。そんな青島の無責任物は高度成長を追い風とする、多数派無責任サラリーマンの心情であった。

そのように定義して見直すと注文に応じて作詞するとはいえ、無責任物にはパターンがある。「ハイそれまでよ」は飲み屋の女や女房に一杯食わされる自戒の歌で、「これが男の生きる道」は社内ではアホ上司を支え、家では冷や飯食ってガマンする悲哀を描くが広がりはない。「ドント節」は逆に気楽な稼業を自負するが、万事が他人任せである。

「スーダラ節」の底辺はみっともない「ショボクレ人生」で、その対極自慢には「どうしてこんなにもてるんだろう」や偽善的な「やせがまん節」がある。「無責任一代男」や「ゴマスリ行進曲」は高度成長時代の映画向け要領話だ。とすると今のサラリーマンにも通じる深い味わいの軸は、作詞者の青島幸男が堂々と都知事執務室に掲げたという「ホンダラ行進曲」になるのだろうか。

「ホンダラ行進曲」は各句後に無意味な〈ホンダララッダホイホイ〉が続く。一番各句は〈一つ山越しゃホンダラッダホイホイ・もひとつ越しても・越しても越しても・どうせこの世は・だからみんなで〉だ。四番は〈あれをやっても・これをやっても・やってもやっても・何をやっても・だからやらずに〉だ。何度も目標設定に振り回され頑張るが、実際にやってみるとなかなか納得できない。

なら自分で状況判断しヒット準備するのが上策とすると、青島幸男の政治無策も結果的に才能と分野が合わなかったことになるのだろうか？

「スーダラ節」（1961年）作詞：青島幸男　作曲：萩原哲晶

# 16 女性和製ポップスの先駆　ザ・ピーナッツ

ザ・ピーナッツは1975年に活動停止しその後はまったく芸能活動にタッチしていないので、生で見聞していない若い読者もいるかも知れない。この愛知県出身の一卵性双子歌手は、1959年のデビューから16年間にわたり渡辺プロに所属した。初期は渡辺プロ社長宅に住み込んだナベプロタレント第一号の姉妹は、女性和製ポップス界の先頭を駆けぬけたと言ってよい。

ザ・ピーナッツの姉は伊藤日出美（通称エミ）で妹は伊藤月子（通称ユミ）と言い、1941年4月に知多郡常滑町（現・常滑市）で生まれ、すぐに名古屋市に移住した。幼時より音楽が好きで、小学6年生の時にはNHK児童唱歌隊に入っている。だが彼女らが好んだのは文部省唱歌や民謡や歌謡曲ではなく、戦後に駐留米軍と共に移入され人気を集めた陽気なアメリカ音楽などの洋風ポップスだったようだ。

野地秩嘉は実家に下宿していたクラブホステスの紹介で、高校生の伊藤姉妹が放課後に名古屋のナイトクラブに出るようになったと『渡辺晋物語』に書いている。素人双子のデュオに作曲家の宮川泰が聞き惚れて、渡辺社長に進言したそうだ。二人が姉妹と面接したら歌手志望の姉妹は快諾し、渡辺社長宅への住み込みレッスンでの歌手デビューが決まった。

姉妹の全国的登場は1959年で、デビュー曲はシドニー・ベシュが作詞作曲したバラードで、音羽たかしが訳詞を付けた「可愛い花」だ。プティット・フルール～から歌詞は始まるが、殆どの視聴者は歌詞より華麗なメロディラインと姉妹のデュオの巧さに魅了された。この一曲でザ・ピーナッツはスター歌手の座を占め、和製ポップスの新時代を開いたと評された。

ザ・ピーナッツは「可愛い花」の勢いを追い風に、フジテレビ系の「ザ・ヒットパレード」のレギュラー出演者に選ばれた。その後は情熱の花・悲しき16歳・月影のナポリなど競作を含めポップスに注力。また映画「モスラ」にも出演。ふりむかないで・恋のバカンス・ウナセラディ東京・恋のフーガなどを出しレコード売上千万枚を達成。NHK紅白歌合戦にも連続16回出場を果たす。

私は高校入学の1960年にブラスバンドに入った。学校行事や野球応援の定番の行進曲類のマスターの他は、殆どの者が自分の好きなポップス類に熱中していた。梅雨時ころには私は廃棄対象のクラリネット類を集めて分解し、数本からワケあり完成品を作って自宅に持ち帰っていた。そこでの一人練習のベースは洋楽小品で、ピーナッツは手ごろな独習対象であった。

可愛い花・情熱の花・乙女の祈りなどを、ラジオやテレビ番組を思い出しつつ自己流で譜面を復元し演奏していた。自己流演奏には隠れた聴き手がいて、すぐ近くの女子中三生が翌年にブラスバンドに入部しクラリネット陣に加わった。若者の外国かぶれは世界共通で、私も当時は歌謡物よりL盤アワーを、日本映画よりイタリア社会派やフランスヌーヴェルヴァーグ映画を好んでいた。

日本でのポップス受容史を、今や珍本級の全八百頁に及ぶ『日本の歌』(淡路書房)でたどってみる。洋楽七音階と日本調五音階の差は古くより知られていた。だが伊沢修二編『小学唱歌』の「蛍の光」や、大和田建樹選『明治唱歌』の「故郷の空」などは、洋曲に日本語歌詞を付して普及した。だが洋風曲調を取り入れた日本曲は、大正に入っての中山晋平「カチューシャの歌」からである。

ポップスを洋風大衆音楽と簡易定義すると、洋風音楽は大正期に新劇や宝塚歌劇とともに流入した。だが洋風ポップスが庶民層へ浸透するのは、トーキー映画やラジオやレコードが普及する昭和時代に入ってからだ。「モンパリ」「私の青空」「パリの屋根の下」「ダイナ」などが流行り、日本人も「スミレの花咲く頃」「雨のブルース」「一杯のコーヒーから」等を作曲している。

ポップスは多民族国家アメリカで普及した大衆歌であり、堅苦しいクラシックや波及範囲が狭い民謡を除く全分野に及んでいる。ジャズも、ブルースも、プレスリーも、後のロックも含み、今はラップも人気だが、音楽情報の伝達ツールや受発信機器の普及に伴い、大衆音楽情報は商品に転じたのだ。ポップスの波及力は、耳新しい音曲ラインだと断定できよう。

日本国土は敗戦後七年間も駐留米軍が占領していて、インテリ層は彼らの騒音文化を嫌がったがこの猥雑な音楽シーンは日本でも流行った。1952年の黒澤明監督の映画「生きる」を観ると空襲で国土焼失した日本人が、パチンコと意味の分からぬポップスを戦後復興の原動力としたことがよく分かる。このミュージシャン好みの土壌から、クレージーキャッツなどの面々も登場したのだ。

ハイテンポの洋楽の糧を心中に蓄え、服部良一などは縦横無尽に気の利いた作曲を量産した。ポップスは駐留軍の日常音楽で、雪村いずみ、江利ちえみ、ディック・ミネらが人気を集める。そして50年代後半のロックンロールブームとともに山下敬二郎・平尾昌晃・ミッキーカーチス・坂本九らが登場し、ピーナッツは、そんな時代の空気を吸って堂々と登場したのだ。

デビュー曲の「可愛い花」はベシェが若妻の誕生日に送った、メロメロの妻恋歌である。〈プティット・フルール　可愛い花　その花のようにいつも愛らしい　プティット・フルール　おまえのその花びらのような　赤い唇　黒い瞳が　男ごころを　なぜか迷わせる　プティット・フルール　天使のように　可愛いこの世の花よ〉の、訳詩だけ見ると「よかったね」と言うしかない。

この歌をナベプロの看板曲とすべく渡辺晋が準備し、伊藤エミ・ユミの双子姉妹が苦労して芸能界デビューする映画「可愛い花」の主題歌とした。映画デビュー作の、デビュー曲で、映画主役名でのザ・ピーナッツを芸名にしたのだから、話題になる。かくして元歌の新妻賛歌の色合いは消え、152センチ・45キロの小柄な双子姉妹への応援歌となったのだ。

という流れを加味して見ると「可愛い花」の歌詞は、恋に陥った男性なら誰でも抱く恋愛対象への賛美に満ちている。恋は盲目というが、相手の外見も性格もしぐさも全てが男には好ましく見える。いつも、そう言われる女性は愛される幸福感で心が一杯になる。そんな心情を掻き立てるメロディを同時代に演奏していた高校生の私も、まさに恋に恋していたのかも知れない。

〈ポップスの波及力は作詞の意味内容より、目新しいメロディラインだ〉との私の仮説から、彼女らの歌う曲を検討してみよう。よい曲を選んで歌いたいというピーナッツの基本姿勢を、ナベプロは尊重していた。彼女らの選ぶ歌は欧米でのヒットポップスの周回遅れが多く、ある程度の売上げが見込める。そのため営業的にカバー曲が多く国内曲でも競作が目立つ。

例えば初期の「情熱の花」はベートーベンの「エリーゼのために」が原曲。「乙女の祈り」はテクラ・バダシェフスカの作曲。「悲しき16歳」「ヘローメリールー」「ジョニーエンジェル」「コーヒールンバ」なども外国ヒット曲だ。「ジングルベル」「別れのワルツ」は周知の外国曲、「おてもやん」「祇園小唄」などは誰もが知る日本の名曲だ。「月影のナポリ」は森山加代子と、「スクスク」はパラダイスキングとの競作だった。

右に挙げた曲の多くは着眼点がよく大衆化するポップスの種が植え込まれているから、ピーナッツ単独のヒット曲として考察するのはアンフェアに思える。これらに比せば61年映画「モスラ」は平和を願う純文学作家の中村真一郎・福永武彦・堀田善衛の原作で円谷英二の特撮もあり大ヒットし、出演したピーナッツが祈願する「モスラの歌」は全国の子供達が歌った。

だが、古関裕而が作曲したモスラの歌の歌詞は由起こうじで、インドネシアの架空のインファント島に遺されていた呪文を書いたとの設定だ。子供達は丸覚えで〈モスラヤ　モスラ　ドゥンガンカサクヤン　インドゥムゥ　ルスト　ウィラードア　ハンバ　ハンバムヤン～〉と歌っていたが、架空言語での歌詞を流行歌として評価するには、まだ無理があるように思う。

とすると比較対象は競作はあっても中期以降の、ふりむかないで・ウナセラディ東京・恋のバカンス・恋のフーガ・大阪の女・女ひとり・銀色の道などに絞られてゆく。だが流れるようなメロディラインを物差しにすると、半分は落ちる。またピーナッツの16年間の芸能生活の集大成に相応しい成熟度を考えると、意外とベストワン選びは難しい。


ザ・ピーナッツの音楽能力を発見し、シャボン玉ホリディを作曲した宮川泰はピーナッツの育ての親と呼ばれる。Uta-Netの歌手別歌詞一覧ではピーナッツの曲87曲中に宮川関連が14曲も入っていて、右述の、「ふりむかないで」「ウナセラディ東京」「恋のバカンス」「銀色の道などは誰もが知っている。他に中村泰士の「大阪の女」、いずみたくの「女ひとり」、すぎやまこういちの「恋のフーガ」も名曲だ。

音楽を言葉で再現するのは難しいので、歌詞の一部を挙げて記憶を喚起しよう。「ふりむかないで」～いま靴下直しているの、「ウナセラディ東京」～哀しいこともないのになぜか、「恋のバカンス」～ため息の出るような、「銀色の道」～遠い遠いはるかな道は。また、「大阪の女」～まるで私を責めるように、「女ひとり」～京都大原三千院、「恋のフーガ」～追いかけて追いかけて、である。

歌にも命があり、歌手にとって歌は命だ。ピーナッツは姉の結婚に合わせ、75年に活動16年で解散する。姉のエミは34歳で7年間付き合ってきた8歳年下の沢田研二と結婚し、79年に長男一人が誕生。

だが82年に田中裕子が映画「男はつらいよ花も嵐も寅次郎」で34歳の沢田と共演し急接近し、不倫関係に入る。86年に沢田が家出し、エミは87年に沢田と離婚。沢田は89年に7歳下の田中と再婚する。ピーナッツ姉妹は律儀で一生懸命なタイプで住み込んでいたナベプロ社長宅を出た後は、ハナ肇宅の隣に家を建てる。沢田はタイガースの人気歌手だがナベプロではピーナッツは雲上人でエミが用意する快適な環境は、年下で自立心の強い沢田には鬱屈もあったようで、結婚直後は二度暴行事件を起こす。沢田の離婚提案をエミは拒否するが、沢田は全財産を投げ打って慰謝料18億円余で離婚となる。

「シャボン玉ホリデー」ではハナ肇が肘鉄をくらうギャグがエンディングのおきまりだった。

「シャボン玉ホリデー」おかゆコント

ザ・ピーナッツはデビューより引退前年まで16回連続で紅白歌合戦に出場し、70年には後に夫となる沢田研二作曲の「東京の女」を歌う。だが「ウナ・セラ・ディ東

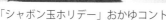

京」だけは紅白で三回も歌うのだ。岩谷時子の「ウナ・セラ・ディ東京」の歌詞は〈哀しいことも ないのになぜか　涙がにじむ　ウナ・セラ・ディ東京　ムー…　いけない人じゃ　ないのにどうして　別れたのかしら　ウナ・セラ・ディ東京　ムー…　あの人はもう　私のことを　忘れたかしら　とても淋しい〉である。結婚間近の73年に、三度目を歌う歌詞だろうか？　考え所である。

ウナ・セラ・ディとはイタリア語で「ある午後に」だそうだ。エミは年下の美少年沢田研二を好きになるが、彼はドンドン枠をはみ出して行く。彼女に新世代の気分は分かるが、自分は一歩引いて家庭で尽くす道を選ぶ。嫌われる材料は作らないが、忘れられたらもっと淋しい。結婚制度に潜む離婚への道筋を予測させた点で、これがザ・ピーナッツのトップ作だろう。

ザ・ピーナッツの姉エミは2012年、妹のユミは2016年没。合掌

# 17 初心を貫く　沢田研二

１９４８年生まれの沢田研二は今も、レコードを出し続けている息の長い歌手である。長い歌手活動のなかでのヒット曲も数多くあり、戦後の歌手のなかで最も影響力の深い歌手は美空ひばりと沢田研二だとの統計資料もある。だが本稿で私が注目するのは、沢田が60年代末にブレイクしたＧＳメンバーのなかで唯一人40年間も生き延びてきた生命力の所在である。

ＧＳは１９６７～６９年が最盛期でマスコミにも浸透した、グループ・サウンズの略称である。グループ・サウンズは和製英語で、命名者も定義もはっきりしない。だがベンチャーズが持ち込んだエレキギターブームや66年６月のビートルズ来日が、エレキ風と称された洋風サウンドと甘たるい和風歌詞のＧＳの大流行の火付け役だったのは間違いない。

米国のベンチャーズは何十回も来日していて、山内賢・和泉雅子の「二人の銀座」や、欧陽菲菲「雨の御堂筋」などの楽曲を提供し、今もカラオケで熱狂的なファンがいる。加山雄三にも影響を与えたが、渚ゆう子の「京都の恋」などのメロディラインは、和洋折衷の名曲だろう。米国風直輸入の進駐軍サウンドが、この頃にＧＳに様変わりしたとの説もある。

ＧＳ初期には、森と泉に囲まれて～の「ブルーシャトウ」のブルーコメッツや、「夕陽が泣いてる」の堺正章がいたザ・スパイダースが人気だった。後期には沢田研二・岸部一徳・加橋かつみ・瞳みのる・森本太郎らのザ・タイガース、「エメラルドの伝説」がヒットした萩原健一らのザ・テンプターズ、野口ヒデトらの「スワンの涙」のオックスがＧＳ御三家だった。

ベンチャーズについて私は宇和島での帰郷時に、こんな曲調はこれから流行るだろうなと高校ブラスバンドの連中と話したことがある。ビートルズの66年の来日時に私は大学生で、周辺の音楽サークルから話題は届いた。だがその後のＧＳ時代を含めて中大の学館管理運営権獲得や学費値上げ反対運動で忙しく、同時代を過ごしながら同世代感はない。学生に個人でテレビを持つ余裕はないし、食堂や飲み屋での議論や街頭を通り抜ける記憶の背景に残るＢＧＭのようなものだった。

では１９６８年夏には１００グループがレコードを出していたというＧＳの、主な視聴者層はテレビのない学生ではなくて誰だったのか？

オックスは曲の盛り上がりで失神演技をし人気を呼んだが、その後に演奏会場の中高女生徒30人が実際に失神する事態が生じた。この時代は高度成長の最盛期で、他方でエンプラ・三里塚・新宿占拠など全学連が注目を集め、全共闘運動が全国化していた。

68年当時の都会の高校は全共闘的風潮を怖れて管理統制を強め、長髪姿のエレキ演奏は不良化の象徴と捉え、ＧＳコンサートへの参加者に警告・停学さらには退学をも課した。オックスの失神騒動は火に油を注ぐ結果となり、ＰＴＡがＧＳ反対運動に転じ、公的施設にＧＳには会場を貸すなとの圧力を掛け、自主的に貸与を自粛する民間劇場も続出した。

若いＧＳ推進勢力と弾圧する親世代勢力との対立の背景には、文化評価差があった。オックスの失神スター赤松愛は、堀プロのメンバー待遇が酷すぎると反発し脱退した。タイガースで最年長の瞳みのるは、渡辺プロの大人連中に予定も休みも決定され引き回される事に抗議して脱退した。当時の全共闘運動の相手たる大学当局と、音楽業界の体質は似たようなものだったとも聞いた。音楽業界のこの矛盾改善は、75年の小室等や吉田拓郎ら現役のフォークシンガー4人によるフォーライフレコード設立後も続くのだ。

さて本題たる音楽分野の記憶を喚起しよう。日本のＧＳの10大グループの他のヒット曲を『ＧＳ大全集』から拾っておく。「長い髪の少女」～ゴールデンカップス、「君に会いたい」～ジャガーズ、「愛するアニタ」～ワイルドワンズ、「バラ色の雲」～ヴィレッジシンガーズ、「好きさ好きさ好きさ」～カーナビーツ。頭のザは省き一般呼称としたが、こんな時代があったのだ。

本体のタイガースは岸部・瞳・森本の京都の中学同級組に加橋が加わり沢田を勧誘し、上京後にファニーズから改名した。初期のヒットに「僕のマリー」、「シーサイドバウンド」、「君だけに愛を」、「花の首飾り」、「モナリザの微笑」などがある。若者組の内部でも渡辺プロとの関係においても様々な問題が生じ加橋がまず脱退し、71年1月にタイガースは解散。翌月に沢田と岸部に、テンプターズの荻原健一、スパイダースの井上堯之らの計6名でＰＹＧ《ピッグ》を結成する。

青春期のタイガースファンには、過去の曲は掛け替えのない宝物だ。初期のヒット作の殆どはすぎやまこういち作曲で橋本淳作詞だ。最大ヒット「銀河のロマンス」の歌詞は〈銀河にうかべた白い小舟　あなたと訪ねた夢のふるさと　シルビー・マイ・ラブ　シャラララ　シルビー・マイ・ラブ　マイラブ　アイ・ラブ・ユー　もえるほほに美しい　愛のくちづけ〉である。

実はこの曲は映画「世界はボクらを待っていた」の主題歌で、B面の「花の首飾り」歌詞は一般公募したそうだ。なかにし礼補作の女子高生の当選作は〈花咲く娘たちは　花咲く野辺で　ひな菊の花の首飾り　やさしく編んでいた　おお　愛のしるし　花の首飾り〉の流れだ。いかにも宝塚風の女子高生趣味のロマンチックな完結型歌詞で、外部批評の余地はない。

前者は沢田研二だが後者は加橋かつみがボーカルで、後になべプロが加橋失踪劇を自演しタイガース解散の引き金となる。だが次のPYGは準備は先行したがヒット曲に恵まれず、萩原健一と岸部一徳は活躍の主軸を俳優に移した。その他メンバーは歌うよりは楽器演奏が軸となり、結局は沢田研二のみが歌に執着しGSの初志を貫くことになる。

1972年には沢田研二がソロ歌手で他メンバーはバックバンドの形が整い、73年には安井かずみ作詞・ワイルドワンズの加瀬邦彦作曲の「危険なふたり」がオリコンチャート第一位となる。この曲は日本歌謡大賞を受賞し、その受賞式は歴代最高視聴率47・5パーセントを記録した。GSトップスターの沢田研二は、ここで歌謡界を牽引するソロ歌手になったのだ。

その後40年以上も、様々な工夫を加えつつ沢田研二は歌い続けた。ざっと思い返しても、壁際に寝がえりうって～「勝手にしやがれ」、ききわけのない女の頬を～「カサブランカ・ダンディ」、片手にピストル心に花束～「サムライ」、ヒールを脱ぎ捨て　ルージュを脱ぎ捨て～「ス・ト・リ・ッ・パー」、小雨降ればひとり待つ～「追憶」、空を飛ぶ街が飛ぶ～「ＴＯＫＩＯ」、あなたはすっかりつかれてしまい～「時の過ぎゆくままに」に、などの歌い出しが口を突いてくる。

私は前述の事情でＧＳの熱心なファンではなかったが、１９７５年の沢田研二のピーナッツ姉との結婚には驚いた。渡辺プロはタイガースのテレビアイドル化を狙い、橋本淳は星の王子様路線を引いていた。メンバーが〈フランス人形抱いていた～〉調に反発するのは当然で、芸術家肌の加橋かつみは自由を主張し合宿所を出る。逆に高校まで体育会系の沢田は恋愛自粛を表明していた。

沢田研二は１９８５年に『我が名は、ジュリー』という玉村豊男編の詳細な自伝を出した。タイガース結成・残存からソロ歌手で持続の判断、８歳年長の伊藤エミとの結婚などへの疑問も氷解する明快な論旨で思わず沢田を見直した。沢田は「サウンドオブミュージック」主役の１９３５年生まれのジュリー・アンドリュースから、愛称ジュリーを選ぶほど年長女性好みだったのだ。

タイガースの歌は軟派だが、沢田は中学は野球部長で学校対抗のケンカにも出る硬派だった。恋愛した人とは結婚すると決め、渡辺プロの看板スターのピーナッツ姉とは、７年間も極秘裡に付き合っていて誰にも知られなかったそうだ。沢田の鳥取市郊外出身の父親譲りの不要なことは言わぬ古風な言動はタイガースの中では目立ち、会社側からも信頼された。

という経緯を知ると、伊藤エミが頂点でザ・ピーナッツを解散し75年に結婚し家庭に入った経緯も理解できる。ピーナッツは渡辺プロ社長宅住み込みから、近くのクレージーキャッツのハナ肇宅隣に新居を構えた。沢田は会社関係の付合いの多い住環境でピーナッツ姉妹と暮らした。タイガースを解散しPYGからソロ歌手の名声を得るに連れて、様々な鬱屈が溜まるのは当然だ。

『我が名はジュリー』を出した1985年に、沢田は渡辺プロから独立し、レコード会社も東芝に変えた。この本はだから言える類の示唆が多い。実は沢田は1982年初のタイガース同窓会コンサートに来た女優田中裕子に昔からのファンだと告白され、同年に映画「男はつらいよ花も嵐も寅次郎」共演で関係が深まり、85年には田中との関係は極秘に進行中だった。

実際は伊藤エミが沢田の離婚提案を認めず、86年8月に沢田は家を出る。87年1月に沢田が全財産？18億余円を支払って離婚。その上で田中裕子と89年11月に再婚する。1955年生まれの田中はタイガース全盛期は中学生で深く影響を受け、その後も注目してきたのだ。沢田は自分の歌の売上順は、「勝手にしやがれ」＞「時の過ぎゆくままに」＞「危険なふたり」、だったという。

だが売上順は大事な問題じゃないという沢田が好み、田中裕子のアンテナがキャッチした接点があるはずだ。Uta・Netで沢田研二の歌詞一覧を見ると、203曲中の46曲を自分が作詞したり作曲したりしている。ここが沢田がGSの初心を貫いていると評する理由だが、誰に頼まれる訳でもなく徹夜で作る自分の曲のなかに沢田の折々の内心が含まれていると考えて無理はない。

沢田の自作歌詞では、痛烈に反原発を掲げる「一握り人の罪」が注目されたが、本領は、逢いたくて触れたくて〜」「愛は痛い」、どんな事をしても君が欲しい〜「君にだけの感情（第六感）」、君の笑顔が最高なんだ〜「君の笑顔が最高」、などの恋愛物だろう。だが１９８１年の三浦徳子作詞・沢田作曲の「ス・ト・リ・ッ・パー」はなかなかのものだ。

ストリップとの差異を中黒点で示したス・ト・リ・ッ・パーの歌詞は長編だがその基軸は、本当の恋愛は心も身体も裸になって始まるとの本質の指摘と、そこから君も始めようとの提案だ。

文芸評論家の三浦雅士の妹で自分と同世代だと思われる三浦徳子の歌詞と沢田研二の曲を１９８１年暮れに聴いて、沢田の大ファンだった田中裕子は心身に衝撃を受けた。沢田研二にとっては恋愛観の変革を迫る大事件だった筈だと推察する。

そこで翌年にタイガースの解散後初の同窓会コンサートがあると知って、田中裕子は心身を裸にして沢田にぶつかるつもりで参加したのだ。結婚したら退職する、家事に専念して家庭を守るとの妻のエミが踏襲する日本古来の夫婦道徳に飽き足らず、新たな恋愛基軸を求めていた沢田研二はこの曲の精神を基盤に田中を受け入れる覚悟を決めたのだ。互いにス・ト・リ・ッ・パーの覚悟があれば、世の中怖いものなしだと、今もこの夫婦は考え実践していると推測できる。この曲が文句なしに、沢田研二のベストワンだと私は考える。

## 18 不世出の歌姫　藤圭子

不世出の歌姫・藤圭子の人生は淡々とした歩みではなく、波乱万丈の生涯だった。1951年生まれで浪曲師の父と盲目の瞽女《ごぜ》の母と一家で門付けの極貧生活で育ち、18歳で歌手デビューし10年で引退し渡米、1983年に長女宇多田ヒカルを出産後に精神状態悪化、ヒカルを歌手として売り出した後に宇多田氏と別居、誰とも音信不通が続き2013年に新宿で自死し発見された。

知っている人は多いが歌手藤圭子の育ての親は、自分も苦労して作詞家になった石坂まさをである。石坂は歌手になりたいとツテを頼ってきた藤が歌う「星の流れに」と「カスバの女」を持参ギターの伴奏で聴き、苦労話と母を助ける意欲を確認した。藤の歌声に感銘を受けた石坂は翌日に藤の両親と会い、藤は母一人子一人の石坂宅に住み込んだ。

そこで新米作詞家が、同居する十歳下の新人歌手を売り出す大作戦を開始する。レコード会社が圧倒的に強い当時の業界で、テレビ、ラジオ、雑誌、レコード店から営業活動に入り、69年9月に「新宿の女」がビクターＲＣＡからレコード化が決まる。「演歌の星を背負った宿命の少女、17歳」のキャッチで、実際年齢は18歳の歌手・藤圭子が誕生する。

藤圭子のデビューは、全共闘・三派全学連の頂点からの退潮期だった。高倉健の命掛けの反逆映画からの帰り道に、ドスの利いた低音の藤圭子の怨歌はぴったりフィットしたのだ。１９７０年の若者世代の音楽シーンは「新宿の女」から「圭子の夢は夜ひらく」が席巻し、レコードはバカ売れしヒットチャート1位を逮続独占し、歌謡大賞・レコード大賞も獲得した。

藤圭子の70～71年の絶頂期の初期作品は、どれも石坂まさをが作詞か作曲に関わっている。藤圭子はレコード化直後に大歌手となり、歌で稼ぎたい・母に楽をさせたい・米国に行きたい、の三大希望を追う。その後に藤圭子は当初の希望の全てを達成し、更に長女の宇多田ヒカルを世界的トップシンガーに育て上げたが、心は充足しなかった。現時点で藤圭子を扱うには、藤を歌姫に押し上げ飛び降り自殺させた戦後社会の謎に踏み込むしかない。

石坂まさをは母子家庭で育ち、病弱で中卒で社会に出てから作詞家を目指した。藤圭子の薄幸の半生に同情し売り出しに人生を投じたが、支持者の全共闘や全学連とは何の関係もない。「新宿の女」は〈私が男になれたなら　私は女を　捨てないわ　ネオンぐらしの　蝶々には　やさしい言葉がしみたのよ　バカだな　バカだな　だまされちゃって　夜が冷たい　新宿の女〉だ。

「新宿の女」のヒットポイントは、冒頭部〈私が男になれたなら　私は女を捨てないわ〉の弱者寄り目線である。この視線は同じ水商売を扱う「命預けます」〈流れ流れて　東京は　夜の新宿花園で　やっと開いた　花一つ　こんな女でよかったら　命預けます〉にも貫徹している。逆に68

年10・21の新宿駅騒乱では、逃げ惑う学生たちを新宿飲み屋街がかくまった反応もあった。

この弱者寄り目線は石坂まさをが体験的に獲得し、藤圭子に共鳴し歌手売り出しに奔走した原動力だ。だが70年には貧困が正面的な一義課題ではなくなっていた。「圭子の夢は夜ひらく」の〈赤く咲くのは　けしの花　白く咲くのは　百合の花　どう咲きゃいいのさ　この私　夢は夜ひらく〉が爆発的人気を生んだのは、貧困ではなく社会多数が抱える「どう咲きゃいいのさ」の煩悶だった。

藤圭子に両親と一緒にヘルスセンターに住み込んだり街の流しで稼いだ過去はあるが、歌手になって浮上した自分の課題は「どう咲きゃいいのさ」の不安だったとも考えられる。石坂は圭子の話を聞き三番を〈昨日マー坊今日トミー　明日はジョージかケン坊か　恋ははかなく　過ぎて行き～〉とした。だが圭子は多情な女ではなく、偶々できた友人と呑んで騒ぐのが好きだっただけなのだ。

藤圭子は人気絶頂期の１９７１年８月に20歳で「長崎は今日も雨だった」の前川清と結婚し、翌

年8月に離婚した。藤が石坂の指示で前川との交際を独占手記に書き、周辺の支持ゼロで前川は寄り切られた。だがテレビで明るく結婚話を語る圭子を見てファンは失望した。離婚後に前川は週刊誌で「互いに好きだったが、忙しく若過ぎた」とセックスレスの夫婦生活を語った。

藤圭子は仲がよい前川と両想いだと思って結婚したが、その内実は幼く夜の女の煩悶とはあまりに遠かった。目印だったおかっぱ頭を勝手にショートヘアに変えた圭子に合わせ、周囲は「明日から私は」へとイメチェンを図るが、急変は難しい。様々な作詞家・作曲家が協力して圭子復帰に尽力するが、ヒット作は出ない。77年の阿木燿子・宇崎竜童の「面影平野」は〈女一人の住まい〉の心理を描く佳作だが、デビュー時の延長で〈六畳一間の面影平野〉と続くと古いファンは鼻白んでしまう。

親が巡業出稼ぎ中は子供三人で炊事し、生活保護で暮らし、教師の配慮でやっと修学旅行に参加し得た貧乏コンプレックスを抱えてきた藤圭子本人が、成功後に「面影平野」を歌ったら、その場違いに自分が戸惑ったに違いない。金持ち暮らしに慣れたら、貧乏感覚には戻れないのだ。

更に藤圭子を追い込んだのは、74年の喉のポリープ手術による声の変調だった。本人は随分と悩み75年に石坂と別れ新栄プロダクションに移籍、不仲の両親を離婚させた後に母と同居。1979年の引退直前にその煩悶を沢木耕太郎に語り、沢木はインタビュー後に長編対談小説『流星ひとつ』を書き上げた。

『流星ひとつ』は沢木が藤の恋人だったから当時刊行できなかったとの説が出たが、この対話小説ではそんな様子は片鱗も伺えない。暴力親父への憎悪、親父に金を渡しての両親離婚、母と同居後の音楽関係男性との3年同棲、野球選手との不倫事件などは目新しい。好きな男に触られたら気持ちよいと分かった圭子が、歌手・前川清はほかのダメ男連中とは別格で、後々まで尊敬していたと言うのがせめてもの救いである。

同書で全共闘世代の沢木と藤が、食い違うのは金銭感覚だ。沢木は健康なら金なんてなくてよい、必要なら借りて、余れば貸せばよいと言う。藤は貸すも借りるも嫌で、あればあるだけ使ってしまうそうだ。藤は自分が余分に持っているから、誰とどこに行っても呑んでも自分が払ってきたが感謝もされない。借りに来た人には何十人にも貸したが、返しに来たのは一人だけだと言う。金がある故の藤圭子のエピソードは、貧民は余分な金を持つなとの教訓のようだ。

17歳のデビュー時の三つの夢のうち、藤圭子は引退までに歌で巨万の富を得て、両親を離婚させて母親と同居して二つを達成した。79年末の引退公演後にアメリカで英語学習。内部衝突して新栄プロ離脱後に、藤圭似子の名でのカムバックもしたが失敗。再渡米した藤は1982年に履歴もよく分からぬ在米音楽プロデューサーの宇多田照實と再婚、翌83年に長女光を出産し17歳時の第三の夢の米国行きも手にしたのだ。

デビュー時のすべての夢を達成した藤は幸せを得たのか、否。娘ヒカルによると母圭子は自分が5歳位から統合失調症で、父親とは7回の離婚・再婚手続きを繰り返したらしい。また浪費家の藤は日本での収入が実母の口座に入るのが不満に思えて縁を切り、母の葬儀にも出なかった。

上手く進んだのはヒカル売り出し計画だが、親子３人で作った会社ユースリー・ミュージックの金銭トラブルが起きた。藤は２０００年頃にヒカル売り出しの分配金2億円を得て、２００９年には3年前にケネディ国際航空で没収された42万ドルの返還を受け、巨万の富を握ったまま行方不明状態となる。その果てが２０１３年８月23日の圭子62歳での、西新宿の高層マンションからの飛び降り自殺だった。

圭子が何年も身を寄せていたマンション18階の部屋の持ち主の30代の男性は、マネージャーだともいうが未だ身元も判然としない。夫の照實氏とは離婚状態で、長女の光が喪主となるが圭子の遺書を盾にしたトラブルも出た。圭子の実兄が駆けつけたが離婚した照實氏に拒否され、葬儀は宇多田関係者のみの密葬となったそうだ。そこで圭子の自殺決行日が、圭子の育ての親である石坂まさを氏を偲ぶ会の前日だったことが強調もされた。

藤圭子は歌手デビュー直後に、ファーストアルバム「新宿の女」20週連続売上一位、セカンドアルバム「女のブルース」17週一位、合計37週連続売上一位の未曾有の記録を残している。門付けの両親にアパートを建てたがいさかいは拡大、父母を離婚させたが次には母と金銭管理で対立、恩師石坂とも縁切りで、自分の死によって宇多田家と藤家は絶縁状態になる。自分には故郷はないとの藤の言葉のとおりの結果となったのだ。

人生半ばで歌手活動を中断したが、藤圭子は美空ひばりに次ぐ昭和の歌姫である。藤圭子は流し芸人の時代があり、多くのカバー曲もある。阿久悠「京都から博多まで」、阿木燿子「面影平野」などヒットした佳作も多い。だが藤圭子のこの一作は何かと考えると、対象は育ての親の石坂まさをの初期作品「新宿の女」「女のブルース」「圭子の夢は夜ひらく」「命預けます」などに絞られよう。

これらは各曲冒頭の、私が男になれたなら～「新宿の女」、女ですもの恋をする～「女のブルース」、赤く咲くのはけしの花～「圭子の夢は夜ひらく」、命預けます　流れ流れて東京は～「命預けます」の文字を読めば、誰もが次のメロディが浮かぶはずだ。どれも五木寛之が言う現状に不満を抱える怨歌だが、最もレコードが売れて最もインパクトが大きかったのは、何といっても70年の「圭子の夢は夜ひらく」だと言っても異論は出ないだろう。

だが曾根孝明作曲の元歌は、実は1966年に園まりが歌った「夢は夜ひらく」で大ヒットし紅白歌合戦でも歌われた。中村泰士・富田清吾の作詞は〈雨が降るから逢えないの　来ないあなたは野暮な人～〉のベタベタな恋歌で、私も関わっていた学生会館闘争中の中大では〈学生会館欲しいのよ　くれないS田は反動ね　だから築くのバリケード　ストはまだ続く〉の替え歌が流行った。

この歌は同年に緑川アコやバーブ佐竹らが競作していたから、石坂は売れると踏んで「圭子の夢は夜ひらく」とタイトルから怨み節に改変した。石坂作詞の2番は〈十五　十六　十七と　私の人生暗かった　過去はどんなに暗くとも　夢は夜ひらく〉だが、ここで暗いのは圭子が体験した本物の飢餓ではなく、若者の心の飢餓である。その証拠に6番は〈一から十まで馬鹿でした　馬鹿にゃ未練はな

いけれど　忘れられない奴ばかり　夢は夜ひらく〉と世間に抗する若者の共同的契機を加えている。
圭子の歌の影響は大きく翌1971年夏の中津川第三回フォークジャンボリーに、無名の三上寛が飛び入りし自作の「夢は夜ひらく」を歌い喝采を得ている。三上の2番は〈サルトルマルクス並べても　明日の天気はわからねえ　ヤクザ映画の看板に　夢は夜ひらく〉と居直り、ラストは〈夢は夜ひらく唄っても　ひらく夢などあるじゃない　まして夜など来るじゃなし〜〉と現状を押さえる。藤圭子が同じ時代に社会性の強い放送禁止の三上寛歌を聞いていたら、その後の彼女の人生は変わっていたかも知れない。

「圭子の夢は夜ひらく」
（作詞：石坂まさを　作曲：曽根幸明編曲：原田良一）

19

# 和製「フォーク」のリーダー　吉田拓郎

よく〈歌は世につれ世は歌につれ〉と言うが、その含意は深い。この「流行歌の精神史」は基本読者層を考慮し戦後の日本社会を主舞台においている。しかし社会背景は国民的戦争体験やアメリカ占領の受容や戦後復興作業の都市集中へと変化する。またレコード盤もカセット、CD、DVDへ、ラジオからテレビ、パソコン、携帯へと情報消費社会も発展している。

それでも歌の制作現場は民謡や寮歌や替え歌でなく、レコード産業の時代が長く続いた。戦後社会での流行歌の主流は、プロダクションが歌手を発掘し、レコード会社が作詞・作曲を頼んで原盤を制作し、マスメディアが宣伝や普及を担う形で作られ浸透した。レコード歌手は芸能人として娯楽の一部を担い、売れるか否か分からぬ芸能界は水商売に擬せられた。

このレコード会社主導の歌制作システム下でのヒット要因は、プロダクションや作詞・作曲やレコード制作側の時代先取眼で、歌手の力量はその次だ。そこで戦後歌謡曲では敗戦からの復興、東京生活の哀歓、農林漁業の田舎への郷愁、欧米への憧れなどの枠組みが人気だった。昭和30年代には高度成長への戸惑いと、都会と田舎の恋愛対比が隆盛となる。

昭和40年代に入ると滅私奉公の延長での親子関係が崩れ、都会では和製ロカビリー、ジャズ喫茶、グループサウンズが隆盛する。これらの新音楽の受け手の主力は若者たちで、呑み屋歌にぴったりな歌謡曲に対抗する新音楽を模索していた。１９６０年を頂点とするニューウェーブ映画の流入を横目に、欧米風新文化に期待が寄せられたとも言える。

だが欧米風文化の接ぎ木は、国民レベルには定着しない。歌声喫茶は音楽の歌う楽しみを再発見させたが、手動的情報拡大はあまりに弱かった。だが１９７０年近くに登場したフォークソングとニューミュージックの大波は、歌の制作を支配下におく音楽界の小革命であった。戦後七十年の歌の世界は前半25年と、70年以降の45年余に区分できると言ってもよい。

カラオケは日本発の強力な世界文化だが、呑み屋でのカラオケの主流は相変わらずの演歌のようだ。だがそれは小音楽革命が不徹底なのか、日本的上下集団秩序の残存力が強い故か分からない。しかし１９７０～７５年、フォークを頂点として、日本でも歌の制作システムが変化する激動の時代が到来したことは記憶し継承したほうがよい。

だが時代変化のスピードは、年齢加算の実感より速いのではないか？　今や平成生まれの最年長は30歳に近く、60歳前後の親世代とは文化的に断絶している。親世代の記憶に残る青年時代の歌が自分の日常的記憶から消えているから、このような歪みが生じたのではないか？　ならば中年層の記憶復元にも意味があると言うものだ。

日本で空前のフォークソングブームが起きたのは、ＧＳと交代する60年代後半のことだ。世界的にベトナム反戦運動が高揚し、日本では三派全学連や全共闘が注目を集めていた。このころにアメリカの反戦フォークに影響を受けて、まず関西地方で反権力・反差別・反商業主義の政治色の強い赤ヘル系和製フォークソンググループが乱立した。

フォークソングは元はアメリカの民謡だが、後に若者が自作自演し唱和する形に発展し、ボブ・ディランなどが人気を得た。フォーク風としては先にテレビドラマの主題歌「若者たち」やマイク真木・森山良子などがあり、自作自演としては加山雄三や荒木一郎がいた。だがフォークの旗印を掲げて売上日本一になったのは、フォーク・クルセダーズの67年の「帰って来たヨッパライ」である。

だが加藤和彦・北山修らのフォークルはその原盤権を東芝に渡し、「イムジン河」自粛放置などを批判された。そして年長の高石友也の「受験生ブルース」は社会風潮批判レベル、高田渡「自衛隊に入ろう」はパロディの類だった。そんな中で世の矛盾をえぐり我が身に引き寄せた主張は岡林信康の「くそくらえ節」や発禁となる「山谷ブルース」の方だった。

関西系フォーク界は岡林信康をフォークの神様として押し立てて活動の幅を広げ、１９６９年春には東京・新宿駅西口のフォークゲリラにも出張ってきた。だが当の岡林は牧師の子で同志社大神学部に進み、歌の表現と自分の軌跡の整合性に悩んでいた。彼は何度も歌を中断し、あちこち転居し、エンヤトットのリズムを再発見し、ひばりと交流を深め、歌を継続してきた。

１９７１年夏の中津川での第３回全日本フォークジャンボリーで岡林信康は主催者側にいたが、そこに吉田拓郎が初参加し会場は大混乱に陥った。拓郎は岡林と向じく１９４６年生まれで、広島フォーク村を作り、広島大バリケード内コンサートに出て個人主義だと白ヘルに糾弾された。そんな拓郎は個人主義を掲げ関西で最大勢力だった赤ヘル系と共存したが、内心では「私たちは〜」が好きな関西フォークが大嫌いだったと言う。

会場へはミッキーカーチス・カルメンマキ・かまやつひろし・六文銭など年長者を含め、50余人もミュージシャンが集まった。だがメインステージは関西派や関西べ平連系学生が占拠し、東京組はサブステージに回された。会場設営や出演順で当初より波乱含みのところで、酒を飲みながら悪態をついていた拓郎がサブステージに登場し、えんえんと「人間なんて」の演奏を続けたのだ。

拓郎は当初は関西系のレコード会社やテレビ介入に商業主義反対を呼び掛け、次に仲のよい東京の六文銭を舞台に上げ、マイクなしで「人間なんて」を歌い支援者に押されて2時間近く歌い続けた。拓郎の熱唱に唱和する観客が更に増大し、年長の小室等が「メインステージに行こう」と呼び掛けて乱入し、メインステージは中断。マイク争奪戦と怒号が飛び交い、自然流会となった。

問題の「人間なんて」は〈人間なんて　ララララ　ラララララ〉が二回続くが、何度繰り返されても不思議でない流れだ。また〈人間なんて〉の問いは世の中への呪詛や、人間社会への失望や、克服する人間像への反発にまで応じることができる。拓郎は歌い続け、他方でメイン会場にいた岡林を心配したスタッフが彼を家に帰したため、聴衆からはリーダー交代の声が出たそうだ。

　このジャンボリー伝説後に岡林は音楽を離れヤマギシ村に移住し、拓郎は全国区に浮上する。岡林は〈友よ夜明けは近い〉と歌ったが、実は夜明け前のまま歌の風景が変わったのだ。吉田拓郎は〈僕の髪が肩までのびて　君と同じになったら～〉「結婚しようよ」と歌う。多くの若者は反逆の政治的行方より、世代的選択や男女の合意の貫徹の方に関心を持ったのだと考える。

　安保世代の政治主義反逆に対する全共闘運動の特色は、文化的裾野の拡大である。岡林の歌詞の先駆性は、歌手と聴衆が共に熱唱する「巨大歌声喫茶」スタイルに拡大した。その後、若者の自己決定への拘りは、多種多様のフォーク曲を生んで、ニューミュージックに定着し、75年のフォーライフレコードに至る。だが歌数が多過ぎるので、私好みのフォーク代表曲を年代順に列挙しよう。

1966年発表「旅人よ」唄・加山雄三〈風にふるえる緑の草原〉が歌い出し。
67年「死んだ男の残したものは」高石友也〈～一人の妻と一人の子ども〉
68年「山谷ブース」岡林信康〈今日の仕事はつらかった　後は焼酎あおるだけ〉
69年「風」はしだのりひことシューベルツ〈人は誰もただ一人　旅に出て〉
69年「遠い世界に」五つの赤い風船〈遠い世界に　旅にでようか〉
69年「禁じられた恋」森山良子〈禁じられても　逢いたいの〉

70年「どうにかなるさ」かまやつひろし〈今夜の夜汽車で　旅立つ俺だよ〉
71年「戦争を知らない子供たち」ジローズ〈戦争が終わって　僕等は生まれた〉
71年「出発の歌」上条恒彦と六文銭〈乾いた空を　見上げているのは誰だ〉
72年「春夏秋冬」泉谷しげる〈季節のない街に生まれ　風のない丘に育ち〉
72年「学生街の喫茶店」ＧＡＲＯ〈君とよくこの店に　来たものさ〉
72年「傘がない」井上陽水〈都会では自殺する若者が　増えている〉
73年「神田川」かぐや姫〈貴方はもう　忘れたかしら〉
74年「東京」マイペース〈最終電車で　君にさよなら〉
75年「『いちご白書』をもう一度」バンバン〈いつか君と行った　映画がまた来る〉
76年「酒と泪と男と女」河島英五〈忘れてしまいたい事や　どうしようもない寂しさに〉

これらの歌い出しは、その時代に青少年だった誰の脳裏の記憶にも残っているはずだ。また同時期の「悲しい酒」「君こそわが命」「新宿育ち」「昭和ブルース」「おふくろさん」「せんせい」「ふれあい」「石狩挽歌」などの大ヒット歌謡曲と比べても、何の遜色もない。レコード会社主導でない、シンガーソングライター中心の歌作りが１９６０年代半ばから着実に隆盛したのだ。カラオケ数が少ないのは別の理由があるのだろうが、ここでは踏み込まない。

拓郎はかつて関西フォークは「私たちの歌」だが、自分は「私の歌」を目指すと違いを述べた。

関西フォークが消えたあとも、拓郎は自分流を貫き通した。拓郎は森山良子やキャンディーズなどへの曲の提供も多いが、森進一に渡した「襟裳岬」は1974年のレコード大賞を得た。その授賞式に吉田拓郎は普段着のジーパンの上下で出席し、前代未聞だと出席者からも話題になった。

フォークシンガー層の増大と実力の蓄積を背景に、1975年にフォーライフレコードが発足する。小室等と吉田拓郎が相談して井上陽水を誘い、泉谷しげるを引き込んで歌手4人でレコード会社を作ったのだ。小室社長も2代目吉田社長も会社経営に成功はしないが、年功序列制のレコード会社への批判点は明確になり、結果的に歌手生活の風通しはよくなったそうだ。

井上陽水も吉田拓郎も長者番付に名が出る大歌手であり、武家の商法との批判も出た。だがソニーレコードに戻っても、肺ガン手術後も拓郎の音楽への初心は変わらず、2006年にはかぐや姫と一緒に3万5000人を集めて、つま恋野外コンサートを開いた。身体をかばいながら舞台を縦横無尽に動き歌い続ける様は、DVDを観るとさすが拓郎と評するに相応しい首尾であった。

フォーク・ニューミュージックで一人と言うと吉田拓郎だろうし、拓郎の一作を挙げるとやはり「人間なんて」になる。一番歌詞は〈人間なんてラララ　ラララララ（二回）何かが欲しいオイラ　それが何だかはわからない　だけど何かがたりないよ　今の自分もおかしいよ〉だ。同じ人間が互いに何だろうと考え悩み出発点にする心理は、自己評価を含め素直な言葉で上手く描かれている。

# 20 ニューミュージックの推進力　中島みゆき

前回、1975年に上り詰める和製フォークの盛衰を、背景となった政治的・社会的激動との関わりで検討した。この分野で今も歌い続けている代表格は吉田拓郎と井上陽水だが、その活動は今や定年後の年齢相応の収束過程にある。これに対し少し若い中島みゆき・松任谷由実の女性陣は、シンガーソングライターの前線を切り開く現役でレコード売上も安定している。では「老化」と無縁に見える彼女らの歌を、聴き手はどのように受容してきたのか関心があるところだ。

老化は年齢加算に伴う現実的結果であり、誰もが拒否できない人間の自然過程に属する。だが現実はともあれ若く見られたいのは世の常らしく、レコード導入後の日本の音楽業界の主流は青年期の歌で占められた。日本の音曲の主流は年長者からの伝承であり民謡や浪曲にも伝統継承や敬老の念が残っていた。現代音楽の青年趣味は既に伝統継承を押しつぶし、ナツメロ番組やカラオケ選曲のいびつさを生んでいるが指摘する者は殆どいない。

レコードやＣＤも、ギターやピアノや音響機器も、ラジオやテレビやパソコンなどの情報機器も、音楽産業システムも西欧社会の産物だ。しかし団塊世代以降の若いシンガーソングライターは、この西欧産システムを疑わず乗っかったかのように見える。だが、音楽産業としては見事に大企業に逆転されたのだ。からくも女性の自作自演歌のみが一線で生き延びているが、その音楽には当事者の特性とともに社会のなかでの女性の課題が詰まっている筈だ。

年齢加算に伴う老化は、同時に社会のなかで生き抜く知恵や人間的成熟をも得させるものだ。だが本職の作詞家も子や孫の成長くらいしか歌詞に引き込めていないのだから、自作自演の女性歌手の目配りが狭くても仕方ないとも考え得る。だが彼女らが量産する女歌の隆盛には、それを支えている市販歌では満足しえぬ新時代の聴き手がいる。このような老化を無視し成熟を嫌う感性は、この先、社会のどこに着地するのだろうか。

考え直してみれば１９７０年代から四十年以上も、中島みゆき・松任谷由美は自作自演の音楽活動を続けている。生き馬の目を抜くような音楽業界で多くの作詞家・作曲家に伍して、大ヒット曲を飛ばし注目を集め続けている全身的表現活動は率直に評価に値する。だから彼女らの音楽表現の特色の指摘の主意はない物ねだりの不足の批判ではなく、現代日本社会における女性の表現活動の克服すべき歪みを押さえることだと予め述べておこう。

１９７５年のフォーライフレコード設立は音楽業界におけるフォーク世代の反逆だったが、前宣伝の割には売上が伸びずお手上げとなった。設立メンバーは社長の小室等が１９４３年生まれだが、吉田拓郎は１９４６年、井上陽水と泉谷しげるは１９４８年生まれだった。学生運動とともに退潮した関西フォークを見限った連中が、経験もないままレコード製作・営業・宣伝・販売の全権を握ろうとの試みは失敗した。余力のあった拓郎と陽水は、後に一般レコード会社の自作自演歌手の場に戻った。

彼らに対し少し後に人気を得る荒井由実（ユーミン）は１９５４年生まれで１９７２年デビュー、中島みゆきは１９５２年生まれで１９７５年にレコードデビューだ。二人の学年は近接しておりデビューは東京育ちのユーミンの方が早いが、ともに中学生のころから作詞・作曲に邁進し、当初より互いをライバルと意識していた。結果的には彼女らはレコード会社を作る苦労も余分な努力も不要なまま、数々のレコード売上新記録を樹立しレコード会社にも優遇されている。

荒井由実は東京都八王子市で戦前から今も続く荒井呉服店の次女で、幼時よりピアノを習い、立教女学院のころは作詞作曲に打ち込み、多摩美大に入るやレコードを出した。ユーミンは高校時代から日本のトップ文化人が集まる飯倉町のキャンティの常連で、ＧＳ残党などから賞賛され音楽業界へ勧誘されていた。彼女は良家の娘として最高の音楽環境で育ち、予め期待されていた通りのコースで、言わばなるべくして作詞作曲自演歌手になった。

他方で中島みゆきは北海道札幌市の生まれで、医師の父の仕事の関係で帯広市で育つ。みゆきは人見知りするタイプでうまく友人との会話が進まず、深夜ラジオ放送を聞いて会話に加わる自己紹介の気持ちで作詞作曲を続けた。帯広柏葉高校の文化祭で自作自演歌を披露し拍手を得て自信を付け、札幌の藤女子大に進学して放送研究会に入る。北大の音楽グループと付き合い、アマチュア音楽祭のコンテスト荒らしと呼ばれ、大学卒業年にデビューする。

ユーミンは後退する男性陣の音楽状況を4畳半フォークと小馬鹿にし、新感覚のニューミュージックを目指した。みゆきは「可愛いベイビー」を歌ったら産婦人科医の父に下品だと叱られ、無口になって自己紹介めいた女歌を書きためた。みゆきは少し年長の吉田拓郎の歌が好きだったらしいが、歌の世界の広がりや解放度は随分と違う。ユーチューブには2010年に吉田拓郎が中島みゆきを「お前の歌は、女岡林信康のようだ」とからかった対談が残っている。


ユーミンは何不自由のない暮らしのなかの諸事象を、一味加えて歌にしてゆく。デビュー作と言うべき「ひこうき雲」は飛び降り自殺を、美しい死の例へ美化した。76年の「中央フリーウェイ」は、調布から八王子へ向かう中央高速道の車窓の左右の競馬場やビール工場に触れ、〈まるで滑走路　夜空へ続く〉と言う。ユーミンには同年に結婚する松任谷正隆との素敵なデートコースだろうが、同時期に近くに住み中古車で下の道を走る私にはまったく違う風景に見えたものだ。

ユーミンのヒット曲は多いが、「卒業写真」では〈悲しいことがあると開く革の表紙〉の革の表

紙の語に私は引っ掛かる。「真夏の夜の夢」では〈骨まで溶けるような　テキーラみたいなキスをして〉とはどの国の話だと疑う。バブルの波に乗り苗場プリンスホテルの看板になるのも気に食わぬが、結婚して芸名を荒井由実から松任谷由実に変えたことには驚いた。ファンは識別記号の芸名で歌を選ぶが、芸人の家庭の結婚事情など余分な話だ。この違和感は高校の同窓会名簿を女性の結婚後の新姓索引に変えると、何とも引きづらい事情によく似ている。

これに対し中島みゆきは自分の歌の城に閉じこもり、世間並みの恋愛↓結婚の流れに背を向け凛と一人立つイメージが強い。初期の作品は失恋の歌が多いのだが、心象風景の孤立感を描くことが多く、歌詞の一部から新左翼応援歌と勘違いしている男性は私の周辺にも数多くいた。たしかに父親が赤ひげタイプの医者だったためか、みゆきにはユーミンのようなバブル相乗りの現状肯定の感性は弱く社会批判の志向が強かったようだ。

みゆきは28歳の1980年秋に尊敬する詩人の谷川俊太郎と対談し〈あたし以上に、あたしを好きな人が出てこないと結婚はしない〉と述べる。まわりのいい男は結婚しているし、他の女を押しのけるのもいや、子供も欲しくない、どこかに余っていないか探すのだという。みゆきは小学時代から周囲に溶け込めず、もてなかったから歌を書き始めたそうだ。そして自分以上に自分を好きな人がいないとは断言できず、諦めてないから歌を続けているという。

みゆきは80年春の「うらみ・ます」で〈いいやつなんて思われなくていい〉〈あんたのこと死ぬまで　うらみます〉しかし〈ドアに爪で書いてゆくわ　やさしくされて唯うれしかった〉と泣き声

で歌っていた。結婚・離婚・再婚を繰り返している谷川俊太郎は、この歌の背景や関係を聞き出そうとするがみゆきは逃げる。この歌は「時代」で実質デビューし「わかれうた」や「ファイト」を世に問うた中島みゆきの、愛憎半ばする実際経験の中間報告だったと考えてよいだろう。

初期の歌から社会的目配りの広い中島みゆきは、結婚せず私生活を公開せぬため随分と酷い噂も流れた。古くからの聴き手は知っているが、1983年夏にみゆきはオールナイトニッポンにユーミンを招いて放談している。そこでユーミンは結婚した頃は優越感を持ったが、ここまで一人で頑張るみゆきは偉いとエールを送り、たまにはダンナを貸そうかとふざけ、帰り際にみゆきに〈セックス処理はどうしてんの?〉と聞いて怒られている。

対談時にユーミンは29歳みゆきは31歳で、年齢相応の中年女の健康なエロトークである。だが88年にアレンジャーの瀬尾一三とのコンビが確立し、89年からの「夜会」も軌道に乗った1994年秋に特異な「夢だったんだね」を出す。82年に男は女より物好きな人間・女は男より色好きな人間と「魔女の辞典」(『愛が好きです』収録)で定義していたみゆきが、恋愛は夢だと断定するのだ。しかし、長い間探した運命の人に逢えたと思ったがそれは夢だった〈夢はいつでもあたしの味方〉〈あたしに都合のよいことばかりよ〉〈悲しいことなど何もない〉とは寂しい結論だ。

中島みゆきは自作自演の歌を600曲以上書き、研ナオコ「あばよ」、工藤静香「MUGO・ん…色っぽい」、加藤登紀子「この空を飛べたら」などヒットした提供曲も多い。他方でみゆきは文部科学省の国語審議会委員を務め、ヤマハミュージックコミュニケーションズ取締役として経営参加もしている。ニューミュージックにさほど縁のなかった中高年サラリーマンでも、NHK「プロジェクトX」の主題歌として大ヒットした2000年の「地上の星」は覚えているだろう。

バブル景気に乗った松任谷由実は「中産階級の手に届く夢」を掲げ、象が出るステージやロシアサーカスとコラボした大コンサートを連続開催した。逆に中島みゆきは脚本・演出・音楽・主演を全て一人で行うミュージカル風の夜会を、小ホールで一ヶ月連続公演の形で何年も継続開催している。この夜会には中高年のみゆきファンが毎年参加して関心の裾野は広がっており、ネット世界では詳細な「中島みゆき研究所」まで登場している。

みゆきは94年の「夢だったんだね」の主意を、2010年の「夢だもの」で再確認する。〈理屈にも合わないありえない話を夢と呼ぶ〉、私はあなたには〈踊ってくださいとくじけないで言えるあなたは気さくに手を取ってくれる〉。それは全部夢だったとの、みゆきの右往左往の恋愛経験の末の結論は言うように受容するしかない。だが傷つくことが怖くて恋愛できぬファンが夜会を盛り上げるのは、恋愛夢論を一般化し草食系男女を増大させているだけで何とも同意できない。

中島みゆきは紆余曲折はあれ、日記を書くように作詞・作曲を続け自分で歌ってきた。関心の主対象は自分の心の動きであり、自問自答はまるで万華鏡のようだ。2014年11月の夜会では、考えるところがあってか何と28曲も新作を発表している。吉本隆明は『現代日本の詩歌』でみゆきを、盲目のゴゼを思い出させる〈モダンな女旅芸人〉と書いた。だが私には北海道新聞社の有土健介の〈北海道が生んだ　歌うイタコ〉の評の方がしっくり来る。目配りの広いみゆきの自問自答歴のなかに、様々な女性の悩みへの応答が予め揃っているからだ。

みゆきは自作自演歌手に殉じたため、主関心である恋愛の行方も制約されてきた。恋愛は両性の合意によるが、どちらが先に好きになるか、好意をどう伝えるか、相手に何を求めるか、相手の答の心意は？　どれも一人で考えることではわからない。

数々の自問自答により回答幅が広がるし対応も異なる。だが問いの成立根拠も判断基準も、人間の自然過程に基づくのではないか？　そうなら「恋愛は夢論」に至るみゆきの歩みは、本人の選択の結果蓄積の産物であり一般化はできないことになる。

みゆきは「時代」を〈今はこんなに悲しくて　涙もかれ果てて　もう二度と笑顔にはなれそうもないけど〉とはじめ〈そんな時代もあったねと　いつか話せる日がくるわ　あんな時代もあったねと　きっと笑って話せるわ〉〈だから今日はくよくよしないで　今日の風に吹かれましょう〉と続ける。一番は〈今日は別れた恋人たちも　生まれ変わってめぐりあうよ〉だが、次に〈今日は倒れた旅人たちも　生まれ変わって歩きだすよ〉が三度続く。〈まわるまわるよ時代はまわる〉から、別れの傷みに耐え次の出会いを待とうと呼び掛ける名曲だ。

「わかれうた」は冒頭〈途に倒れてだれかの名を　呼び続けたことが　ありますか〉に驚くが、〈好きで別れ唄う　筈もない　他に知らないから口ずさむ〉失恋歌だ。彼女の喪失感は〈ふるさとに向から最終〉便に、走れば間に合うだろうが街に挨拶する間にドアが締まる「ホームにて」に近い。逆に「ファイト」の〈ファイト！　闘う君の唄を　闘わない奴らが笑うだろう　ファイト！　冷たい水の中をふるえながらのぼってゆけ〉に励まされた左翼連中も多いが、これは実際は中卒差別に怒る女性の相談投稿への、川を逆流し続けよとの年長者みゆきからの激烈な応援歌だ。
「ファイト」の中卒女性の〈男に生まれればよかった〉との感慨に、みゆきは父親の死後に「やまねこ」で〈生まれ落ちて最初に聞いた声は　落胆の溜息だった〉と返し、その後に母を自分の会社「あいらんど」の代表取締役に招いている。

北海道の血が育んだ抵抗精神や贖罪感も加わる初期のメッセージを抱え、みゆきは自問自答を何十年も続け成熟した。聴き手はみゆきのイタコ引き出しを折々の気分で開けばよいのだ。みゆきの

経験が後期の恋愛は「夢なんだ」に縮小される訳がなく、行動せず夢に安住する草食系はみゆきの継承者ではない。

という流れで中島みゆきの自作自演歌の第一位に、私は目配り広く射程の長い「時代」を挙げる。

関心はあるが中島みゆきの継続的なよい聴き手ではない私は今回は本原稿の進め方に難渋し、……若い熱心な継続的聴き手のアドバイスに随分助けられた。特に名は挙げぬが感謝したい。

# Ⅲ　流行歌を顧みる私的スタイル

## 21

# 今も残る戦前の歌を振り返る

　これまで、戦後日本で実際に歌い継がれてきた歌の表層と深層を検討してきた。だが各自の記憶に残りたまに口ずさむ歌を聞いても、十人十色でこだわりも千差万別だろう。もちろん数奇な経験に応じた特異な歌もあるだろうし、自分には特に大切な歌もあるだろうから、万人にフォローし得る目配りを求めても所詮は無理な話だ。

　少し考えれば分かるようにマスメディアの視聴者は老若男女無数にいる訳で、提供される歌はホットな同時代の歌だけではない。歌詞の一部まで覚え込む歌は友人形成と同じく多感な青年期が主軸で、前後20年位の幅はあるだろうが、テレビの特番や特にラジオ局などでは耳当たりよく聞くことができる。更に長く何十年以上も放送される歌もある。本稿は読者層の記憶を考えて戦後の流行歌を主に扱うが、今回はその前のいまだ生命力を有する戦前の昭和時代の20年までの流行歌を取り上げて見る。

　今60歳代半ばなのに好きな歌の殆どは戦前の流行歌で、いつもハーモニカで演奏し、どの歌詞も最後まで覚えている友人G君がいる。聞いて見ると父親が最後の戦争世代で、子供の頃に更に年長の伯父さんが無類の歌好きで始終歌っていたのをいつも聞いていて耳から覚えたようだ。そんな訳で、学生時代はグループサウンズやフォーク全盛だったが、それらには深入りしなかったそうだ。

また別の50歳代半ばの女性Nさんの実家は四国の県庁所在地の駅前食堂で、いつもラジオを点けっ放しで注文品の配達をしていたそうだ。また祖父母が食堂を差配していたため、戦前からの歌謡曲・民謡・浪曲から落語・漫才まで幼時から耳が肥えており、その後の今に至る話題曲なども殆どを記憶できているのが幸せだと言う。

もう一つ付言しておくと１９７０年ころまでは流行歌の制作・販売体制が固定しており、歌手や歌の数が少なくレコード歌は鳴り物入りで宣伝された。このため歌手や歌と、聴き手の間の密接感は今よりずっと強かった。１９６３年に島倉千代子が阪神の藤本選手と結婚した際には、関西で「島倉千代子の結婚を祝う会」が出来た。5年後に離婚したら「島倉千代子の離婚を祝う会」が開かれ、千代子本人も出席したそうだ！　また映画界も同様で、五社協定など俳優へのしばりが強かった。

他方で当然ながら昔は地縁・血縁を含め人情の絆が強く、島倉千代子は自分の墓碑銘に流産児の名を付けて列記した。フランク永井のタクシー運転手仲間は激励に福島から上京したそうだし、美空ひばりと同年齢の女性ファンはひばりに塩酸をかけた。かつては映画の前にニュースが上映され、その映像で東海林太郎の直立不動の歌い方など私の父を含め誰もがまねしたものだ。

日本の演歌は周知のように明治中期の自由民権運動の演説歌＝演歌が語源で、流行歌の火付け役となった。日本は大国化を目指して1994年日清戦争のあと、10年ごとに日露戦争・第一次世界大戦に参加し、1926年に昭和に入る。だが歌の流れでは政府が進める戦意高揚歌は一曲も時代の主流とならず、左翼の歌も出たが庶民が愛唱する反戦歌ともならなかった。

日清戦争は朝鮮での宗主権を主張する落ち目の清国叩きだったが、日露戦争は満州に居座る大国ロシアへの挑戦で国論は分裂した。従軍し全身銃創を受けた桜井忠温が書いた『肉弾』がベストセラーとなり、与謝野鉄幹の弟子だった真下飛泉は従軍せぬが〈ここはお国を何百里　離れて遠き満州の〜〉「戦友」を作詞した。陸軍は〈軍律厳しきなかなれど〜〉を嫌い〈硝煙渦巻くなかなれど〜〉に変更を命じ、後には厭戦歌だと歌唱を禁じたが、歌は一人歩きし国民的鎮魂歌として定着した。

公然たる殺人容認の戦争は、日露戦争直後は田舎では尋常小学唱歌の「冬の夜」〈囲炉裏のはたに縄なう父は　過ぎしいくさの手柄を語る〜〉となり、こどもらは聴き入る形だ。第二次大戦後は占領軍は日本の軍歌一切を禁じ、政府側は右の好戦的歌詞を〈過ぎし昔の思い出語る〜〉に変えるがピンボケな話で、それでは子供らが聴き入る訳がないのだ。仲間意識を歌で確認する大衆ナショナリズムは、政府や軍などお上の都合や指示では定着しないのだ。

現在も安保法制をめぐる架空戦争論議が喧しいが、米国追随の政府論調では景気浮揚は遠い。他方で戦争の実像に迫る主旨の小林よりのり『卑怯者の島』は、戦争の大義の根幹評価を外している。政府批判のマスコミ制約論は卑しいが、戦前回帰だとの反撥も弱い。昭和以降に着眼を絞っても、政府・資本・マスコミ・知識人層の意図で歌が動いたことはおそらく一度もないだろう。この問題には長い射程での包括的な論議が必要だと考える。

ここまで検討の風呂敷を広げておくと、昭和の流行歌も違って見える。後世まで残るのが名歌だとの論では、多種多様なハミダシ歌が残る現実を説明できぬ。各自の人生の愛惜対象が異なるように、愛惜する歌も違うのだ。昭和戦前期は軍歌全盛と思いがちだが、名歌に値する軍歌は美意識が鮮明な梅木三郎作詞・高木東六作曲の「空の神兵」くらいだ。

西条八十作詞「若鷲の歌」は予科練の、大村能章作曲「同期の桜」は兵学校の仲間意識が軸だ。また「ラバウル小唄」の余裕の心情は、戦後の「異国の丘」や「モンテンルパの夜は更けて」につながるが、哀惜の心情は軍歌にはふさわしくない。

「上海の街角で」
歌：東海林太郎 台詞：佐野周二

戦後には消える異郷物には、朝鮮民謡「アリラン」、松平晃が歌う無国籍物「急げ幌馬車」、渡辺はま子が歌う「支那の夜」、妙に明るい「満州娘」、西条八十・服部良一コンビが作り渡辺はま子が歌う「蘇州夜曲」「アラビアの歌」「アロハオエ」「パラオ恋しや」、藤原義江「討匪行」などがある。「上海だより」「上海ブルース」「上海の花売り娘」など上海物では、佐藤惣之助作詞で東海林太郎が歌う「上海の街角で」が秀逸だ。

江戸っぽい戦前の時代物は、〈駕籠で行くのはお吉じゃないか〜〉「唐人お吉《きち》の唄」。〈夜が冷たい心が寒い〜、風が変れば俺等も変る〜〉と清水次郎長映画を盛り立てる「旅笠道中」。藤田まさと作詞で上田敏の「流転」や「妻恋道中」も流行った。だが、〈清水港の名物は〜〉「旅姿三人男」、〈男ごころに男が惚れて〜〉と東海林太郎が歌う「名月赤城山」、平手造酒の晩年を描く〈愚痴じゃないけど　世が世であれば〜〉「大利根月夜」などの方が、庶民には浸透していただろう。

だが戦前でも昭和初期はラジオ放送・音の出るトーキー映画・レコードなど洋物が並行して出そろい、映画音楽や宝塚調も流行り、歌謡曲の第一次黄金時代と呼ばれた。ルネ・クレール監督「巴里の屋根の下」は西条八十の訳詞というより自伝恋唄の作詞に近い。「パリ祭」はフランス革命を祝す主旨が、甘い恋歌に変わった。浅草由来の「洒落男」、宝塚発の「モンパリ」や「すみれの花咲く頃」、ジャズ調の「アラビアの歌」や、ディック・ミネのヒット曲「ダイナ」もこの系列だ。

流行歌興隆の第一次黄金期の背後には古賀政男作詞作曲の「影を慕いて」の嘆息のように、時代風潮への庶民目線での反撥や同調がある。暗い側には過ぎ去った恋を追憶する「並木の雨」や、〈あきらめましょと別れてみたが〜〉忘れられぬ「無情の夢」。〈暗い浮世のこの裏町を覗く冷たいこれ陽よ〜〉と斜に構えて始まる「裏町人生」なども浸透した。

世相が暗くとも前を向こうとするのは、故郷の彼女との再会を願う「国境の町」。佐藤惣之助・古賀政男の黄金コンビの「緑の地平線」。〈泣くな妹よ〜〉の「人生の並木道」。時代の流れに抗すかのように〈花咲き花散る宵も〜〉と藤山一郎・二葉あき子が歌う「東京ラプソディ」。自己鼓舞調の「誰か故郷を思わざる」。若く良き頃の青春を回顧する「なつかしの歌声」等がある。青春賛歌願望の「花言葉の唄」、暗い世相に背を向けた感のある「青い背広で」を加えてもよい。

随分と目配り広く歌名や歌い出しを挙げたが、これらの歌の殆どは私にはラジオからの耳学問だ。だが網羅的検討が目的ではないので、各分野の自分好みの曲の周辺を掘り下げてみる。

軍歌で挙げた「空の神兵」は、1942年にオランダ領インドネシアのセレベス島に日本軍パラシュート部隊が白花のように降下し占領した様子を描いたものだ。戦争初期で新設の大量の落下傘兵は物珍しいし〈百千の真白き薔薇の花模様〉の様子の絵が脳裏に浮かび、美化された戦争イメージが歓迎された。

「影を慕いて」藤山一郎

「裏町人生」上原敏　結城道子

異郷物は日本近代化に伴う、アジアとの交流深化の産物だ。どの歌の哀愁も捨てがたいが、上海が舞台の物が一番多い。川崎信用金庫本店地が生家の佐藤惣之助は、正規の学業につかず佐藤紅緑のもとで学んだ詩人で1932年に従軍記者となり1933年に「上海の街角で」を作詞する。同郷の男女が上海の四馬路で会って一年後に別れる場面を東海林太郎が歌い、佐野周治の台詞入り映画も流行った。

時代物・股旅物の流行の背景には、左翼運動が壊滅するが伊藤大輔の国定忠治物が代替的に歓迎される時代背景があった。藤田まさとはレコード会社役員と作詞家を両立させた稀有な例で、「明治一代女」をヒットさせ、戦後の晩年には「浪速節だよ人生は」も書いている。「旅傘道中」の肝は三番の〈亭主持つなら堅気をお持ち　とかくやくざは苦労の種よ〉の処だ。東海林太郎が戦後に女子刑務所を慰問して歌ったら、その箇所になると会場は受刑者の嗚咽の声で溢れたそうだ。

洋物ではモガ・モボブームを受けたディック・ミネの「ダイナ」が秀逸だが、浅草オペラの「洒落男」と同じくダンスホールに集まる田舎のボンボンの趣味の扱いだ。

それに比すと作詞・島田磐也と作曲・阿部武雄が苦労して作った「裏町人生」にははぐれ者の悲哀が詰まっている。冒頭の後を〈なまじ掛けるなうす情　夢も侘しい夜の花〉と、1938年に上原敏と結城道子がデュエットで歌ったのである。

つらつら眺めてゆくと戦争気運に翻弄された昭和戦前期の名曲の主力は、時代風潮に抗する前向きな歌だと思える。1934年の「国境の町」の舞台はロシア近くの中国の綏芬河らしく、指もかじかむ厳寒の想いが窺える。

1935年の〈なぜか忘れぬ人ゆえに〜〉で始まる「緑の地平線」は、今聞いても現代味のある哀愁に満ちた名曲だ。1936年の「東京ラプソディ」は銀座・神田・浅草・新宿のざわめきを回顧する東京人好みの東京賛歌だ。〈赤い灯燃ゆ　恋し東京～〉の歌詞の「なつかしの歌声」はよく開戦直前の軍国化傾斜の１９４０年に出せたものだと感心する。

では今も歌われる戦前のトップ曲は何だろうか？　今まで触れてこなかった単発の作品にも「君恋し」「サムライ・ニッポン」「男の純情」「一杯のコーヒーから」「十三夜」など名曲は数多い。だが時代背景の把握、歌のイメージや流通度、歌手が請け負った時代性まで配慮すると、楠木繁夫が１９３５年に歌った「緑の地平線」が戦前のトップ曲だと私は考える。

歌手の楠木繁夫は高知県佐川町の名家の出身で、志を持って東京音楽学校（芸大）に入るが、学園紛争に巻き込まれ退学。テイチクの役員になる古賀政男に拾われるが、ここも内紛で古賀とともに退社する。有り余る才能を持ちながら、大ヒットしたのは佐藤・古賀コンビの「緑の地平線」と38年の早稲田大学の学生、青成瓢吉の青春を描いた「人生劇場」くらいだ。だが最近の早稲田の学生は果たして歌手の楠木繁夫を知っているか？

作詞家の佐藤惣之助は、妻を亡くした後に詩作の盟友の萩原朔太郎の妹を後妻に迎え、絶頂期に「緑の地平線」を作詞する。この曲は実は横山美智子の小説が原作の同名映画の主題歌なのだが、戦災により原作小説も原節子が出演した映画フィルムも残っていず私は未見だ。

佐藤惣之助はこの「緑の地平線」の後に従軍記者として大陸に渡り、１９３８年に「緑の地平線」に比肩し得る名曲「上海の街角で」を作詞する。二つの作品に共通するのは日本人にはなじみの薄い花の名、リラ（英語名ライラック）で、札幌の市花だ。「緑の地平線」は札幌の姉妹都市締結の歌で、緑の地平線は北海道の大自然を描いていると当時を知る先輩に聞いたが、今調べると適合する姉妹都市締結はない？

詩の二番には〈霧の都の夜は更けて〉と遠望感が目立ち、三番は一変して〈遠き前途にほのぼのと緑うれしや地平線〉への期待で終わる。だが心意逆転への含意は判然としない。

楠木繁夫はコロンビア時代に歌手仲間の三原純子と結婚するが、ヒット曲は続かない。戦後にはヒロポンに染まり借金が増えて、新築の自宅で56年（昭和31年）に52歳で首つり自殺する。結核の妻も翌年に病死する。苦労と失意続きの楠木繁夫には自分の「緑の地平線」が見えたのだろうか？

「緑の地平線」楠木繁夫

# 22 戦後〜昭和40年頃までの懐かしい歌

田舎で一人暮らしだった私の母が2016年4月末に自宅で急逝した。前夜に電話で「身体で悪い所は何もないよ。施設に行かぬのは子供孝行だ」と談笑したのに、翌朝に老衰による心不全死とは人生は儚いものだ。生きている間が華なのなら、私も書ける間は書いてゆく覚悟である。

さてこの「流行歌の精神史」の主たる検証対象は、戦後七十余年に生起した流行歌だ。1945年（昭和二十年）の戦争敗北という歴史的転換期に青春期にあった者の大半は、今やすでに90歳以上であり記憶幅の軸は戦後に置いてよい。また私にとっても戦後期は人生の全てを覆う時間の累積であり、考察射程としては十分な長さだ。

だがどれだけ目配り広く精選しても派生した歌の総数からすれば、まだ検証していない歌・見落とした歌の方が多いのだ。そこで今回は補充編とし昭和20〜40年頃の流行歌の主力から、今も歌い継がれている名曲やどうしても落としてはならぬと思われる歌などを組み込んで行きたい。

ではどのような観点から、補充分を選ぶのか？　その基準を定めるには〈戦後日本〉の成り立ちと同様の歪み（＝偏向）を押さえる必要がある。米軍の本土空爆で大都市は壊滅状態の戦後日本の流行歌が、サトウハチローの能天気な「リンゴの唄」から始まったとの伝説形成には、米国批判を許さぬＧＨＱ統制に迎合せざるを得ない日本側の深い訳があるのだが、その経緯は後に述べる。

第二次安倍内閣になってから、米国押し付け日本国憲法の見直し論議が隆盛になった。そんな暴論が出てくる理由は、国民主権・基本的人権の尊重・平和主義の三大原則を掲げる世界先端の内容をもつ平和憲法が、大日本帝国憲法の改定手続きに従って成立した経緯に拠っている。

戦後すぐ、憲法改定論議は粛々と進み、新憲法は旧憲法下で順当に可決・公布・施行された。だが他の先進国民が血を流して獲得した革命的憲法を、戦後日本はノホホンと欽定憲法に接ぎ木したのだ。だが原案がアメリカのどこから出ようとよいものはよいのである。だが改定を急ぐあまりに、どこがどのようによいのか、国民に周知徹底しなかったことが問題であったのだ。

このため戦後日本は、敗戦による統合軸拡散・青春期の喪失感と生活困窮・戦後復興への自負が絡んで独自に発展していった。その影響はモロに流行歌にも反映し、過去↓現在を回帰する回想的な時間意識、戦後復興に伴う村落共同体↓都市化への先端自足と田舎への愛着の空間意識に四分される。その中央浮遊部を加えると五分割とも言えようか。

右記の流行歌の傾向区分の補充参照資料として、歌詞と曲を収載した手軽な紹介本で読者の多い野ばら社の『昭和思い出のうた』をベースにしよう。全部で２４０曲もの収載曲のなかから今回は、まず検討対象を戦後の昭和20～30年の流行歌に絞って簡略に四区分しておきたい。

まず驚くのは空襲で主要都市が壊滅状態だった終戦直後に、悲惨な現実を無視してその時点でこれでよいのだと居直る歌が多いことだ。代表的な昭和22年のラジオ歌謡「朝はどこから」は、世相はどうあれ毎日の朝が来るなら希望があるとの日本的楽観論だ。

映画「そよ風」は戦意高揚脚本を書き替えて、戦後の20年秋に公開された。そこでのサトウハチローが戦前に書いた主題歌「リンゴの唄」が、どんなに表面的に明るい歌詞でも戦後復興の応援歌である訳がない。

「リンゴの唄」の流行経緯の現実感欠如は、日本国憲法定着の経緯に似ている。敗戦直後に人々は隠蔽されてきた哲学などの文字文化を貪ったそうだから、戦中・戦後を無傷に過ごせた「リンゴの唄」も国家迎合的で上滑りな作品だったのかも知れない。原爆投下の長崎が舞台の「長崎シャンソン」「長崎エレジー」「長崎のザボン売り」などの濫作は、「長崎の鐘」一作に劣る。しかし現実性が薄く波及力が弱くとも渡辺はま子が歌う〈こぬか雨降る　港の町の～〉「雨のオランダ坂」は、それらをしのぐ名曲なのである。

廃墟を直視せぬ東京の唄も多く、21年の〈青い芽を吹く柳の辻に～〉「東京の花売り娘」はその典型だ。リアリティがあるのは流れるジャズとアメリカ兵の粋なジャンバーだが、主軸は花売り娘賛歌だ。「東京の屋根の下」は二人でいれば他には〈なんにもなくてもいい〉との居直り感が光る。

だが周辺環境を自己納得しても、歴史の変化の先は見通せないのだ。

現実を直視し過去を再構成して現在を理解し得る歌は、冒頭で触れた過去↓現在への回想的時間意識、田舎↓都市への空間愛着度の区分では、中央浮遊部に位置するのだろうか。サトウハチロー・古関裕而コンビの敗者復活戦とも言えるのは藤山一郎が唄う「夢淡き東京」だと思う。〈柳青める日　つばめが銀座に飛ぶ日～〉だが、唯一焼け残った聖路加病院の雄姿を描き、悩み忘れんと唄う多くの貧しき人への目配りも歌詞に組み入れている。

田端義夫が歌った「かえり船」は清水みのる作詞〈波の背の背に　ゆられてゆれて　月の潮路の帰り船～〉で始まるが、次の〈霞む故国よ～〉でここでのかえり船とは引揚船だと分かる。戦争批判はせぬが、現地に取り残された七百万近い海外在住者の故国への愛着を描いて秀逸だ。

敗戦直後の世相を正面から描いた曲も、ない訳ではない。静岡出身の清水みのるは、廃墟と化した大都会でたくましく生きる夜の女たちを直視し「星の流れに」を書いた。〈星の流れに　身を占って　どこをねぐらの今日の宿〉だから、定宿はない。あてもなくさすらう我を〈人は見返る〉のだから胸を張れる仕事ではない。リフレインの〈こんな女に誰がした〉主犯は戦争であり為政者だと誰もが知りながら、彼女はそれを表に出さず生き別れた母や妹を探すのだ。

世間が変わり価値観が変わっても、男女の情は続く。戦前の軍事国家の精粋は国家主義だから、敗戦で天皇制的重しが取れた後に流行ったのは多摩川河畔などでの集団見合いと皇居前広場でのデート隆盛だった。戦死者や抑留者の陰で憲法的な男女平等理念定着の前に女性の仕事進出があり、自由恋愛は若い男女の最大関心事だった。現状肯定は、思想形成の源泉なのだ。

だが〈若く明るい歌声に〜〉「青い山脈」ははじけ過ぎだし、〈みどりの風におくれ毛が〜〉の「三百六十五夜」は古すぎる。「啼《な》くな小鳩よ」は男の思い込みの押し付けが強すぎ、「セコハン娘」は事実でも女の側の自意識は引き過ぎだ。作詞家も苦心しただろうが、若い男女は自分たちのフィーリングに合う自己鼓舞できる歌を探していたと思われる。

終戦直後から二十年間ほどはどんな流行歌集にも載らぬ「赤旗の歌」が流行り〈特級酒去らばされ我らは焼酎守る〉と誰もが替歌も歌っていた。戦意高揚作詞なのにGHQ検閲パス第一号の「リンゴの唄」は、明るい保守の欺瞞がバレて失墜した。戦後の貧困が焼酎を擁護し特権的な特級酒文化を恥ずかしく思わせたのなら、その後の日本のいびつな経済成長が革命歌や世間に浸透していた社会運動の芽を摘み、労働意識を生んだのだろうか？　だが本能はイデオロギーより強いから、日本史上最大規模の戦後貧困生活期においても、だからこそ恋愛歌は政治体制の如何に関わらず残って当然であった。

改めて見直すと昭和20〜30年頃までは、日本で二度目の歌謡曲の黄金時代のようだ。思い返せば戦前昭和10年頃のきな臭い時代にも「花言葉の唄」「東京ラプソディ」「青い背広で」「タバコ屋の娘」「純情二重奏」「懐かしの歌声」など名曲が続いたのである。それに比せば戦後激動期は、国家・軍部の制約が消え、恋愛の自由度がより増した解放期であり、恋愛歌噴出時代とも言えよう。

戦後激動期の恋愛歌にも多くのパターンがある。ラジオ歌謡第一号の「三日月娘」、「憧れのハワイ航路」、ディックミネ「夜霧のブルース」、そして一時代を画した「上海帰りのリル」は海外回顧や異国への夢を描く。

他方で国内の洋物リズムブームは「君忘れじのブルース」「東京ブギ」「水色のワルツ」「赤い靴のタンゴ」「情熱のルンバ」など女性歌手が牽引した。

他方で東京は全日本の復興シンボルとなり、寅さん映画でも流れた藤山一郎「浅草の唄」や「ニコライの鐘」、森繁久彌「銀座の雀」、大津美子「東京アンナ」、三浦洸一「東京の人」、神戸一郎「銀座九丁目水の上」などが登場した。

だが実際に住む田舎への愛着や美化は「山小屋の灯」「湯の町エレジー」「熊祭《イヨマンテ》の夜」「星影の小径」「連絡船の歌」「高原列車は行く」「小島通いの郵便船」「哀愁の街に霧が降る」など対象を特定せず原点回帰願望のように多出した。

経済復興に伴い激増するのは、大都市での対象を特定しないメロディ重視の恋愛歌だった。「バラを召しませ」「ダンスパーティの夜」「赤と黒のブルース」「好きだった」「東京ナイトクラブ」「黒い花びら」「再会」「誰よりも君を愛す」「東京ブルース」などだ。

他方でもっと抽象度の高い「待ちましょう」「別れても」「港が見える丘」「君待てども」「さくら貝の歌」「白い花の咲く頃」なども流行った。

このくらいピックアップすれば、補充視野は十分だろう。だがこれだけバラバラな分野で良曲を選ぶ基準に一貫性を求めるのは酷な話で、広い各分野での好悪の問題だと柔く押さえる方が気が楽だ。私個人はと問われると、親父の持ち歌だった「上海帰りのリル」、後に裕次郎がほれ込み映画まで作った「夜霧のブルース」などは好きだが、やさぐれ男の自己満足に近い。また東京復興も「田舎へ帰ってコ」の田舎回帰も今ではピンボケ気味だ。

となると若者にも伝わる戦後恋愛歌は、耳に心地よい大人のムード歌謡だろう。鶴田浩二の「赤と黒のブルース」はモロッコ椅子が話題となり、「好きだった」の恥じらいもよい。水原弘「黒い花びら」は日本レコード大賞第一回受賞曲。「再会」の監獄の内外の異色な設定にも驚いた。小畑実「星影の小径」、二葉あきこ「別れても」、津村謙「待ちましょう」などはベテランの佳品だが、総合的に抑えると戦後ダンスブームの華とも言える「ダンスパーティの夜」がピカイチだろう。

「ダンスパーティの夜」は作詞和田隆夫、作曲と歌は林伊佐緒で昭和25年の曲。〈赤いドレスがよく似合う　君と初めて逢ったのは　ダンスパーティの夜だった〉の導入も〈踊りつかれて二人でビルのテラスに出てみたら　星がきれいな夜だった〉への流れも、別れを予感しつつ〈なにも云わずに頰寄せて　二人いつまでも踊ったね〉の二連も絶妙だ。日本初のシンガーソングライターと呼ばれる林は「熊祭《イヨマンテ》の夜」の声量を秘めつつ、対等な男女の出会いの喜びと別れの切なさを歌い切っている。

「星の流れに」菊池章子

「決定版　林伊佐緒」
ダンスパーティの夜ほか

23

# 民謡は日本人の心の古層にどう宿るか？

これまで戦後七十余年を主軸に、目配り広く世に漂う流行歌から時代の深層の変化を探ってきた。だがよい歌は必ず広がり深まるとの仮説は貫徹しており、逆に言うと時代を画すようなよい歌はメロディでも歌詞でも様々なルーツを有している。この事情は戦後の様々な流行歌の多角的検討の中で、折に触れて言及してきたのでご承知だろう。

誰もが若いころには若さを誇り、親にも前世代にも理解できぬ悩みを抱えているかに惑う。だが経験的に心の内容は同時代の様々な人々の活動から影響され、先世代から投影されていることが徐々に分かってくる。その仕組み故に心に残る百年ほどの幅の知見を背景にして、古い映像や音楽の記憶を遡りダイレクトには聞いていていない流行歌も懐かしく思えるのだろう。

口承により伝わる民謡は普段口ずさみ思い出すほどの記憶も私は少ないのだが、昭和末の調査では日本に民謡は五万八千曲も現存すると聞くと驚いてしまう。しかし自分らが自覚せぬのに血肉に組み込まれた音楽的素地には、先時代からの祖先の民謡的音楽蓄積が含まれていると考えることもできるのではないか？

自分らが日常で思い付く心象風景をそのまま歌詞とし好き勝手に唄い踊るラップは、平成に入ると流通する音楽世界の主流に躍り出てくる。しかし多少の関心を持って聴くと、ラップ的表現は単なる若者世代の欲求や生き難さの発露の底流に、深い民俗的差異を有していることが分かる。よく似たスタイルの内部に、生活的諸相や文化的特性が確かに埋められているようだ。

〈戦後〉をフル充電で生きてきた我が身を顧みると、常日頃口ずさむ民謡などは殆どない。しかしテレビやラジオや映画や飲み屋やを含めた音楽環境で、懐かしく残したいと感じる民謡はたくさんある。地域的特性に偏らず、今の時代でも懐かしいと受け止め得る民謡をチェックしておくことは、「流行歌の精神史」を引き寄せる上で有益な作業だと考える。

江戸時代末期から歌舞伎・浄瑠璃・落語・漫才などの大衆芸能は爆発的に隆盛し、都々逸が主役だが新内・義太夫・端唄・小唄などの稽古事も残った。お寺で聞いた盆踊歌は盆行事の主役だが、民謡は主として労働現場での地方的口承歌だった。

明治期以降の人口の流動化に伴い、お国自慢の類の民謡は全国に広がっていった。だが先時代から伝承される口承歌の形は定まっていて、研究の類は数多い。

口承芸能での浪曲は明治末期から昭和10年代まで全盛だったが、レコード・ラジオ・テレビの情報機器の普及により影が薄くなった。民謡も三橋美智也・春日八郎・村田英雄・三波春夫・二葉百合子・昭和30年代の島倉千代子から小林旭あたりまで演歌興隆期の波及基盤を成したが、高度成長に伴う急速な日本列島総都市化により影響範囲は激減した。

三橋美智也風の鍛えられた声への共感でなくても、美空ひばり「唄入り観音経」を聞けば懐かしい心持になり、子どもの頃に両親との門付け経験のある藤圭子の声音に惹かれる者も多かった。口承の素地には地域的民衆的音楽経験が詰まっているのだ。岩波文庫の町田嘉章らの『日本民謡集』は確かに学問的成果だが、私は様々な音楽経験を経て民謡研究に戻ってきた服部龍太郎の教養文庫の『日本民謡集』の方が魅力的に感じる。

服部は日本全国を取材し、残存する民謡をていねいに採譜し1963年に教養文庫本を刊行した。私は「流行歌の精神史」の執筆過程で、音楽を文章で紹介し評するもどかしさと常に直面してきた。この点では著作権がないに等しい民謡採譜に力を注ぐ服部は、あたかも日本観光案内を書き下ろすごとくはつらつとして見える。

だが残存する民謡の発掘に意を注いだ服部の努力も、完全ではない。例えば私の故郷の宇和島の民謡だとして、服部は類書には入らぬ「宇和島サンサ」を初めて掲載した。地元では戦後に花街で聞いたとの人はいるが、私はまったく聴いたことがない。また宇和島に残る歴史的史資料や民俗学的研究の類にもまったく記載がない。宇和島サンサはこの服部本で急浮上したのだ。

便利なネット検索では、宇和島サンサは五代藩主村候の頃の仙台藩との本家・分家争いの折に、お庭番の吉田万助が「サンサ時雨」に対抗し即興で唄ったとの由来だ。だが宇和島藩の記録には、お庭番の役職も吉田万助の名も出てこない。宇和島近辺の日吉村には〈儂が村さの　自慢のたねは歌と踊りと武左衛門〉と打ち首になった百姓一揆指導者を偲ぶ唄が今も残っている。宇和島サンサは武士鼓舞の歌だそうだが、「サンサ」の語も初耳の庶民が口承したか？

しかし由来はともあれ「宇和島サンサ」はその後は徐々に浸透し、民謡大会の歌と踊りで全国優勝もしたそうだ。とすると〈宇和島出る時ゃ　一人で出たが　ションガイナ　今じゃお前と　エー諸共によ〉の、由来も作詞作曲者も分からず口承もない唄が、この服部本が引き金となって全国化したことになる。ならば「宇和島サンサ」が宇和島民謡だとの紹介文が歴史的に間違いであっても、全国的波及効果は服部の採譜活動の成果とも言えようか。

だが服部など研究者の関心外で、民謡の内容が拡大深化することもある。東京都に一番近い神奈川県の三浦半島の、先端が三浦三崎だ。このマグロ基地の漁港に伝わるのが「三浦甚句」である。〈三浦三崎に　どんと打つ波は　かわいお方のヨ　度胸さだめ　エーソーダヨー〉だが、これで歌が浮かぶ人は殆どいない筈だ。だがダンチョネ節と聞くとすぐ歌の流れが浮かんでくる。

服部は唄の世界では、三浦甚句は北原白秋の「城ヶ島の雨」に負けたと強調する。私も高校の音楽で習った〈雨はふるふる　城ヶ島の磯に　利休鼠の雨が降る〜〉は好きだが、所詮はインテリ趣味だ。それより隣の軍港横須賀から三崎遊郭に来る酒席で、漁師唄の三崎甚句がダンチョネ節に変形していった推力の方がはるかに大きいと考える。

戦争世代の鶴田浩二は〈沖のカモメと飛行機乗りは　どこで散るやら　果てるやら　ダンチョネ〉

と唄った。私らの世代には母が民謡の師匠だった小林旭の〈逢いはせなんだか小島の鴎　可愛いあの娘の泣き顔に　いやだやだやだ　別れちゃやだと　いまも聞こえるサこの胸にダンチョネ〉の方が身近だ。選曲眼には定評のあるちあきなおみも、西沢爽作詞の小林旭タイプを踏襲している。

北海道には北海盆踊唄や江差追分など、歌い継がれている民謡は数多い。だが故郷喪失時代のゆえか、全国の新盆踊りパレードの主役を務めるのは「よさこい・ソーラン節」だ。どんな若者もソーラン節は知っているが、歌詞を聞くと何も分からないと言う。YouTubeを観ても〈ヤーレン　ソーラン　ソーランソーランソーランソーラン　ハイハイ〉の繰り返しだ。ここでの海の男の労働作業唄のソーラン節は、今や創作踊りのなかの共同行動の伴奏と化している。

ソーラン節は〈沖のカモメに潮時問えば　わたしゃ立つ鳥　波に聞けチョイ～〉とあるように元々はニシン漁の唄だ。それが伴奏になったと嘆く間に、満州から小樽に戻ったなかにし礼が1975年に「石狩挽歌」を作詞した。北原ミレイは〈海猫《ごめ》が鳴くから　ニシンが来ると　赤い筒袖《つっぽ》のやん衆がさわぐ　雪に埋もれた番屋の隅で　わたしゃ夜通し　飯を炊く～〉となげやりに唄う。「石狩挽歌」はニシン漁の哀歓を見事に描き、流行歌が民謡を超える稀有な例を示した。

民謡唄いのなかには、物語を作り伝承する者もいた。八木節は〈さても一座の皆さまがたよ　わしのようなる三角野郎が　四角四面のやぐらの上で　音頭とるとははばかりながら　しばしご免を

こうむりまして　何か一言読み上げまする〜〉と自己紹介から始まる。ここから色里通いの止まぬ鈴木主水や、役人には犯罪者だが国定村では神様の国定忠治の逸話が長々と続き、歌い止めとなる。

　この民謡は八木宿がある栃木県と、唄い手が続出した群馬県で本家争いが続いているようだ。だが関八州取締役を設置せざるを得ぬほど治安が乱れ、ヤクザ・侠客を多数輩出した新田郷を抱える群馬の方が分がよかろう。よく考えると民謡は地方社会が生み出すものであり、明治以降の県や自治体区分で唄われたり観光資源になる訳がないのだ。

　南朝の拠点だった大阪東部には、今も深化を続けている「河内音頭」がある。この冒頭は〈さては一座の皆様へ　ちょいと出ました私は　おみかけ通りの悪声で　まかり出ました未熟者　お気に召すようにゃ読めないけれど　七百年もの昔より唄い続けた　河内音頭にのせまして　精根こめて唄いましょ〜〉だ。今は様々な唄い口の流派があり弟子も育っているようだ。

　この音頭のインパクトをくみ取り、毎年、夏に東京の錦糸町で河内音頭大会が挙行されている。もっとも唄い手は関西から上京し、東京勢はさながら盆踊りのように定式に合わせて踊っているようだ。行政側も商店会も、行事がないところに行事ができて話題となり、人が集まり客が集まることは大歓迎らしい。

　〈同じアホなら踊らにゃ損々〉と三日間踊り狂う阿波踊りはあまりに有名だ。物凄い観客の東京高円寺の阿波踊りについて、徳島出身者の疑問を聞いたが、批判点は主に踊りの品格についてで唄は主ではない。民謡には「真室川音頭」のように、工事人夫と料亭の女将の近年の合作もある。〈私ゃ真室川の梅の花　あなたまたこの町の鶯よ〜〉は誰でも知っているが〈も少し器量よく生れたらどんな男も迷わせる〉レベルの飲み屋話が民謡化した内容だ。

だが日本民謡には伝統を崩さず品格を守る「越中おわら節」もある。9月1〜3日に富山郊外の人口2万の八尾町の風の盆に30万人もの見物客が来る。前触れはなく〈歌われよ　わしゃ囃す〉次いで〈来たる春風　氷が解ける　うれしや気ままに開く梅〉さらに〈三千世界の松の木ァ枯れてもあんたと添わなきゃ　娑婆へ出た甲斐がない〉から始まり、胡弓の伴奏に合わせ新旧様々な唄と踊りが小粋に朝まで続くのだ。

「越中おわら節」は地元有志が保存会を作って商標登録し、来るものは拒まぬスタイルだ。80年代に高橋治が小説『風の盆恋歌』を書き、石川さゆりが同名歌を歌い、NHK特集などが加わり関心を集めるが、ともかく進み行くしかない事情が人気の源のようだ。筆者としては定番の石川さゆりの女の心情吐露よりは、なかにし礼が現地を見て作詞作曲した菅原洋一が歌う「風の盆」の方が哀愁深く感じられる。

「越中おわら節」は地元歌では〈あいや可愛いや　いつ来てみても　たすき投げやる　暇がない〉〈たすき投げやる暇あるけれど　あなたを忘れる暇がない〉〈焼けますます焦げます　三百度の高熱　三百度の高熱　親たちゃ知らない〉〈越中は十万石　あんたは一石　あんたは一石でも　私は一升

〈一生〉だよ〉〈七合と三合はどこでも一升だよ　一升と定まりゃ　五合升はいらない〉と、微細な恋愛心理の応酬が続く。

高橋治は「おわら節」の恋愛心理を、成就せぬ20年もの不倫関係に再編成し小説『風の盆恋歌』にまとめた。だが「おわら節」の男女関係の流れは、不倫か否かに関わりなく、一生《いっしょう》物の恋路を定めた女があやふやな男の気構えを問うているのだ。女が男にどんな障害があろうと、私と添い遂げる覚悟があるのかとの試問が肚のようだ。一度心を定めれば、生活に根付く女の方が心の強度は数等強いというのがおわら節の元歌の結論に思える。なお大藁《おわら》笠が「おわら」の名の由来なので、地名の小原ではないらしい。

## 24 学校唱歌にも歌い継がれる名曲はある

流行歌の精神史を考察する基本的枠組みを、戦後七十年幅で必要で十分だと考えてきた。だが今の音楽情報は民謡や浪曲や盆踊り施餓鬼など、更に過去からの蓄積も有している。大正11年生まれの私の母は２０１６年春に93歳で死んだが、80歳頃から急に女学校の同窓会が増えたと言っていた。同窓会写真の説明を見直すと、歌っている歌の殆どが「文部省唱歌」なのには驚いた。

誰でもすぐ入手できる岩波文庫の『日本唱歌集』によると明治維新以降の急激な社会変化を背景に、明治5年の学制導入に伴って「唱歌」科目が導入された。どんな歌をどのように歌うかはいつでも各自の勝手だが、学校教育で伴奏に合わせ徳性の涵養と情操の陶冶を目的に一斉に歌う科目が唱歌だ。昭和16年に音楽科と改名する唱歌は、欧米に伍す国民教育の柱の一つだった。

時代の要請に応えた唱歌は、時代の変化に伴い変容する。太平洋戦争後に政府は軍国主義・超国家主義・神道に関係する唱歌を廃止し、従来の文部省唱歌・わらべうた・民間作品の童謡・新作のうちで特にすぐれたものを精選・編集した新音楽教科書を昭和22年に発行した。２年後に国定教科書が廃され民間の検定済教科書になっても、音楽教材の内容は近似していた。

政治体制が変わるも民衆の心情が激変する訳ではない。昭和20年代末の宇和島市立明倫小学校には二宮金次郎の銅像がまだあり、音楽の授業で習った記憶はないが〈手本は二宮金次郎〉の歌を今も空で歌える。また母は明治天皇夫人の昭憲皇太后作詞の〈金剛石もみがかずば　玉の光はそわざらん　人も学びて後にこそ　まことの徳は　あらわるれ〉と鼻歌交じりに歌いながら、なぜこんな歌がダメになったのかねと小声で言っていた。

戦後の民間教科書に残った唱歌の大半はＧＨＱの恐れた軍国主義的道徳歌ではなく、風光明媚な日本の自然変化や仕事風景や子供の遊びや童謡や誰もが知る歴史や定評のある外国歌だった。これらの感性で感受し共鳴する歌を生徒たちが仲良く一緒に歌った記憶が、高齢期の特に女性に圧倒的に支持されているのだ。ここには政治体制や国際関係の変化に対し、人々の言語や食物や自然や生活の動きが遅い事との落差があるに違いない。

巷ではよく演歌と唱歌の違いが話題となる。演歌は気楽に口ずさむ、自分への激励や失恋への慰めや、人生への応援歌のようなものだ。これに対し唱歌は皆で学校などで声を合わせて歌う。家族や仲間や近隣社会や自然への愛着や生活肯定がベースである。生活肯定が政治の基軸だから、国家はその教育に血道をあげるのだ。戦後になり漸く唱歌の作詞者・作曲者を明記した程度の感覚の文部省は、逆に国家教育があって国民があると長く考えていたようだ。

唱歌は周りの皆が覚えやすく復唱しやすいように歌う。演歌はレコードやラジオから国民に普及したため、最初は音楽学校出身の藤山一郎などは背広ネクタイで威儀を正して歌い、どこで知ったのか私の親父も東海林太郎は直立不動で手を前で組んで歌うなどと言ってマネしていた。音楽学校を出れば音楽教師になるのが順当な進路で、派手な衣装で人前で歌い金儲けするなどとんでもないとの風潮下で、淡谷のり子や二葉あき子らは随分と苦労したようだ。

その点では小中学校の唱歌には、笠置シヅ子・美空ひばりや田畑義夫・鶴田浩二のような庶民受けする世俗臭や猥雑さがない。戦前的な戦争肯定唱歌を外しても、次に選ばれ残った唱歌は学校で生徒が歌う歌だから日本の四季や自然や生活や遊びに関わるものが多かった。これはフォークロアから選ばれた西欧の愛唱歌と同様の結果である。

ざっと『日本唱歌集』を眺めると明治初年も80年近く経た終戦直前も、歌の内容の幅に大きな違いがないことが分かる。「紀元節」や「天長節」や国威発揚の軍歌類を外しても、明治前期に「蛍の光」「蝶々」「霞か雲か」「港」「仰げば尊し」等があり、外国曲に歌詞を日本風に工夫した里見義作詞の「庭の千草」や「埴生の宿」なども出ている。

大正期の新童謡運動を経て昭和に入っても、文部省唱歌は作られた。「コイノボリ」、〈蛍の宿は川ばた柳〜〉「蛍」、〈ただ一面に立ちこめた　牧場の朝の霧の海〜〉「牧場の朝」、また〈ウミハヒロイナ　大キイナ〜〉「ウミ」、〈どんとなった花火だ　きれいだな〜〉「花火」、〈遠い山から吹いてくる〜〉「野菊」など、つい思い出すと口ずさんでしまう唱歌も多い。

『日本唱歌集』をベースに現代思潮社社長だった故石井恭二に教わった淡路書房新社の偉業『にっぽんの歌』や、中央公論社の『日本の詩歌・日本歌唱集』、野ばら社『愛唱名歌』などを合わせ見ると、日本の唱歌の裾野はかなり広く深いと分かる。日本社会で形成されるナショナリティは、風光明媚な環境と、独特の四季に応じた子供たちの見聞・遊び・観察で基礎付けられているようだ。これが戦後に精選しても似た唱歌が残った根拠だろう。

別に言えば歌の世界にも、日本近代化の長所も矛盾も限界も詰まっている。欧米に学び追い越さんとの日本近代化の試みは文部省国定教科書の決定的制約は負いつつ、一応のバランスは取れて残ったと言えよう。何事でもそうだが、自分らも支えてきた歴史的現状は頭で拒否し全否定しても動かず嚥下し消化してようやく克服し得るのである。

母は娘時代まで戦争に翻弄され、遺品の雛祭りの女雛の頭はなんと粘土製らしく顔は崩れかけていた。士族の末裔だと自負しても、両親は教員で四人の姉妹を二人の祖母が育てる家庭だった。立派なお雛様が欲しいと言う余裕はなく、不十分でも自分が使った品には愛着が生じる。似たような家庭環境の友人と同時代を過ごした女学校同窓会は仲間意識が強く、唱歌集まで作っていた。

同世代の男子は殆どが軍国青年から戦後は民主青年になり、議員や商工会役員にもなったようだ。彼らは酔うと必ず、私らが昭和40年代に新宿の軍国酒場で聞いたような軍歌を懐かしそうに歌ったそうだ。だが戦後困窮期を食うや食わずで子育てした私の母は、庭を畑にし鶏もブタも飼っていた。日本には数多くの軍歌が出来たが私の親戚を見ても軍歌を唱和する女性達を見たことはない。

女学校同窓会の戦後の愛唱歌が、軍歌を外した日本の自然や四季や子供の遊び歌に偏って行くのはなぜか？　それらの歌は経験による見聞より美化されているが、経験の確認は自己肯定の基盤である。似たような家庭環境で同時代を過ごした交友と一緒に歌った共同作業への愛着は、自分の生きてきた類似経験への愛着だと考えると唱歌ブームも納得が行く。私が小学生の頃に鼻歌で唱歌を歌うと、すべての歌を母親が一緒に歌えるのに驚き、尊敬もした。

さて目を見開いて唱歌群を幅広く見渡すと、歌詞のすべてを正確には覚えていないが歌い出しは覚えている歌が多いことに気付く。「蛍の光」「蝶々」「あおげば尊し」などはそのままで歌詞の意味が伝わる。だが〈かすみか雲か　はたゆきか～〉「霞か雲か」や、宮内庁雅楽課で選ばれた国歌の「君が代」〈君が代は　千代に八千代に　さざれ石の　いわおとなりて　こけのむすまで〉の歌詞をそのまま丸覚えしても、小学生に意味が分かるとは思われない。

その意味では〈通りゃんせ　通りゃんせ　ここはどこの細道じゃ～〉や〈ホーホー　蛍こい　あっちの水は苦いぞ　こっちの水は甘いぞ～〉や、〈山寺の和尚さんは　毬はけりたし毬はなし　猫を

紙袋《かんぶくろ》へ押し込んで　ポンとけりゃ　ニャンと泣く～〉、〈かごめかごめ　かごのなかの鳥は　いついつ出やる～〉などの遊び歌の類の方が画面を見るように筋が通る。

言文一致唱歌を提唱した石原和三郎の「キンタロウ」「うらしまたろう」「はなさかじじい」「うさぎとかめ」「牛若丸」「大こくさま」などは昔話以上に定着している。また歌詞は文語調でも落合直文作詩の「青葉茂れる桜井の」や「箱根八里」や土井晩翠の歌詞に滝廉太郎が応募して作曲したとの「荒城の月」などは、対象年齢が中学程度以上だったためか、そのまま愛唱されている。

別に歌詞の難しさが流行を左右した訳ではない。宇和島出身の大和田建樹の明治33年初作の〈汽笛一声新橋を　はや我が汽車は離れたり～〉「鉄道唱歌」は鉄道敷設とともに全国に広がり、最終的に全7集計３９９番に及んだ。

また宮内庁御歌所の職員だった武島羽衣作詞集から歌詞を採った「美しき天然」は明治38年に発表された。だがその大流行の秘密は少年臀肉切り取り事件や義兄殺人の犯人とされた野口男三郎が、冤罪を訴えた替え歌〈ああ世は夢か幻か～〉「夜半の追憶」だった。ワルツ風の軽快なメロディは私も高校ブラスバンドで練習したが、この猟奇殺人事件の背景は後から知った。

猟奇的事件との関わりで「美しき天然」は唱歌指定を外され、〈春のうららの隅田川～〉の作詞歴のある武島羽衣は臍を曲げたそうだ。また弁護をした花井卓蔵弁護士の活躍で強引な警察・検察の手法が天下に暴かれ、男三郎は獄中で知った大杉栄に不満を伝え、結核の正岡子規は自分は男三郎の次に不幸だと記した。男三郎が盲信した義兄のライ病に人肉スープが効くとの噂も俗説だった。

そしてその後起こった中学ボート転覆事故の追悼の替え歌〈真白き富士の峯　緑の江の島〜〉の流行がすぐ続くのだ。

唱歌流行の源を報道や噂から外すと、基本は環境の見聞と経験に戻る。小学時代に父母の実家の並松へ通う街道筋に鍛冶屋があり、〈しばしも休まず　槌うつ響　飛び散る火花よ　はしる湯玉〉の「村の鍛冶屋」の現実を見た。今の若者は各家の菩提寺は葬儀で地域の鎮守様はお祭りで知っているだろうが、さして愛着があるとは思えない。唱歌がなじむ世代は高度成長期前だろうが、それゆえ愛着も深いのだ。

素直に唱歌集の流れを追うと、頭の固い文部省も次第に佐々木信綱の名歌〈うの花の匂う垣根に時鳥《ほととぎす》はやもきなきて〜〉「夏は来ぬ」の文語調より、大ヒットし国民歌謡に近い大和田建樹「鉄道唱歌」の口語調の方が子供も歌いやすいことに気付いたようだ。だが大和田にはその前に外国曲「故郷の空」に〈夕空はれて　あきかぜふき〜〉の歌詞を付け、歴史物でも〈一の谷のいくさ敗れ討たれし平家の　公達あわれ〜〉「青葉の笛」を書いた工夫の蓄積があったのだ。

軍歌の中からも仲間意識が軸の「戦友」が出て、哀愁漂う「鎌倉」も出る。その頃にエリートが集う学生寮では「嗚呼玉杯に花うけて」や「紅萌ゆる丘の花」の放歌高吟だからインテリ度はかなり低い。

頑張ったのは熊本出身で苦学して東京音楽学校を出た犬童球渓だ。軍国主義万能の世相下で招かれた新任中学で授業妨害に悩み退職、転任した新潟女学校で音楽にようやく集中し、オードウェイ作曲「旅愁」とヘイス作曲「故郷の廃家」を作詞し、両方とも中等唱歌に採用された。

彼は信蔵の名だが、故郷の球磨川の渓谷から球渓のペンネームを付けるほど愛郷心が強かった。「旅愁」は〈更け行く秋の夜、旅の空の、わびしき思いに、ひとりなやむ　恋しやふるさと　なつかし父母〉への望郷歌だ。これに対し「故郷の廃家」は〈幾年ふるさと　来てみれば　咲く花鳴く鳥そよぐ風～〉自然は変わらぬのに〈荒れたる我が家に、住む人絶えてなく〉の故郷喪失歌だ。

球渓の作詞は意訳であり、前者は中学での経験からの望郷の念、後者は時代閉塞下での心象風景の表明だと考えられる。

大正期に入って国家統制に批判的な鈴木三重吉や北原白秋らの「赤い鳥」などの新童謡運動が隆盛となった。〈春は名のみの風の寒さや～〉「早春賦」、〈さ霧消ゆる湊江《みなとえ》の　船に白し朝の霜〉「冬景色」、また〈あした浜辺をさまよえば　昔のことぞしのばるる～〉「浜辺の歌」などが輩出する。ドイツ民謡に歌詞を付けた「故郷を離るる歌」も名歌だが、風景描写と感情移入のレベルだ。

だが犬童の「故郷の廃家」は戻り先のない哀惜の吐露で、父母が死に子らはすべて都会に住む私の故郷の家も似た宿命だ。犬童は昭和18年10月に故郷の人吉市で自殺するが、それを知ってか知らずか太平洋戦争の末期に昭和20年４月硫黄島決戦の少年兵士達がこの歌を唱和したあと玉砕したそうだ。彼我の心奥はいかばかりかを問う訴求力を含め、私はこれが唱歌ＮＯ１だと言わざるを得ない。

# 25 替え歌の盛衰と共同的精神の解放度の考察

　情報産業の雄である文字媒体や音楽や広告の関係者は、現在の勝手気まな情報流通と産業的展望の危うさを随分と悩んでいる筈だと同情申し上げる。私も半世紀近く斜な構えながら何十冊も本を出し言語表現の周辺で棲息してきたのだから他人事ではないが、問題噴出の際には延び切ったゴムの拡張を算段するより自らの出自の原点の根を広げる考察の方がずっと生産的であろう。

　芸術活動の情報化は文学が印刷術でまず歩を進め、音楽、遅れて美術が続いた。音楽は迫真の録音や再生技術が進み過ぎて、著作権確認もままならぬ有様だ。だが人間の言語表現と並行する芸術活動は、祝詞をみるまでもなく共同的伝承や相互関係の確認の産物だ。西洋音楽史は作曲家や楽器の誕生や演奏発表会などの個人活動を重視するが、人類史的には僅かの時間に過ぎない。

　ギリシアの民主主義の代表選出の基礎単位は大声で人声が届く範囲らしいが、発声伝達は冠婚葬祭や戦争の共同的紐帯の確認手段でもあった。民謡が典型的だが、似たようなメロディに伝聞類推で近似的歌詞が加味されて当然だったのだ。かつて私の郷里の宇和島で藩主が家老を惨殺したら様々な祟りが降りかかり、藩主家が初代家老を神に祀る和霊信仰を調べ１９８８年に創風社出版から『兎の耳―もう一つの伊達騒動―』を出した。その際にその物語＝御霊信仰が、四国全域から関西圏に及ぶ伝播範囲で、多種多様な伝承が歌や舞台や人形劇やを交えて変化しつつ残存している様に驚いたものだ。

大衆娯楽が隆盛した江戸時代を顧みると、忠臣蔵をはじめ時代を画すに足る大事件は様々な脚色を経て歌舞伎から劇場での出し物、読本、浮世絵、歌舞音曲、落語やあほだら経や浪曲まで拡充して行くさまがよく分かる。井原西鶴や近松門左衛門の様々なヒット作品にも殆ど元ネタがあり、時代趨勢を押さえつつ面白い本を作る替え歌的手法が光ったのだ。

音楽的作品の源流は共同的紐帯の確認手段だったと考えると、近代的な個人的才能の発現だとの評価は明治以降の産物だと分かる。民謡でも細分評価が進むとどれが「正調」なのかの議論が起きるが、様々な「正調」がいくつもあるとの評価も出来るのだ。最近のカラオケは判定機能が精密になり、自分で歌って得た点数に一喜一憂する人が増えた。だが歌は共同的紐帯の確認だとの原点に立つと、こんなオバカな機械任せの個人的哀歓には何の意味もない。

替え歌には近隣の口承伝承の歪みの類を越えた、インターナショナルな変形もある。実社会に出る以前の学生は政治的・社会的矛盾にも敏感でかつ純粋で、昔から左翼的風潮の温床であった。だが〈学生の歌声に　若き友よ　手をのべよ〉「国際学連歌」は対象が限られ、〈暴虐の雲　光をおおい〉「ワルシャワ労働歌」は労働者の歌にしてはエリアが狭い感が強いが、〈聞け万国の労働者〜〉で始まる「メーデー歌」は知らぬ者がないほど最も裾野広く歌われて来た。

私も昔は様々なデモで左翼的な歌を聴いたり歌ったりしたが、労働者部隊の多い大規模な集会の主役の歌は「メーデー歌」だった。これは「国際学連歌」「ワルシャワ労働歌」と同様に海外で作られた革命歌の翻訳歌だと信じ込んでいたが、海外で友人付き合いとなった外国人と一緒にあれこれ歌っても、日本で一番に有名な左翼歌の「メーデー歌」を知っている者は一人もいなかった。

実はこのメーデー歌は、明治末に出来た日本の歌でしかも元々は右翼が愛唱した「小楠公の歌」の替え歌だったので驚いてしまった。落合直文作詞〈青葉しげれる桜井の　里のわたりの夕まぐれ〜〉は誰もが知る南朝方の忠臣の楠正成を称賛する「大楠公」の歌だ。正成が湊川で戦死後、桜井で別れた長男の正行は父の意を継ぎ足利勢と戦い四条畷で自害した後に「小楠公」と呼ばれた。

明治後期の南朝再評価の機運のなかで、陸軍軍楽隊指揮者だった永井建子は子の正行を主役に1899（明治32）年に「小楠公の歌」を作詞作曲する。その曲が第一高校で流行り、翌1900年には塩田環作詞の替え歌「アムール川の流血や」〈アムール川の流血や　凍りて恨み結びけん〜〉となり、初の寮歌として1902年の「ああ玉杯に花うけて」と並び称された。

「小楠公」の曲はさらに1911年に加藤明勝作詞の「歩兵の本領」〈万朶の桜か襟の色〜〉として軍歌の大ヒット作となった。その同じ曲が1922（大正11）年には、真逆の立場の大場勇作詞「メーデー歌」〈聞け万国の労働者　とどろきわたるメーデーの〜〉と変わったのだ！　この歌は第三回メーデーの公募作品で、「アムール川の流血や」を作ったと自称する栗林宇一作曲として応募された。「小楠公」の永井建子の原歌詞は未見だが、永井の日清戦争従軍体験に基づく「雪の進軍」は焼かぬ魚と半煮え飯の惨状を記している。歌の原型が共同的紐帯の確認だとすれば、この曲は右翼・左翼の区分なく第一線の軍人や労働者の現場の共同的琴線に触れ得たと解するのが生産的だろう。

永井の「雪の進軍」の歌詞は「どうせ生かして還さぬつもり」で終わるが、これは軍批判につながると軍幹部は姑息にも「どうせ生きては還らぬつもり」と変えさせた。それでも山下泰文元師は病床でも元歌の方を愛唱したそうだ。

次に後世の替え歌の方が時代にマッチし、圧倒的に波及力を持った例を挙げておこう。ペギー葉山の1964年のヒット曲の「学生時代」は〈蔦のからまるチャペルで祈りを捧げた日　夢多かりしあの頃の思い出をたどれば　なつかしい友の顔が一人ひとり浮かぶ　重いカバンを抱えて通ったあの道　秋の日の図書館のノートとインクの匂い　枯れ葉の散る窓辺　学生時代〉だ。1931年生まれで高校の頃からジャズ音楽家の平岡精二が青山学院の後輩のペギー葉山に送った歌だが、上品すぎる歌詞がピンボケだと、当時の現役学生にはブーイングされたものだ。

これが1966年の第二次原潜闘争から三派全学連再建の流れのなかで、替え歌「学連時代」として大復活する。二番は〈インターを歌いながら　革命を夢見た　何の授業にも出ずに　単位も取

らずに　胸の中に秘めていた　暴動へのあこがれは　いつもはかなく破れて　一人帰る家路　本棚に目をやれば　あの頃読んだマルクス　素晴らしいあの頃　学連時代〉だ。語調は極端だが、日韓条約締結・対米協力に疑問を持つ不満派の学生の心情はこちらに近い。

だが今もカラオケでこの曲を持ち歌とする友人M君は、何と69年に中大入学なのだ。学生運動の活動拠点は各大学の学生寮であり、そこからデモにもバイトにも通い議論が日々続いた。夜の安酒でつまみなしの高歌放吟宴会で、彼はこの昔の歌を耳から覚えたのだろう。

替え歌の三番は〈サーチライトにかがやく　装甲車をのりこえ　スクラムを組んで闘った学友そのやつれた横顔を　兄のようにしたい　いつまでも日和らずにと　祈った女子学生〉で、装甲車を乗り越えなくても漂う信義貫徹と哀愁の心情は後の全共闘世代の胸にもじんわり浸透したのだ。自己を裏切らず恥じる事のない生き方をしているのかの自省も、たまには必要だろう。

ペギー葉山の最大のヒット曲は59年の「南国土佐を後にして」で、これをもって後に高知の名誉県民に選ばれ、舞台のはりまや橋公園には歌碑もできた。だがペギーは、この歌は陸軍歩兵の高知県出身者のお国自慢歌の替え歌だったことを知るまい。

替え歌には学生の知恵が満載なのだが、1960年代のコミュニケーションツールの替え歌を口コミで集めたのが、野次馬旅団編の三一新書1970年刊『戯歌番外地　替歌にみる学生運動』である。『戯歌番外地』はヤクザ映画ブームを背景に、1960年代を主軸に五部編成に番外を加え全１０６曲の替え歌を収載する労作である。協力者の名を見ると三分の一くらいは私の知人だから、三派～全共闘系の歌が主力なのだ。

献辞に「60年代の学生運動を担ったすべての同志諸君に捧げる」とあるように、親や地元の期待を受けて一応は大学に入るが、学生運動に巻き込まれ、諸派乱立のなか見通しもなく翻弄される心情反映が主軸だ。１９８０年ころまでは世間の言論表現の主力は左翼だったから、学生経験がなくとも労組体験などを通して替え歌の背景や雰囲気は充分に分かるはずだ。

だが肥大化する替え歌一般を尺度にすれば、60年代の学生運動替え歌には極端な特殊性がある。東西冷戦期が長く続き、資本主義の覇者の米帝に反発する日本の学生運動家はうまく将来展望を描けなかったのだ。親の期待に沿うのは気恥ずかしくて友人にも言えず、会社に入って労組運動も生ぬるく、政党幹部になると辞められなくなるし、反スタ党強大化も現実性が薄く、徹底抗戦を掲げても暴力闘争で世の中が変わる訳がないと知っている。そこで割の合わぬ学生運動を続けつつ、ボヤキの替え歌が流行したのだ。

党派の展示場と化した早稲田界隈では「オウマのおやこ」に合わせ、黒寛・岩田・塩見・モモンガ・野口・大塚・丸山・吉本・三島・宮本デブケンら先輩インテリ代表を「ハレンチおやじ」と揶揄して歌った。時代閉塞の状況下で党派やインテリに活路を求めてもダメだとの自戒である。

だが同時期に学生会館自主管理・学費値上げ阻止まで常勝の中大では、先に挙げた「メーデー歌」を皮肉り、安保全学連の唐牛健太郎風に〈何でもかんでもぶちこわせ　徹底的に破壊せよ　貴婦人

令嬢強姦し　昼の都会を闇とせよ〉と歌った。犯罪の勧めではなく、心情の解放の主体と回路の自己確認が必要だったのだ。

替え歌は星の数ほどあるが、流通範囲は狭い。出た出た月が↓タデタデガキツ〜は幼児的語順逆倒で、コガネムシは金持ちだ↓コガネムシはムシだ〜は童謡的想像力への正論対置だ。赤胴鈴之助の〈剣をとっては日本一に〉を日本ビリになど歌ったが、所詮はおチャラケだ。大学に入ると60年安保後の高度成長期のためか、様々な飲み会は替え歌だらけだった。

守屋浩は私の高校時代に「大学数え歌」で紅白歌合戦に出たが、歌詞は〈一つとせ人は見かけによらぬもの　軟派するやつぁ?大生　そいつぁ　ゴーキだね〜〉が延々と続く。早大生は座布団ぼうし・神田で叩き売りの中大・肥桶かつぎの農大など推測できるものもあるが、思い返すとどこの大学学生歌でも主役はモテて困る？　自分の学校だ。親父の頃からそのスタイルだったらしい。

この類はチンタラチンタラ学校さぼって〜、ここはお江戸か××の街か〜、など数多いが、他大学で歌っている似た替え歌を聴くと興醒めして歌わなくなるものだ。

大学数え歌の類は共同的紐帯確認ではあるが、民謡と同じく自己鼓舞型の手前みそだ。受験勉強からの解放ゆえか〈一つ出たホイの　ヨサホイノホイ　一人娘とする時にゃ〜〉と春歌を放吟しても、彼女が出来てまで歌うバカはいまい。まだ替え歌調の植木等のスーダラ節の、ハイソレマデヨの方が説得力があると言うものだ。

クレージーキャッツ「五万節」は〈学校出てから10余年　今じゃ会社の大社長〜〉で、終わりには〈サバ読むな！〉と自省する。だが進路に悩む先輩は〈よせばよかったあの時に　もしも左翼でなかったら　今ごろ弁護士・裁判官　可愛いリーベもいただろうに〜〉と歌った。前者の大学生活の延長でのホラ吹きと、後者の人生を賭けての選択と行動の結果の自嘲では重みが違ってひびいた。

学生連中の替え歌作成は自治寮が残る70年代までは続くが、小共同体的紐帯を確認する流れを私のかつての仲間内の作品から紹介する。元歌は1973年の喜多条忠の名作「神田川」〈貴方はもう忘れたかしら　赤い手拭いマフラーにして　二人で行った横町の風呂屋〜〉で南こうせつとかぐや姫が歌う時代風俗を伝える名作だ。

私の周辺で流行った「神田川」の替え歌は早大で川口君を虐殺した巨大勢力との事件後の学生運動の最終決戦と呼ばれた1973年の攻防戦の折に、中大代々木寮のUと農工大のT君が作ったそうだ。替え歌歌詞は〈貴方はもう忘れたかしら　24人の突撃隊を　貴方の書いた早稲田の方針　うまく書いてねといったのに　いつもちっとも煮詰まらないの　窓の下には猪俣はん（担当の公安警官）が　六畳一間の全国動員　貴方は私の指先見つめ　できるかいって聞いたのよ　若かったあの頃何も怖くなかった　ただブントのやさしさが怖かった〉。自嘲や誇張もあるが、新左翼運動の最終期の緊張と意欲は十分に伝わる。この歌を歌った連中は40年余を経てもまだ歌っているから、この歌を70年代替え歌の傑作と考えてよい。

## 26 何故か極私的にインパクトの残る歌

あれこれと私の記憶に残る流行歌の数々を、私が生きてきた戦後社会の深層変化と関連させて検討してきた。それらの歌の多くは今の中年世代なら、どこかで聴いて耳に残っていると考える。だが同世代を生きても人の記憶は様々で一律ではなく、そんな歌は聴いたことはないと言う人も、自分が熱唱するこんな歌が入っていないと言う向きもあろう。

ＮＨＫラジオの「ラジオ深夜便」を挙げるまでもなく、自分の記憶に明確に残ってはいないが聴いてみれば思い出す歌も多い。その意味ではレコード会社売り出しの歌謡曲枠を超えた視野での流行歌史は、家庭環境や家族や親族の音楽受容度や友人関係の多様さや地方的偏差などにより、刊行リスト集は出来ても万人が満足する事典類などは対象が多すぎて作りようがない。

そこで今回は筆者には私的なこだわりと愛着があるが、一般にはすべてが共鳴された訳ではない歌の例を何曲か挙げておこう。例えば先に12でも触れた、１９４８年に霧島昇が歌った「夢去りぬ」という洋風リズムの青春回想歌がある。この歌は作曲も作詞も大阪出身の服部良一だといわれながら、様々な作者名と曲名で戦前から計五回もレコード化されている。

米軍占領で始まった戦後日本ではアメリカが文化先進国と思われているが事実ではない。1960年のヌーベルバーグのフランス映画「勝手にしやがれ」を見てもアメリカは戦後も単なる金満国扱いで、プレスリーが出るまで世界の音楽先進地はヨーロッパだった。そのヨーロッパが脱帽したのが南米で、1930年代にアルゼンチンタンゴから分離してドイツが主力のコンチネンタルタンゴが登場した。

戦後日本の1950年代は日本映画隆盛期だが、移入されたヨーロッパ映画・音楽の黄金時代でもあった。私も高校時代に友人KやIの姉さん達が集めたシャンソンやタンゴのレコードをよく聴いた。服部良一の「夢去りぬ」をいつ聴いたかは定かではないが、コンチネンタルタンゴの名曲「小雨降る径」と間奏も冒頭部もメロディラインがよく似ているなと感じたことははっきり覚えている。

気になる人は1935年「小雨降る径」の〈小雨けむる　夜の街に　ともしび消え　われ一人〉と、1939年の服部良一「夢去りぬ」〈夢いまださめやらぬ　春の一夜〉をYou tubeで比較して欲しい。1940年服部曲の「小雨の丘」の曲名を引くまでもなく、「小雨降る径」の服部の曲想への影響は明らかで、これらは日本人好みの和製洋楽の源流と連なっていると考える。

仁木紘三のブログ「うた物語」によると、この「夢去りぬ」は戦前・戦後を通して五回もレコード化されているそうだ。歌手の霧島昇の歌は作曲服部良一・作詞村雨まさをだが、村雨は服部の作詞家名だ。最初の1939年版は洋盤「Loves Gone」で邦題は「夢去りぬ」。作詞・作曲は

ReoHatter で服部の変名。コロンビアレコード会社の社長秘書の日独ハーフが歌ったようだ。

その後すぐ歌なし演奏盤が出た。また藤浦洸作詞で「鈴蘭物語」と改題し淡谷のり子が歌う。更に南雅子が作詞した形の「夢去りぬ」を日独混血のスリーシスターズ三姉妹が歌った。戦後の霧島の歌の1948年レコード化の際は、戦前の Hatter 曲の盗作だとの非難もファンから出たそうだ。だが淡谷が歌う修道院が舞台の歌詞幅を考えると、服部が五回もレコード化したのは自作メロディへの自信であり、世界レベルでの大ヒット曲「小雨降る径」への対抗意識が基本だろう。

戦前・終戦直後のレコード中心の洋楽ファン数は限られていたはずだ。だが脈々と支持者は残り、大ヒットはせぬが「夢去りぬ」は60年安保前の歌声喫茶の定番となったとの説もある。亀戸のカラオケバーのマスターが歌って YouTube に投稿し、四国の片田舎出身の私もファンだったのだ。


ちゃんときっかけがあり、こだわりもあるのに影の薄くなる歌もある。諸般の事情で1960年代末頃に西武新宿駅前にあった居酒屋「伊都」の息子の岩本明雄君と親しくなり、上原や石井など仲間の何人かは店で長くバイト仕事もした。そんな縁で伊都関係者一同で塩原温泉に旅行に行く折があった。薄っすらした記憶では露天風呂めぐりのあとの宴会で各自が好きな歌を歌い合った。

ママさんがまず歌ったのは「悲しき子守唄」だ。戦前の大ヒット恋愛映画「愛染かつら」では「旅の夜風」が主題歌だが、子持ちの未亡人看護婦が「悲しい子守唄」も歌う。西条八十歌詞は〈可愛いおまえがあればこそ　つらい浮世もなんのその　世間の口もなんのその　母は楽しく生きるのよ

〜〉だ。楽しく生きる〜の背景には三番の〈つらい運命の親子でも　吾子は吾子　母は母〉の自負心が強いことも窺われた。

　かつて呑み仲間の大先輩に、終戦直後からボタンヌやマエダや小茶と張り合ってきた伊都というよい呑み屋があると聞いていた。世に新宿4大美女の店と呼ばれたとの説には小茶が入るのか？など異論があるが、岩田専太郎の絵のモデルだったこともあるという伊都のママさんは正統派の美女だった。「悲しい子守唄」は彼女の裏面のエピソードだろう。

　次に伊都のママさんが歌ったのが「東京ティティナ」だった。メロディには聞き覚えがあるものの、私は〈東京ティティナ〜〉の歌詞も歌った生田恵子の名も知らなかった。後にチャップリンの映画「モダンタイムス」を見直し、作中の最後で彼が歌う「ティティナ」が「東京ティティナ」の原曲だと気が付いた。パントマイムを演じつつ歌うチャップリンの「ティティナ」は映画が世界に発した最初の肉声だと言われている。

　第一次大戦後にフランスで流行した呑み屋メロディのティティナを面白いと導入したのだが、チャップリンにはコメディアンの道義があって、彼が歌う「ティティナ」は即興の思い付きつきオチャラケの歌詞だった。

　だが戦後の「東京ティティナ」の井田誠一の歌詞はその精神を受け継ぐ？独自歌詞であり、〈東京ティティナ　夢見る瞳　誰を待つのか　優しき瞳〉と、リズム名のティティナは何と！　恋愛対象である女性の名前となっているのだ。

生田恵子は宝塚出身の才人で戦後に歌手デビューするが、時代の激動に翻弄された感がある。戦後最初にブラジルに渡り現地音楽のバイヨンを取り入れバイヨンの女王と呼ばれたが、その「東京バイヨン」より、「東京ティティナ」の方が波及力があった。歌手引退後の自分のお店を「東京ティティナ」と名付けたようだが、ネットではなぜか全歌詞はヒットせず出てこない。

ところが和光高校出身のチャランポランタンという神奈川の姉妹が、東日本大震災後に「東京ティティナ」を好き勝手な歌詞で歌っているのだ。〈東京ティティナ　いとしきティティナ　風に震える　赤いリボン〉〈街から街へ　唄って歩く　恋の歌姫　ティティナ　アイラブユー〉だが、アコーディオン伴奏が秀逸で哀愁深い。井田訳の踏襲もよいが、どうせなら更に脱線して地元の「横浜ティティナ」とでも称すればもっとよかったのにと思う。

誰が作ろうとよい歌はよいし、作者は普及を望んでいる。逆に歌を主体に考えると、どんなに環境が不遇でもよい歌は必ず普及するのだ。もう少し身近な例を挙げよう。1961年に小林旭は「黒い傷あとのブルース」を同名映画の主題歌として歌い、大ヒットした。この曲は米国の素人同然のシャバテルの作曲と分かり、彼は後に巨額の作曲家印税を得た。

だが耳に残るこの深いメロディは日本で大ヒットしたが、米国では不発だった。それを知ってか1971年にトランペッター早川博二曲でザ・キングトーンが歌うそっくり曲「暗い港のブルース」を出して中ヒットした。63年にすでに同曲の音無し盤を出していた早川も、音楽情報に敏い71年盤作詞のなかにし礼も、61年の「黒い傷あとのブルース」を知らぬ訳はないと思える。

しかし更に裏話があり私へは次弟のNから「黒い傷あとのブルース」の米国人作曲の原曲は64年のスウェーデン映画「太陽のかけら」の主題歌ではないかと問い合わせがあった、聞き比べると先の二作ほど近似してはいないが、確かに類似している。更に言えば、63年のイタリア映画「女王蜂」主題歌ともセンスが近い。この流れを押さえると後のシャバテルが自分の著作権に無頓着だった理由は推測できるし、歌の波及の必然性も理解できる。

人間は思考力を持ち、文化的自立性も言語を介した近隣外交力も有する。人間より嗅覚や聴力にすぐれた動物はいるが、分布は偏在し世界的に一般化する相互理解はない。自己表現や共同性の確認の手段である流行歌は、民謡や仕事歌のように波及力を持つのが本来の姿だ。歌の制作が収益の対象となり産業化したのは近年のことだと思いを致したい。

歌の発声は共鳴や共感の伝達が源泉であり、歌の完璧な上手さなどはモデル確認に過ぎない。歌の特権性の打破は、素人の自主バンドの増殖や着メロ制作やYouTube投稿などで進行中だ。音楽産業を否定する訳ではないが、年長者が新曲をやたら買い込んだり、形式評価のカラオケ点数に一喜一憂する愚は誰もが知っている。

ではどう考えたら筋が通るだろうか？　先項で優れた楽曲は時空を越えて普及する例を挙げた。ならば耳になじみやすく誰もが歌いやすいメロディは、あちこちに伝承し様々な歌詞が付けられるのではないか？

元々が日本歌謡曲の源流の民謡はそのように徐々に形成され、盆踊り歌や施餓鬼歌も耳で聴き覚えた口伝で広がっていったのではないか？

歌の生成盛衰には必ず社会的背景が伺えるが、今では消えたも同然の歌の例を考えよう。1950年代末に人気歌手の守屋浩が「練鑑ブルース」を歌うが、後に発売禁止になった故か、守屋浩の持ち歌の歌詞一覧には出て来ない。調べて見ると守屋浩が歌ったのは映画「檻のなかの野郎たち」の主題歌で、〈空が四角に見えるのさ　夢も四角に見えるのさ～〉の歌詞だった。この記憶が残るのには私の小学同級生Kが、内部抗争から中学校内で双子の一人を校内で刺殺し、鑑別所に入っていた件が大きい。私も余情があったのか、教科書の余白に歌詞を書写している。

1970年頃に藤圭子が「ネリカンブルース」を出し〈身から出ましたサビゆえに～〉と歌うが、二番は私が記憶する〈いやなポリ公にパクラレて～〉ではない。自主制作盤もあるようだが三番も

〈青いバスに乗せられて～〉ではない。全国に替え歌があるらしく、元歌は戦前の兵隊歌「可愛いスーチャン」〈人が嫌がる軍隊に　志願で入るバカもいる　可愛いスーチャンと泣き別れ〉のようだ。

こんな事情は数多く、1983年の〈ちっちゃな頃から悪ガキで　15で不良と呼ばれたよ～〉のチェッカーズ「ギザギザハートの子守唄」は、全共闘ジュニア世代の校内暴力と連動しているはずだ。私の息子の中学で80年代中頃に番長が修学旅行中にタバコを喫った件があった。学校の父母会で番長の親が「寿司屋を継ぐ息子の内申点は下げてよいから、生涯で一度だけの修学旅行は、最後

まで参加させて欲しい」と万座に頭を下げ、即刻帰宅の学校方針より支持が多かった記憶がある。

部分的スポットからでも、よい歌が流行する例もある。１９７０年に美空ひばりはブラジル公演を行い好き勝手に歌っている。その幻の公演版が２００９年に公開され注目された。そこで、１９６３年から泣かず飛ばずだった「関東春雨傘」が人気を集めた。米山正雄作詞作曲で〈関東一円雨降る時は　差して行こうよ蛇の目傘～〉と小粋である。中途の〈どうせこっちはぶんながし〉が異様だが、ラストは〈女伊達！〉とまとめて締めている。今はYouTubeですぐ観ることが出来るので、ひばりと同時代を生きた至福を味わって欲しい。

# 27 思い出すままに〜四国宇和島人の歌との接触私史

　私がこの「流行歌の精神史」稿を書き始めたのは、昔から関心があるから類書を手に取って見るが、どの本の内容にも不満だったからだ。20歳過ぎに文章を発表し始めた当初から私は、〈他人がまだ書いていない、自分にしか書けぬことを書く〉と公言していた。この流行歌考察の内容の一片も、これまでもあれこれ述べてきたかも知れない。

　では私は流行歌史の類書のどこに不満だったのだろうか？　まず普及範囲を問わねば何万曲もある歌から、特定の曲を取り出して評する根拠・理由の説明がないことだ。評する側からは分析し評価に値する好きな曲を選んでいるのだろうが、評者も時代の中を生きているのだから選曲した評者の選択眼が公的流通性を得るには「好み」の説明が必要だ。

　私は高校の時にブラスバンド部に入り、今も当時の仲間とはまだ帰郷時には会っている。目配り広く関係書を眺めていたつもりだが、多くは全盛期のレコード販売と組んだ出版物である点が不満だった。全音歌謡曲全集は楽譜付きの網羅的年代順編成だが、手に余る。そんな情報本より国際情報社の変形大冊『懐かしのメロディ　日本歌謡史』本に付記された、加太こうじの世相史を踏まえた解説の方が意味深く思えた。

流行歌は歌詞と音曲で成り立っているが、好悪を判別するのは幼児期からの体験だ。自分より年長も年少も含め記憶のなかに浮沈する歌が、懐かしく口ずさむ歌の許容範囲だ。とすると流行歌本が流通する生命は、辞書的な網羅性ではなく歌と自己との関係史ではないのか？　松永伍一の『うたの慰め』を読むと、昭和5年福岡出身の彼の歌への関心の遍歴がよく分かり自分と対比もできる。

人生は目標や進路に規定されるものではなく、様々な条件を玩味し選択し環境をも作り変え一休みしつつ切り拓くものだ。ならばレコード会社や歌手の提灯持ちや宣伝の歌本なんかは私にとっては意味がない。私が選ぶ「流行歌の精神史」は、不整合であっても自己史と併存しているはずだ。こう思い至って、歌を介して自己史の経験の一端を伝えんと、本原稿を書き始めたのだ。以下、少し自己史と歌の関わりの導入部を記しておこう。


私の母方は藩校教師の血筋であるが、戦前の5代継続した教師家系への表彰状が残っただけだ。だが私の祖父が教員継続の悩みを抱えて上京した際に、宇和島出身の穂積陳重に面会したら、「貴方の祖父の石川平一先生には、藩校で人生の出処進退を教わった」と励まされたそうだ。祖父は宇和島地方紙を何種も読む川柳の名手だったが、孤高のプライドは高かった。

母方の祖父は飛び級し28歳で小学校長になったが、雪の新学期の天皇御真影の運搬方法を巡り、県当局と対立し自ら学校を辞めた。その後は教え子への生命保険勧誘をしながら宇和島から高知近海の貝類標本に注力し、生活は教員の祖母が支えた。女学校まで成績は常に一番だった私の母は4人姉妹で一族に戦争参加者がいないと肩身が狭かったのか、実家が近い陸軍造兵廠勤務の父と一緒になった。

父方の祖父は絹商売で財を為したが、いつでも自然の富を満喫し得る趣味人だった。先祖筋は伊達家以前に宇和地域を統括していた西園寺系の古城山出城の家老で、市内の堀部公園に薬師神伝左衛門親頼の先祖墓があることは後に知った。私の父はジストマで休学した後、やりたい仕事が見付からなかったらしい。そこで大阪で仕事先を転々とし街で見かけた陸軍造兵廠職員に応募し、造兵廠から公募で大阪高等工業に入り給与を得つつ学生生活を満喫して卒業し、自分は理科系だと分かったそうだ。

父は終戦で造兵廠を失職し宇和島に戻り、私が幼稚園の頃に親戚の紹介で教員になった。大酒は飲めぬが宴会帰りには余興の延長の気分でか、津村謙の「上海帰りのリル」や、〈赤い花なら曼殊沙華〜〉「長崎物語」や、東海林太郎ばりに起立し中田喜直作曲の「雪の降るまちを」などを歌っていた。

歌の記憶が鮮明になるのは4年で宇和津小学校に移ってからで、母は教科書に出るような唱歌類が好きだった。私は宇和津小学校の合唱団にも入ったが、女性優位の課題曲の気取りが嫌ですぐ止めた。その頃は春日八郎〈粋な黒塀　見越しの松に〜〉「お富さん」など意味も分からず歌っていた。情感を込めて〈飲んでくだ巻く　父さの声を　逃げて飛びだしゃ　吹雪の夜道〜〉と三橋美智也の「母恋吹雪」を歌う級友の井上君もいたが、歌はうまいと感じても生育環境の違いか気分は届かなかった。

小学高学年の頃から愛媛県を吹き荒れた教員勤務評定反対闘争での様々な教員の言動の見聞で、私の社会的批評眼は育ったようだ。県行政の弾圧で組織率93％を誇った教員組合が崩れ、地元で育まれた教員世界の自負を圧殺した朝令暮改と迎合が続いた。私はその過程を子供心に受け止め、演歌風の日本的情緒の正当化が極端に嫌になった。

父母の実家は互いに近く私の家から徒歩圏内で、神社祭礼や正月には従兄弟連中がよく集まった。母の実家では祖父の川柳とか親連中の詩吟や流行歌が主流だったが、父の実家では大根の水分は9割と聞いたり、〈なるようになるさ〜〉のケセラセラを教わったりした。

城南中学には演歌好きもいたが、私の記憶に残る丸山明宏の「メケメケ」とか、浜村美智子の「バナナボート」などは周辺では聞かぬ奇抜なメロディが面白いだけで、歌詞は関心外だった。ラジオの深夜放送がブームとなり父を持ち上げてトランジスター・ラジオを入手し、大阪辺の人気番組で新情報を得た。関心が薄くとも流れ来る聞きなれた落語・浪曲・ニュー・ミュージックなど確認した。

戦前は公務員天国だったらしいが、高度成長の余禄は最後だった。伊達家が旧士族子弟の地元定着のために作った大規模借地近隣の主力は〈武士は食わねど高楊枝〉タイプで、私は逆に米屋の親父と組んで、地域初の子供牛鬼を作ったりした。勤評闘争後は洋物趣味が加速し、高校放送部の友人と校内放送用洋盤を視聴してはテープに録音し、自転車掃除をしながら流行りのL盤アワーなど聞いた。だ

「上海帰りのリル」津村謙

が洋物好きはミーハー止まりで、マニアの下級女子にレコードを借りて傷を付けて敬遠された。

時代風潮には敏感な実存主義者で、後に同じ時代に唐牛健太郎も実存主義だったと知って喜んだ。ブラスバンドには音楽好きが多かったが、進路は様々だ。ずっと音楽関係にこだわり市内に楽器店を開いた松平満雄の息子は、東京芸大に進み時折は公演に戻っている。ブラスバンドではないが、高宮君は喫茶「鈴」を続け、黒田幟店のレコード収集も著名だ。

そんな宇和島生活から東京神田の中央大学法科に入ると、様子は一変した。お茶の水駅にはウイーンなどの名曲喫茶が立ち並ぶが、級友がクラブ活動で覚えてくるのは〈一人でやるのを～おそそと申します　猿がまねします　オッピョ〉の類のエロ歌で、クラス担任川添利幸教授ゼミ生との合同バス旅行では安保世代の先輩連中がロシア語でカチューシャなどを合唱していて驚いた。宇和島で近所の親友Iは学力は県下一番で東大文Iに入ったが、級友に小椋佳がいて都会の子の教養に驚き、しばらく東急名画座の常連だった。

吉田秀和教授の音楽の授業を受けていて一応はあちこちの名曲喫茶も回ったが、ブラスバンドで自分で短曲を演奏する快味を知ってる故にか表層の鑑賞で終わった。それより神田のラドリオや銀座の銀パリや、深夜営業で終了時間が伸びた新宿などのジャズ喫茶の方に足が向いた。だがそれらの都会風音楽鑑賞は気取り趣味で、歌声喫茶や宴会での替歌放吟の方が気楽だった。

60年安保後の左翼的風潮を背景に歌声喫茶は主要繁華街に乱立していたが、外からは見る分にはその差は分からない。しかし、歌集類を集めると差は歴然で、新宿だと「灯」は共産系、「カチューシャ」

は社会党＋三派系、「どん底」はアナ系＋怪しい系だった。だが共通しているのは左翼的大衆歌の集成でその幅や力点に差があっても、どこの歌集にも酒場歌の主流の演歌類はまず入っていなかった。

歌声喫茶よりも通う頻度が高かったのは古本屋で、神田を一回りすると本郷や高田馬場から中央線沿線に足を延ばした。知らない歌の吸収には楽譜が索引代わりだが目配り広い便覧は殆どなく、60年安保後の淡路書房新社の『にっぽんの歌』は左翼臭はあるが音譜付きで例外的良本だった。

そんな流れで学生運動に急に深入りするようになって入り浸ったのはツケで呑めた高円寺駅前の飲み屋テルで、よく聞く歌には母より少し年下のテルさんの好みに合わせて持ち込まれるレコード類のバイアスが掛かっていた。この店でシャンソンやタンゴの名曲は聴き直したが、流行歌の類は古い歌が主流なのは仕方がない。世に連れる新たな歌でも望郷歌や失恋歌や社会に抗いはみだした感性への照射や哀惜の類が多く、今考えるとテルさんの好みはマイナーな分野だったようだ。

演歌的感性は私の人生の前半生には、殆ど縁がなかった。スマップで大ヒットの「世界に一つだけの花」の誰もが〈もともと特別な only one〉との認識は、社会問題への関与の前提だった。だから誰もが等価でないが等価として扱えとの法的原則が政治的・社会的主張の骨格で、競争する・一番になる・負けて悔しい・仕返しをするの類の世をすねる演歌的心情は今も関心がない。

社会的勝敗に関する屈折の演歌に関心がないのは、好きなように行動し責任を取るのが身に付いた生活態度の故だろう。だが努力しても叶えられず、自分の意の通りに動かぬのは恋愛だ。その点で恋愛は本質的には女性的心理の反映であり、恋愛演歌への哀惜は私の心にも沁みついている。年齢や考えが近くても音楽的感性はさまざまだとは、69年に結婚した後に徐々に気付いた。妻は都会人だが、祖母と同居で母親は苦労したらしい。森進一の「おふくろさん」や小坂恭子の「想い出まくら」が好きなのには驚いた。子供らは唱歌とマンガに親しみ、ふつうに時代の流行歌を歌って育った。

私好みの恋愛流行歌は、心の形成に見合って対等な立場を前提にした人間関係を描くものだ。だから芸者物や家制度に縛られた因習的男女関係への憤懣や、空威張りの亭主関白や、ひたすら耐える女性心理の歌は時代遅れだと関心外だった。だが現代の草食恋愛傾向下でも続いている男女関係の不可解や、それを是正せんとの試みや、ひとときの和みの確認は今も心に届いている。

分厚い社会思想社『日本流行歌史』の歴史篇から社会行動調査研究所の一九六八年の「歌謡曲調査」を引用する。複数回答での「好きな音楽」形式では、歌謡曲∨ポピュラー∨映画音楽∨民謡∨クラシックの順で、歌謡曲は22歳以下と35歳以上の女性では7割が好む。だが「好きな歌・分野別順位」では、なんとポップス∨ムード・コーラス∨ムード歌謡∨フォーク∨演歌∨グループサウンズ∨青春歌謡の順だ。ここで流行は歌謡曲形式が主軸でも、好む恋愛内容は洋風に移行している傾向が分かる。

例えば時代が激動した1968年のレコード大賞には、黛ジュン「天使の誘惑」、ピンキーとキラーズ「恋の季節」、青江三奈「伊勢佐木町ブルース」、矢吹健「あなたのブルース」などが並ぶ。また同年には「三百六十五歩のマーチ」「ゆうべの秘密」「年上の女」「今は幸せかい」「小さな日記」、またはみ出しの「友よ」「チューリップのアップリケ」「山谷ブルース」、さらに内容を調べず自衛隊がPRに使いたいと注文が来た？「自衛隊に入ろう」もある。ここでの選曲は私的「好み」の問題だ。

数が多い団塊の世代は三派全学連から全共闘を動かしたが、広い分野での68年以降の文化的反乱の主力でもあった。この社会的変化を先端で体内化しているのは女性陣で、どんな調査でも「主人や子供は最も大切だが、主人の家の墓には入りたくない」が三分の二を占める！　全共闘以降50年の最大の時代変化は家と恋愛の分離だが、道筋はまだ定まらない。この文化状況の変化が背景だから墓問題の行方が定まらぬと同様に、好きな歌の選択範囲も多様化する。例えば全共闘最盛期の68年の好きな歌でも一本化は難しい。

政治分野や職場や家庭では民主主義的運営は難しいが、発端の恋愛では自立した個人の両性の合意による相互関係へと進んでいる。この基本方向を判断軸にすれば昭和から平成への長い時間の底辺での、若者や女性陣の自立恋愛志向の流れと男性社会人の草食系への逆行はよく理解できる。だが歌や表現世界での基本方向に対する受け皿が見えぬため、表現欲求はパソコンやマンガやラップに細分化される。基本欲求が通過儀礼や回顧心理に留まるのは、実は大人側の責任なのだ。

このような基軸で流行歌史を顧みれば、昭和10年前後、戦後の初期、60年代~70年に大きな流行のうねりの三つの山があることが分かる。いつの世でも新時代の課題を悩み生きる主体は若者で、大人はそれを助力するしかない。この本の読者層などの歌の好みが若者と違うのは当然だが、でどうするか？

私はかつて形にならない我が心の動きの代弁を、先世代の歌に期待し比較検討した。ならば今の高齢者側は現在の若者にも通じる古い歌を探し出し保持し伝えるのが、本来の自己満足の方向ではないだろうか？　今に必ず昭和流行歌の大ブームが再来するはずだ！

１９２２年生まれの私の母の都は２０１６年春に93歳で死んだが、遺品に60歳の頃に熱心だった社交ダンスのカセットテープが数本あった。内容はブルース・シャンソン・タンゴ・ボレロ・ルンバ・サンバ・ジルバ・マンボ・チャチャチャなどの小品で、殆どの曲は私が高校の頃に演奏し覚えていた曲だった。後で、少し並べておこう。

想い返せば前にGS世代の次男が問い合わせてきた映画音楽曲も、私の記憶の中に刷り込まれている曲だった。10歳下の三男Kも次男Nの影響か似た音楽傾向が好みのようだった。

とすると私が好きな曲をアイウエオ順で並べると、「青葉の笛」「会えてよかった」「赤い靴のタンゴ」「アナスタシア」「アラビアの歌」「ウナセラディ東京」「イエライシャン」「お祭りマンボ」「悲しみの黒い瞳」「カミニート」「君までども」「小雨降る径」「口笛が聞こえる港町」「恋心」「恋のバカンス」「国境の町」「さすらい」「サンタルチア」「サントアマミ」「囚人の歌」「昭和ブルース」「好きだった」「蘇州夜曲」「淋しきアコーディオン」「早春賦」「ソルベーグの歌」「ダンスパーティの夜」「東京ティティナ」「ダンシングオールナイト」「並木の雨」「涙のリクエスト」「憎しみのるつぼ」「星影の小径」「ふれあい」「弁天小僧」「浜千鳥」「待ちましょう」「南のバラ」「緑の地平線」「無情の夢」「夢去りぬ」「夢路より」「流亡の曲」「ルビーの指輪」などだ。雑多な流行歌群のなかにも、皆様と類似の好みや共通の記憶やレジェンドの受容があるかも知れない。

　母の好みのダンス曲を残った三本のカセット・テープから示しておこう。「カミニート」「夜のタンゴ」「ラストワルツ」「ジェラシー」「愛の夢」「スワニー河」「エルチョクロ」「ジョコンダ」「クンパルシータ」「茶色の小瓶」「マンボNo.５」「ダニーボーイ」「星空のブルース」「奥様お手をどうぞ」「ムーンライトセレナーデ」「地上より永遠に」「裸足のボレロ」「ロマンチカ」「アフリカの星のボレロ」「祈り」「トパーズハンド」「二人でお茶を」「星空のブルース」「キサスキャス」「インザムード」「そよ風と私」などだ。

　これらは１９７０年ころの洋風流行歌と呼ぶべき楽曲だ。殆んどの曲を知っているし、私がブラスバンドで好き勝手に音を合わせて勝手に演奏した曲も多い。音楽的好みは遺伝するのか？　とつい考えてしまう。

「伊勢佐木町ブルース」
青江三奈

「天使の誘惑」
黛ジュン

「恋の季節」
ピンキーとキラーズ

## 28 宇和島三兄弟の流行歌の嗜好性比較

誰もが日常生活の何かの折にふと歌を口ずさむものだが、なぜその歌が浮かんだのか、の理由は夢と同じく自分でも断言できない。昔風の粗野な唯物論ならば日常生活のなかの憤懣や苦衷や愛惜が歌になって表れるのだろうが、実際はそうではない。身体と心情も心の現状と口ずさむ歌も直ちには反映せず、ちぐはぐ・うらはらに表れることがしばしばだ。まるで最新科学研究を先取したかに、心の社会にも葛藤があるようだ。

柳田国男が想定した自分の生まれ育った村落から生涯出る機会のない常民ならば、誰もが同じ民謡や施餓鬼を歌うし歌わなくとも記憶の根底は共通しているだろう。だが近代日本、特に戦後日本社会では大量生産・消費・情報システムが急浸透し、都市化に伴う人口移動と交通網の高度化が閉鎖的な旧来の村社会を破壊したが、新たな共同体的基盤は未だに見出せていない。

かつてなら民謡の地域的節回しが同郷者の確認手段だったのに、今では思い出し歌い出す流行歌の類似性がどこにいようと同時代的生活感や同世代的記憶の源泉と化しているのではないか？　逆に考えると流行歌が象徴する共同的吸引力の浸透が時代的エネルギーや問題意識を心象に再燃し得るのではないか？　この仮説はなかなか蠱惑的である。

長男の私、次男N、三男Kの三人兄弟は宇和島の旧市内の山側の妙典寺前で育ったが、地元の生家で独居していた母親が２０１６年４月末に93歳で死去した。その後に在京の息子三人が顔を合わせる機会も増えたが、忌中で新年祝賀もできぬのでカラオケ大会でもやろうとの案が出た。

そこで私はカラオケの選曲内容から兄弟間の歌の嗜好について冒頭仮説を検証することにした。母親の忌中下でのカラオケなので、まず話題は母の好きだった歌となる。だが母がふだん口ずさんでいたのは殆どが文部省唱歌であり、三男Kがようやく「湖畔の宿」を思い出した。作詞は川崎本陣の末裔で「緑の地平線」や「人生の並木道」を書いた佐藤惣之助、作曲は新進のブルース王の服部良一。１９４０年に出た歌う女優第一号の高峰三枝子の最大のヒット曲だ。

〈山の淋しい湖に　ひとり来たのも悲しい心　胸の痛みに堪えかねて　昨日の夢と焚き捨てる古い手紙のうす煙り〉の歌詞はどうみても恋に恋する乙女心の感傷の吐露で、18歳の女学生だった母は「花言葉の唄」の延長でそのまま受け止めたはずだ。だが兵隊にも愛唱者が広がると、軍部は過去を断ち切る覚悟の歌だとして退嬰的だと発禁処分にしたらしい。

高峰三枝子は軍の前線慰問の際に、逆に特攻隊兵士からリクエストが殺到したと戦後話している。だが三男は、この歌を巡って父と口論になったと母から聞いている。母は教員家系で戦争協力者がいないとの近隣の噂話を聞いて、家が近くの陸軍造兵廠勤務の父と見合いをした。造兵廠は後衛で父は技術職幹部だったが、結婚後に、母が一人で感傷的気分に埋没するのが嫌だったのだろうか。

親戚のなかで嫁姑問題で苦労した妻や、妻がＰＴＡに注力しすぎ愚痴をこぼす夫の話も聞いた。だが私の父母は、旧士族用貸地に母方の祖父の建てた家に核家族で住んだ。次男が近くの井戸に落ちた時に母は裸足で飛び込み、三男出産の際には父と小４と小１の息子は市立病院食を食べに行く等もあったが、父母は常に仲が良かった。家庭内で母と父が口論になったというのは初耳だ。

だが別家庭で育った男女の生来的な価値観が完全一致する訳はなく、戦後の民主的家庭育成の大義の下で自立心の強い母は我を押さえていたと思われる。その事情は父も承知していたからか、私たち三兄弟は父母からいわゆる日本的なド演歌を聞いたことはまったくない。

親子・夫婦・親族間のいさかいや葛藤、ごり押しへの反発や片思いの泣き寝入りや憤怒の情などは、新聞や近隣の噂話やで数多く知っているが、両親から演歌も演歌風な心情話も一度も聞いたことはないのだ。

母の歌う流行歌が次に分かったのは65年の倍賞千恵子の「さよならはダンスの後に」で、歌詞は〈何も言わないでちょうだい　だまってただ踊りましょう～〉だ。男に別れを告げるのはダンスを楽しんでからにしてと頼む女心を描く。母が社交ダンスを始めるころで、次男が後に高校生の頃に聞いていたそうだ。後のダンスミュージック熱中と時期もぴったり合っている。女心の感傷をロマンチックなメロディに乗せているだけだが、これも父親には面白くなかったかも知れない。

父親の歌は「雪の降る街を」や「上海帰りのリル」など兄弟は誰も覚えているが、晩年には「雨の御堂筋」を好んだとの話も出た。父には海外体験はないが1952年の津村謙の異国趣味の「上海帰りのリル」は好きだった。〈海を見つめてい〜た〜〉の抑揚のある歌いまわしを、つい先に死んだ根津甚八がブツ切り風に〈海を見つめてイタ〉と歌ったのを知るのは私だけだ。ビートたけしがテレビドラマ「点と線」で口ずさんでいたのを知るのは次男だけだった。

だが少女趣味の母親が何の理由か分からぬが夫や子供らの前で自分の好きな流行歌を歌うのを遠慮していたと聞くと、父親関連の歌を探す気力は落ちてくる。私は父の十八番だった〈濡れて泣いてる　ジャガタラお春〜〉の歌詞を思い出したが「長崎物語」のタイトルを忘失し、検索機能で探し出すのをつい止めてしまった。

「歌謡曲の世界は一作ヒットしたら一生食えるらしいよ」と母によく聞いた。母の女学校の同級生の娘が歌が好きで、家業の印刷屋を脇において入れ込み、森本和子として「酔いどれ女の流れ歌」〈酔いどれ女が　今夜も一人　酒場でグラスを抱いてる〜〉が70年に大ヒットした。その後は「東京ドドンパ娘」だけがヒット曲の大先輩の渡辺マリと組んで、地方巡業で食えていると聞いたそうだ。

だが次男Nの話では、森本和子の弟がNの後輩でブラスバンドにいて、65年の森本のデビュー曲「素敵な彼氏」が売れず後宣伝を頼まれ、Nは卓球部長だったが趣味のエレキグループの皆で協力したらしい。森本和子はまだ大ヒットのない頃のみなみらんぼうを紹介され詩作ノートを熟読し、その中の「酔いどれ女の流れ歌」を見つけ頼み込んで持ち歌にしたらしい。選曲眼は間違いなかったようだ。

次男はもろにグループサウンズ→全共闘世代で、地元の南高と学区の異なる東高の音楽仲間で打ち合わせ、宇和島で初のGS合同コンサートを開いた。その折に小学六年の三男も聴衆として参加していた事情から、三男の好きな音楽の傾向は自分と近接していると思い込んでいたそうだ。だが今回の初の兄弟間長時間カラオケを経て、三男の歌の好みは長男の私と近接していた事が分かったと連絡がきた。

確かに歌を聴くと次男のキイが一番低く、テノールだった三男と小学校ではボーイソプラノだった長男の私のキイは男としては高い方だ。特に女性歌手の曲を歌う際には次男は何度も音程を下げるが、私と三男は少し声を高めに工夫すればムリなくこなせる。次男はこんな簡単なことがカラオケで好き勝手に歌う際に、歌の選択の重要要素になっているという。

その次男が歌う曲は60年の美空ひばり「哀愁波止場」〈夜の波止場にゃ　誰あれもいない〉、63年の仲宗根美樹「川は流れる」〈病葉を今日も浮かべて〜〉。また北朝鮮の流行歌を北山修が訳詩し68年にヒットした「イムジン河」などだ。発売前に有線で人気を呼んだその歌を、北朝鮮賛美の危険があるとレコード会社が発売中止にすれば、若者が反発して当然だ。

だが次男が今もこだわる歌は宇和島が舞台の映画「南海の狼煙」の主題歌で小林旭が60年に歌った「さすらい」〈夜がまたくる　思い出連れて〜〉の流れだ。その少し後の外国曲を旭が歌った「黒い傷跡のブルース」、更に近似のメロディラインでなかにし礼が作詞し71年に出した「暗い港のブルース」〈いとしいひと　名前さえ告げずに　海にかえるの〉だ。両曲とも哀愁感がただよい低音域で歌いやすいし、「暗い港〜」は名曲と呼んでよいだろう。

これに対し私より10歳下の三男は67年の「青い影」から最近の「タイタニックのテーマ」「君の瞳に恋してる」なども歌うが、同世代感にこだわっている様子はうかがえない。

三男は大学で音楽同好会に少しいた程度の歌好きで、72年のクールファイヴの「そして神戸」も歌ったが、冒頭が〈神津〜〉で始まる学生版替え歌があるなんてことは勿論知りはしない。

それよりもどうみても年齢的には不似合いな越路吹雪の「愛の賛歌」や「バラ色の人生」などのシャンソンを淀みなく歌うのにはおどろいた。私がカマを掛けて往年の淡谷のり子のシャンソン風の「雨のブルース」「君忘れじのブルース」「別れのブルース」などを入れると、どれもスムーズに歌えるのにはさらに驚いた、おそらく私らよりもずっと遅くまで、社交ダンスに入れ込むころまで一緒に過ごした母の影響が強かったのではないだろうか。

私は高校の頃には狭い間口をくぐって日本のシャンソンやタンゴは殆ど聞いたが好みの自力拡充であり、母の影響はまったくない。「グリーンフィールズ」の頃の洋楽は聞いていたが、山下敬二郎や平尾昌晃らの和製ロックにも、大学生の頃のグループサウンズにも心動かされるところは少なかった。三男は東京下町の地元に行き付けのカラオケ屋があって、自分の好きな歌を精選していたらシャンソン類は残ったようだ。母の影響については聞きはぐれた。

10年幅の三兄弟だからカラオケで選ぶ歌に独自性はあっても、一緒に歌いたい歌があるのは不思議ではない。そういう視点で歌曲名を見直すと次男と三男が一緒に歌ったのは「さよならをするために」「朝陽のまえに」「夜明けのブルース」「青い影」などだが、そんなに多くはない。

次男と長男の私が一緒に歌ったのは「川は流れる」「グリーンフィールズ」など同時代に聞いて共鳴した歌が殆どだ。天地茂の「昭和ブルース」〈生れた時が悪いのか　それとも俺が悪いのかなんにもしないで生きてゆくなら　それはたやすいことだけど〉が耳に慣れている私らが、世に資する何かをしようとしたと言っても、今の若者には伝わりにくいだろう。

私と三男では越路吹雪や淡谷のり子のシャンソンは殆ど一緒に歌えたが、これらは母の好みの間接的な伝承と言うには共通項が足りず、ムード音楽的趣味が近かったというだけの話だ。私単独では「待ちましょう」「山のかなたに」「枯葉」「小雨降る径」「暗い日曜日」など選んだが同時代的流行と言うより、メロディ的な趣味の延長の選択傾向が強い。

三人で歌ったのは母の「湖畔の宿」「さよならはダンスの後に」や、父の「上海帰りのリル」や、宇和島関連の「さすらい」や「酔いどれ女の流れ歌」などだ。

あと作品内容で三人が共に評価したのは三男と年齢が近い村下孝蔵の83年の「初恋」だ。一番の〈夕映えはあんず色　帰り道一人口笛吹いて　名前さえ呼べなくて　とらわれた心見つめていたよ　好きだよと言えずに初恋は　振り子細工の心〉なんて、詩作品としても完成度が高いと思われる。この曲名は知らなかったが、確か高円寺の眉山亭で後輩の上原らと一緒に歌って覚えた記憶がある。

最後に2006年のテレビ「東京タワー」の主題歌「東京」を入れたら、皆が歌えた。だが石垣島出身のＢＥＧＩＮの歌なら、東京に電車で行く歌詞は不自然？　との声が出た。調べると秋田県昭和町出身のマイ・ペースの森田貢が、１９７４年に作詞作曲し敏いとうとハッピー＆ブルーが歌った曲をＢＥＧＩＮがカバーしたのだ。聴き慣れた感があるのだが、知ったかぶりせずによかった。

私ら三兄弟は日本の終着駅と大宅壮一が呼んだ、四国西南部の片田舎の宇和島で育った。同じ家庭環境で育ち、同じ高校に通い、近接した同世代を生きてきて、顔付きは似ていても、各々は独立した個人なのだ。時代から受ける影響も、時代と拮抗する生命力も、進む方向も異なる点は、今回幅広く述べてきた流行歌の嗜好性の差異と近接性評価でも明らかだろう。

だが大阪の軍需技術者から終戦で田舎に戻り教員生活を送った父母の下で育ち、その影響からか皆が中大法科・理科大物理・東京学芸大福祉教育と実学気風の学校を選びつつ、誰もが当初予定の進路に進まず、定年年齢を迎えたのはなぜなのか？「昭和ブルース」風に〈生まれた時が悪いのか　それとも俺が悪いのか〉とも思うが、長い目で見れば煩悶の末の適応進路の開拓であったと楽観もできる。今となってみれば父も母も墓下から怒りはしないだろう。合掌。

「湖畔の宿」高峰三枝子

「さよならはダンスの後に」
倍賞千恵子

29

# 流行歌を扱うにも視野と尺度と時代性が不可欠だ

おもむくままに自分好みの「流行歌考」を、長々と書き連ねてきた。さらにこの先の平成期を深く書くなら私の嫌いな日本バブル期の世界的バカさや、キャピキャピギャルへの言及も必要となる。ならばたかが趣味の分野で不要な迎合をするより、冷静に元原稿の全体を通して、当初よりの連載意図に照らしながら、必要補充分野を加筆する方が理に適っていると考え、以下を追記する。

流行歌と世に言うも、誰かの気の利いた文句や珍しい歌い回しを真似るレベルなら言葉の発生と同じ頃からあり、細い径路だが江戸時代以前からの歌謡史をたどる研究もある。また地方の庶民がつい口ずさむ民謡に民俗学的にアプローチする手法は戦前より柳田國男らが深入りしたが、多岐に渉りすぎて整合的な形ではまとまらなかった。

江戸時代から阿波踊りに流れてゆくよしこの節や、都々逸《どどいつ》から伊予節に伝わる動きや、何度かの伊勢神宮へのええじゃないか参宮の大波のたびに、旅客に吸収され全国に拡散する歌謡の勢いはあった。だが歌謡の言い回しは文字で残るが、歌い回しが分からぬ曲も多いのだ。

その点では明治国家の統一と、学校制度や音楽教育の普及、標準語の創生と浸透の過程で、各地の民謡や仏歌や花柳界の人気歌などが一挙に全国化したと見るのが素直な理解だ。江戸から明治への時代変遷のスタイルは「トンヤレ節」の江戸っ子の錦の御旗を掲げる薩長士勢力への反発と受容で示され、没藩士族の社会的不満は自由民権運動と結びついた民権数え歌などの壮士節の流行を生んだ。

政府も庶民の間で急速に拡大してゆく音楽の役割に驚き、学校制度の全国的浸透とともに音楽授業に注力し、蛍の光・庭の千草・埴生の宿などの学校唱歌が流行った。同じ曲調が全曲に浸透する典型は、宮内庁雅楽隊の多梅稚《おおのうめわか》の曲に宇和島士族の大和田建樹が詩を付けた鉄道唱歌だった。歌詞は鉄道延長に伴う各駅紹介のスタイルで、全国各線の隅々まで広がった。

唱歌調の西欧音階は徐々に浸透し、「七里ヶ浜」「荒城の月」「夏は来ぬ」「花」「旅愁」「故郷の廃家」から「美しき天然」に広まった。他方で日清・日露戦役が続くなかで軍歌調は、「勇敢なる水兵」「婦人従軍歌」「雪の進軍」へと広がるが「戦友」は後に反戦的だと禁じられた。民謡も酒席から広まり「宮津節」「木曽節」「博多節」「金ぴら舟々」などが全国化し、学生寮の学生歌も地方へ浸透した。

だが演歌でも唱歌でもない日本人が作った洋風旋律の歌が、全国で歌われたのは大正三年の「カチューシャの唄」が最初だそうだ。この〈カチューシャかわいや　わかれのつらさ〜〉は芸術座のトルストイ「復活」の劇中歌で、早大教授の島村抱月が作詞し、新進の中山晋平が作曲し、歌った松井須磨子が四年後に急逝した恋人抱月の後追い自殺をし世間の紅涙を絞った。

松井は歌う女優第一号だが、オンチ説があるほど歌唱が下手だったそうだ。他方で純粋詩人は流行歌を下級なものとみなし、昭和初年のレコード化でも作詞者名は入れない場合もあった。だが皮肉にも北原白秋は〈行こうか戻ろうかオロラの下を～〉の「さすらいの唄」を作詞し、松井須磨子が歌い大ヒットした。斜に構えた添田唖蝉坊の演説歌の人気も、根強く残った。

国力増強を図り十年ごとに戦争をしてきた日本で、一次大戦後から昭和最初までは浪曲は浅草オペラが流行り大正デモクラシー後には、モボ・モガが闊歩する庶民文化の蓄積期だった。だが社会は明るく装っても庶民の心情は暗く野口雨情の「船頭小唄」の枯れススキの歌詞が大流行した後に、関東大震災が起きて浅草12階が倒れ軍国主義の大波が近づいて来る。

北原白秋・野口雨情・西条八十らの純粋詩人の新童謡が教員や子供らに歓迎され、ロシア革命後の外国文物の流入から翻訳物や替え歌を含め数々の革命歌・労働歌・学生歌が作られ歌われたが、殆ど史実からは消されている。だが深く進行する軍国主義の大波に対抗し得た心情は、昭和初年から15年ころまでの古賀政男らがリードした大衆歌謡の大ブームだったのではないか？

満州事変から日中戦争への世相のなかで、「進軍の歌」「露営の歌」「愛国行進曲」「出征兵士を送る歌」「麦と兵隊」「暁に祈る」などの軍歌が量産されたが、庶民には外向きの建前の歌だった。日本民衆には明治初年の「トンヤレ節」の昔から、鉄砲玉の降るなかに命を惜しまず先駆けするのは「みんなお主のためゆえじゃ」との諦念あるいは、透徹した国家相対化観があったようだ。

昭和戦前期の第一次歌謡曲黄金時代の流行歌には、「波浮《はぶ》の港」「出船」「平城山」「もずが枯木で」「花言葉の唄」「キャンプ小唄」「たばこやの娘」、「私の青空」「アラビアの歌」「サーカスの唄」「急げ幌馬車」「国境の町」「緑の地平線」「上海の街角で」「支那の夜」「蘇州夜曲」、「君恋し」「酒は涙かため息か」「影を慕いて」「並木の雨」「無情の夢」「雨に咲く花」「裏町人生」「人生の並木道」「誰か故郷を想わざる」「丘を越えて」「青い背広で」「男の純情」「人生劇場」、「東京行進曲」「祇園小唄」「東京音頭」「東京ラプソディ」「懐かしの歌声」「愛して頂戴」「十九の春」「本当にそうなら」「忘れちゃいやよ」「ああそれなのに」「女給の歌」「あけみの歌」、「黒い瞳」「モンパリ」「スミレの花咲く頃」「小さな喫茶店」「暗い日曜日」「別れのブルース」「雨のブルース」「ある雨の午後」「旅笠道中」「野崎小唄」「明治一代女」「旅の夜風」「名月赤城山」「旅姿三人男」「侍ニッポン」「涙の渡り鳥」「憎しみのるつぼ」「ワルシャワ労働歌」、などなど戦後流行歌の全ての分野の源泉がそろっていた。

昭和64年とその後の平成30年までを合わせれば、合計正味は93年だ。流行歌を口ずさみ始めるのが年齢10歳くらいからだとすれば、普通に鼻歌を歌う全成人の歌う対象は昭和以降の歌にほぼ収まっていると推測できる。明治以前の影響の強い唄は民謡などに含まれているし、明治以降の今に残る歌は童謡集などを参照すれば十分だ。

これらが「流行歌の精神史」との大仰なタイトルを掲げた本連載原稿の、考察射程はほぼ昭和以降で基本的には十分ではないかと断じる理由だ。だがもっと重要なのは戦前の歌謡曲黄金時代を生み支えたのは、昭和初年のレコード発売・ラジオ放送開始・映画放映開始などの、大衆的情報伝達手段の浸透に関する冷静な判断だ。

流行歌を扱う際に押えておかねばならぬのは、多岐にわたる歌情報を独占的に握っているのは、レコード会社・ラジオ局・映画会社などであり、彼らの扱う歌は商品だと言う事実だ。

そこでは作詞者・作曲者・歌手・レコード販売会社名がもっとも重要な情報だが、視聴者の側からすればそんなものは二義的で、歌とメロディの特定がもっとも重要なのである。

戦後の歌を巡る環境変化として、もっとも大きいのはテレビ放送の開始と多岐的な情報浸透だ。次にはカセットテープやCD・MD・DVDやパソコンなど音楽情報の私有化だ。さらにはカラオケなどによる歌謡の個人文化への変質や、大手外のレコード・CD・DVD・スマートフォン・投稿などの個人的製作も急増している。

主に平成以降の歌謡環境の激変は、個人がふと口ずさむ歌の歌詞や曲調のラップとしての評価の定着だ。これらにより口ずさみ他に伝え共に歌う心裏に定着する流行歌の特性が弱まり、あたかも背景であるダンスと同じく歌は個人技に近似してしまう。また作詞・作曲も個人的日記のレベルで情報浸出してしまい、小天狗ばかりを生む結果となっている。

他方でカラオケの浸透と音楽の点数化は、歌の持つ時代的共鳴力や歌うことによる自己解放力を失わせる無意味な所業に見える。すでに将棋・碁・チェスなどゲーム業界では、コンピュータによる人工知能が人間に勝利している。今後は記録を競うスポーツも単純技術労働や運転もコンピュータの勝利が予測されるが、歌をそんな愚所へ持ち込むことは無意味だろう。

著名な作詞家なかにし礼は2011年に『歌謡曲から「昭和」を読む』を書き、昭和が終わり歌謡曲の時代も終わったとの持論を展開した。なかにし礼は『長崎ぶらぶら節』が直木賞を受賞したためか仕事軸を著作活動に移しているが、なぜ歌謡曲作詞家を止めたのか、周辺の説明はしても理由はズバリとは明示しない。平成に入って四半世紀も経て、若者中心に自己主張型のラップ調の歌は世に流通している。だが世の中の動きの全体を見通して、世に住む人々の心情を代弁し吐露する作詞家という職業の継続が難しくなったという個人的理由なら、納得できるところもある。

顧みてみると1989年が昭和64年で、平成元年だ。地崩れ的な社会主義圏崩壊が引き金となり、米英はフセイン抹殺に狂奔し、グローバルな世界商圏を確立する。バブル景気とゆとり教育に浮かれていた日本は、予期せぬ2011年3月11日の東日本大震災と福島原発事故で壊滅的打撃を被る。

空襲と敗戦と経済壊滅状態からの戦後復興を軸とする戦後流行歌史の区分法が消えた訳だから、売り手はやみくもに多品種生産しても聴き手の触手は動かない。それでも毎年量産される歌の数々を顧みて目ぼしい曲をピックアップするには、大ざっぱな傾向の枠組みに投げ入れるしかない。その点を読者にはまず了承いただきたい。

人生に込める意味は人さまざまでも、時間に還元される価値は誰にも等価のはずである。だが言語と記憶の文化を得た人間は、気分転換や状況確認や自己納得の折々に様々なメロディを口ずさむ。それぞれの歌は折々の各自の気分を反映するが、本人の内部での継続性確認は弱い。それでは万人に通じる時代の雰囲気との接点などは検討しようもない。

とすると1970年頃からの昭和後期以降の歌を取り上げるには、時代を動かした大ヒット曲を並べても芸がない。各自の培ったこだわりの幹を大きくする目配りと共同性引き寄せが、期待値を込めて好みを面白く見せるのだ。引き寄せに値する好みの芽は世に溢れているのであり、カラオケ好き老人の新曲練習などは愚の骨頂である。

そんな中間判断での切り口をさがすと、ありましたよ！　大ざっぱに流行歌の変遷を押さえるには野ばら社の「日本のうた第1～7集」が便利だが、その第8集が昭和時代を主とする補遺篇である。ヒット曲集には歌手のほかに作詞家・作曲家・プロダクション・レコード会社への配慮が必要だろう。だがこの補遺篇は、取り落とした名曲を選ぶための配慮が濃厚である。

私の流行歌史を補遺の観点から見直すと、すぐ国民的演歌をリードしてきた。春日八郎や三橋美智也や三波春夫から村田英雄や北島三郎への系統が落ちていることに気付く。春日の「赤いランプの終列車」も三橋の「哀愁列車」も都会に出たが心は田舎の若者の心像風景を描いている。高度成長期に向かい人心も落ち着き、昭和32年になって三波「チャンチキおけさ」の余裕も、コロンビア・ローズ「東京のバスガール」の職業婦人の自負も育つようである。

もう一つ気付く私の昭和時代の流行歌検討の弱点分野は映画音楽である。昭和30年代は映画の黄金時代と呼ばれ、石原裕次郎から高倉健への流れが動きの代表格だ。映画と連動した主題歌は多く挙げたが、三浦洸一「東京の人」や島倉千代子「この世の花」などはない。何より「慕情」「ラブミーテンダー」「アナスターシア」「クワイ河マーチ」など洋物への目配りは欠けている。

戦前日本は四大工業地帯を除くと農耕社会で、昭和10年ころの映画歌謡曲興隆期の都会的心情は共同体的しがらみからの解放へのあこがれだった。だが戦後十年間ほどは生活再建のための家計維持が重要で、稼ぐための仕事内容はこだわる対象ではなかった。そこでもやはり圧倒的多数国民の身は田舎にあって、都会風の風俗文化の受容として流行歌はあったようだ。

戦後当初に出てくる仕事は、「星の流れに」の夜の女や、「東京の花売り娘」や、アプレで正体不明の「東京ブギ」や「セコハン娘」などで、股旅物で我慢を重ねる図はあるが、仕事で頑張る男は出てこない。鉄道員や炭鉱夫やボイラーマンなどは、もっぱら左翼労働歌の主役だったのだ。戦後流行歌の主体は「湯の町エレジー」の売れないギター弾きや、鶴田浩二「街のサンドイッチマン」や「公園の手品師」などスネ者に近い。

数多い呑み屋歌で出てくるのは、昼間は何をやっているかわからぬはみ出し者の類だ。「憧れのハワイ航路」「高原の駅よさようなら」、津村謙の「緑の牧場」でも主役は乗客や観光客の位置で、船や駅は背景に過ぎない。「柔」は柔道家の、「石狩挽歌」はにしん漁師の、「喝采」は歌手の生活を描くが、主題は別にある。仕事と歌詞内容が連動しているのは暁テル子「東京シューシャインボーイ」くらいだ。しかし、歌ドラマとして総合化できているのは藤島恒夫「月の法善寺横丁」の包丁人だろう。仕事は人生の多くの時間を占めるが、未だに共同体的歌謡が出ぬのが不思議だ。

作り手側がどれだけ苦労して歌を市場に出しても、受け手がその内容に共感し共鳴せねば流行歌のヒット作とはならない。なかにし礼の昭和で歌謡曲の時代は終わったとの感慨は、この日本的な〈個―共同体〉の組み合わせの推移を指していると思う。

本パートで私は農耕社会解体後の、日本の流行歌の共同体的推力を検討している。農本的基盤が崩れ、仕事もベース外だと他にはどんな推力があるか？

今の日本社会で残されている共同性養成の場は、地域社会ではなくまず学校秩序である。かつては地域社会の中に学校があり、地域自治会（地域町会）・老人会・商工会・祭協賛会があり、子供会・幼稚園・ＰＴＡなどは学校と連動して動いた。戦後は戦争秩序形成への批判から、地域的諸団体の統制機能への反発が強く細分化されたが、学校だけは弱体化しなかった。

その意味で戦後流行歌の一分野を占めてきた故郷回顧と思慕の底流には、山野と近隣住民や旧友とともに学校があった。だがそれらの所与の共同的関係は自力で形成した訳ではないので、仲間関係には自主性が弱い。１９６３年に舟木一夫が登場し歌った学園三部作「高校三年生」「修学旅行」「学園広場」の舞台は義務教育後の自覚的高校生なのである。

それでももうすぐ「はなればなれになる」ことを自覚しつつ、男女のフォークダンスの甘い思い出を思い出す。優れているのは学園生活で「泣いた日もある」「恨んだことも」きちんと指摘し、それでも「クラス仲間はいつまでも」と作詞家の丘灯至夫が押さえていることだ。

舟木は高校卒業後に学生服でデビューしたが、同学年の私はあまりに軽いトーンに鼻白んだ。コント55号で一時代を築いた坂上二郎は元々が歌手志望で、74年に「学校の先生」を歌う。クラス仲間は均一ではなく、貧困にあえぐ女子や非行少年とのやりとりは坂上先生の記憶の中にある。こんなに重いばかりでも説得力は弱いが、81年のイモ欣トリオ「ハイスクールララバイ」の松本隆歌詞は誰もが片想いとのオチャラケだった。

昭和が終わっても歌謡曲産業は残るが、歌の見取り図が描きにくく共鳴の根に届かぬのはなぜだろうか。歌の目配りや波及範囲は狭くなりラップ化しているが、歌は歌い手が自己納得すれば終わる自己表現だ。誰もがヒット曲を狙うが、打算を含めて売り手には万全の作品でも世に住み、生きる受け手の琴線に届かねば受け手にとっては無意味な音響だ。

今の高度大衆情報消費社会で作られる歌にも流通路はあるが、それが細く狭く見付け難くなっているのではないか？　逆に見ると歌を含めモノが予測通り売れぬのは、商品が認知され波及する共同体的パイプが細くなっているからだ。お上を支えてきた日本的共同体基盤が地域も仕事も学校でも拡散しているのなら、歌の復興には共同体的契機の見直しと通路の把握が大切になろう。

昨今の歌にラップ調の自己確認が多く、共同体的着地が弱いなら私は草食系へ弱化している男女関係に共同体的通路形成を深めるのが筋だと考える。安倍応援団の日本会議流の旧態依然の老人がどんなに願望を重ねても、日本社会が戦前復古することは百パーセントありえない。逆にどんなに軟弱でも新世代の男女関係の延長に、新家族や共同性の芽はあるのだ。ここで1960年と1970年頃の男女関係の大きな転換点を、簡単に押さえておく。

戦後社会はカウンター勢力ながら、左翼運動と労働組合が驚くほど強かった。その隙間で家庭は社会的風潮から取り残され、その隙間に様々な男女関係像が歌われた。家父長制全盛の1958年に大津美子「銀座の蝶」は恋も未練も捨て、酒を恋人に銀座の蝶々は飛ぶ！　と歌う。59年にペギー葉山は「爪」で二人で暮らしたアパートを各々が出てゆく同棲解消を歌い、爪を噛む悪い癖を直せという。植木等62年の「ハイそれまでヨ」の女房に小言したら出て行った自嘲では男は敵わない。68年テンプターズの「おかあさん」はマザコン心理だ。70年の藤圭子「命預けます」は信じてくれるなら私は飛び込むわと歌う。この男女の心のズレを、壁として描くのが76年の太田裕美「木綿のハンカチーフ」だ。

男は仕事を頑張り女を呼び寄せようと都会の魅力を語る。だが女は都会に「欲しいものなどない」から田舎の愛の巣に戻れと言う。都会で男は浮かれ、あきれた女は別れを決め、涙拭く木綿のハンカチをねだる。この歌はバブル↓バブル崩壊後の今まで生き得る、男女関係のズレを描いた名作だ。

生活の拠点をどこに置くか、誰が、どのように働くか、子供をどうするかは、どこに住むかと不可分だ。今でも男は勝手に作った絵図に女を引き込もうとし、殆どの女はしょうがないねと妥協しているが、それは合意なのか。これらの問題を追わぬと、双方合意の新たな共同性への道など開けない。76年にこの問題を掲げた作詞家松本隆は、歌のアンテナでは時代の転換点を読み得た天才の一人である。

「銀座の蝶」大津美子

「木綿のハンカチーフ」
太田裕美

30

# 昭和後半期の流行歌時代の変化相を押さえる

本稿連載において掲げたタイトルに従い、昭和時代を主軸に広く世間を見渡して流行歌の表層から時代の動きの深層を考察してきたつもりだ。だがふと口ずさむ歌もカラオケなどでつい選んでしまう歌も、自分の15歳から20歳代くらいの青春期に知った歌が圧倒的に多い。誰しもそんな傾向があるかも知れぬが、即断ではタイトルに込めた時代を見渡す公平性を欠くことになる。

今まで書いたこの連載原稿をつらつらながめやると、昭和期を主対象にすると言いつつ時代遡及では明治期へ、民謡などでは江戸時代にまで遡っている。また戦前や昭和初期へのフォローは多いが、昭和の後半期以降に殆ど言及していない。昭和は64年あるが64年はわずか7日で、正味は63年間だ。昭和50年以降を昭和後半期と押さえると、平成期を含めもう40年以上も経っているのだ。

各回の主軸においた歌手で、沢田研二やグループサウンズは明らかに全共闘世代だ。一時代を画した中島みゆきは1952年、荒井由美は54年、長渕剛は56年で60歳代だ。その後の玉置浩二が58年、山口百恵が59年、死んだ尾崎豊だけ65年生まれと極端に若い。私らの年代が若い連中の絶叫音楽に感じている違和感と同様に、今の若い連中も以前の音楽が不可解だろうと思う方が自然だ。

今の40歳代以下の連中と飲むと共通に記憶している歌の周辺状況や確認媒体が、年長者とは異なりチンプンカンプンなことがある。世代断絶を言うのは簡単だが、今ここで必要なのは年代に関わらず誰もが生きてきた同時代の歌の事実を繰り込む方法の検討だ。世間の風潮や常識が変容しようと、今の若者も職場や男女問題や親子関係で似たような課題にぶつかっている筈なのだ。

そこで今回はその点に注目し、主に昭和50年〜昭和末までの昭和後半期のヒット曲一覧を分類し時代変化の深層を押さえることにした。作詞・作曲・演奏・歌手・プロダクションの流行歌関係者の誰もが時代と添い寝して立ち上がる歌を目指しながら古びてゆく訳で、その理由を確認できないと若者や子世代に時代変化の盛衰を伝えられないからだ。

歌本類を見直し昭和後半期のヒット曲を列挙してみる。

**昭和50年**　昭和枯れすすき・22歳の別れ・なごり雪・私鉄沿線・心の旅・心のこり・我が良き友よ・シクラメンのかほり・港のヨーコ　ヨコハマ　ヨコスカ・弟よ・時の過ぎゆくままに・いちご白書をもう一度

**51年**　北の宿から・およげ！たいやきくん・木綿のハンカチーフ・酒と泪と男と女・ビューティフル・サンデー・横須賀ストーリー・ペッパー警部・春一番・想い出ボロボロ・ふれあい・フィーリング・東京砂漠・夏にご用心

**52年**　青春時代・愛の終着駅・硝子坂・あずさ2号・カスマプゲ・愛のメモリー・津軽海峡冬景色・北国の春・勝手にしやがれ・秋桜・あんたのバラード

53年　ＵＦＯ・夢追い酒・プレイバックpart2・時には娼婦のように・ガンダーラ
54年　関白宣言・贈る言葉・ＹＯＵＮＧ ＭＡＮ・石狩挽歌・みずいろの雨・飛んでイスタンブール・与作・青葉城恋唄・別れても好きな人・よせばいいのに・舟唄・チャンピオン・おもいで酒・魅せられて
55年　ダンシング＝オールナイト・昴・恋人よ・大阪しぐれ・ランナウェイ・雨の慕情・順子・青い珊瑚礁
56年　ルビーの指輪・みちのくひとり旅・ギンギラギンにさりげなく・スニーカーブルース・奥飛騨慕情・長い夜・チャコの海岸物語・セーラー服と機関銃・メモリーグラス
57年　北酒場・夢芝居・待つわ・聖母たちのララバイ・少女Ａ
58年　氷雨・ボヘミアン・矢切の渡し・探偵物語・釜山港へ帰れ
59年　ワインレッドの心・長良川艶歌・娘よ・つぐない・飾りじゃないのよ涙は
60年　卒業・長い夜・涙のリクエスト・恋におちて・ジュリアに傷心・ミアモーレ
61年　熱き心に・ＤＥＳＩＲＥ・愛人・天城ごえ・ＣＨＡ－ＣＨＡ－ＣＨＡ
62年　命くれない・人生いろいろ・百万本のバラ
63年　みだれ髪・とんぼ・乾杯・酒よ・雪椿

ここでは音楽業界での流行歌の繁栄の継続と、レコード会社やレコードの種類の増加の相関関係は外しておこう。だが演歌の定義を旧来の日本的心情吐露くらいに緩めても、舟唄・夢芝居・天城ごえ・与作・おもいで酒・夢追い酒・雨の慕情・みだれ髪・酒よ、など全体の五分の一もない。むしろ流行歌の傾向の主力はニューミュージック系に移行しているのが、事実である。

菊池清磨は２０１６年に『昭和演歌の歴史』で日本歌謡曲の主流は依然として演歌だと言うが、それは彼の願望を優先させた独断だ。「フーテンの寅さん」シリーズは演歌的心情の代表とみなされる。だが48作を国民的映画に押し上げた山田洋次監督自身が、露天商の寅さんを地元のはみ出し者に止めるか、やくざと接点のあるテキ屋に振り分けるか迷っていたのだ。１９６９年の寅さん映画第一作で、寅さんは主題歌の「男はつらいよ」〈俺がいたんじゃお嫁に行けぬ〜〉を歌うが、同時に鼻歌で有名な「人生の並木道」〈泣くな妹よ　妹よ泣くな〜〉と、別に〈殺したいほど惚れてはいたが　指もふれずにわかれたぜ〉を歌う。

フーテンの寅の主題歌の作曲は船村徹だが、この後者の歌は名コンビだった作詞家星野哲郎が愛妻の有近朱実の名で発表した「喧嘩辰」だ。この歌は64年公開の加藤泰監督「車夫遊侠伝　喧嘩辰」の主題歌で、まだ若い北島三郎が歌った。「喧嘩辰」一番〈恋という奴ぁ　どえらい奴だ　俺を手玉に取りやがる〜〉は女性側から描く最高の男性恋愛心理だろう。だが全共闘が傾倒した高倉健流の男女間の抑制の美学は、毎回の失恋話に矮小化された。そして寅さんは「人生の並木道」の側での頼りないフーテン兄貴に定まった。テキ屋の自負は表街道を歩けぬ渡世人暮らしに一括されたのだ。

先に年代順に上げた昭和後期の名曲のなかで、先に見た〈正統演歌と別系列を仮区分〉しておこう。

⑴ まず日本的心情と直にはリンクしない大都市や地方での環境・社会での生活変化や心情の推移、次に⑵ 外国・地域との交流による移住歌手や無国籍の流行歌。更に⑶ ニューミュージック系と呼んでもよい若者層の関心・文化・交友・恋愛模様などが挙げられる。更に昭和後期流行歌の全体を見直して、多種多様だが表面には出難いフォークソング集は、19や20など別項で検証した。

まず全共闘期のヤクザ映画の衰退後の「仁義なき戦い」シリーズの浮上と、右⑴の守備範囲が狭い地方歌の台頭は連動していると考えてよい。心情や建前の墨守ではなく、日常社会生活へ還流する哀歓の掘り下げが重視されたのだ。発禁となった野口雨情作詞の「枯れすすき」は〈どうせ二人はこの世では　花の咲かない枯れすすき〉と投げやりだが、さくらと一郎が歌う「昭和枯れすすき」は同じ境遇ながら〈力の限り生きたから　未練などないわ〉との自負を持っている。

先の昭和後期の流行歌一覧から⑴の傾向を探すと、心の旅・心のこり・我が良き友よ・東京砂漠・あずさ2号・石狩挽歌・青葉城恋唄・別れても好きな人・よせばいいのに・恋人よ・大阪しぐれ・雨の慕情・ルビーの指輪・みちのく一人旅・奥飛騨慕情・北酒場・氷雨・矢切の渡し・娘よ・弟よ・人生いろいろ、などだろうか。

ここで好みで選ぶと男性歌では昭和51年（1976年）の吉田旺の作詞「東京砂漠」だろうか。〈空がないてる　煤に汚されて～〉となると砂漠のような東京の環境が浮かぶが、歌詞の発端は東京大渇水だそうだ。だがこの歌のテーマは心の砂漠であり、解決には〈あなたがいれば　陽はまた昇るこの東京砂漠〉がラストに4連続く。作曲は内山田洋で、クールファイブのボーカルの前川清が熱唱した。

女性歌では五輪真弓が昭和55年に出した「恋人よ」になる。〈枯れ葉散る夕暮れは　来る日の寒さを物語り〜〉で始まるが、〈恋人よ傍にいて　凍える私の傍にいてよ　そしてこの別れ話が冗談だよと笑って欲しい〉とのラスト部が強烈だ。高円寺北口の居酒屋テルさんはこの歌が好きで「強がっている女心の奥底は　年齢を重ねないと出てこない」と言っていた。テルさん55歳の頃だ。

先に見た昭和後期の流行歌一覧のなかで、⑵の国際交流や無国籍歌は最近の傾向だ。かつては日中交流の架け橋を目指した山口淑江は日本籍を隠し、「湯島の白梅」を歌った小畑実は韓国籍をタブー化した。最近は欧陽《オーヤン》菲菲《フィーフィー》やテレサテンや李成愛《イソンエ》や桂銀淑《ケイウンスク》が表面に出ているし、日本人より日本的な声のジェロもいる。外国人の日本流行歌の歌唱コンテスト類を聴くと、好きな歌を上手く歌うのに、国籍など関係ないことがよく分かる。

近頃目立つ国際交流歌を挙げると、「カスマプゲ」「つぐない」「釜山港へ帰れ」「ガンダーラ」「飛んでイスタンブール」「ボヘミアン」「百万本のバラ」。無国籍歌の類では「ビューティフル・サンデー」「ペッパー警部」「UFO」「ミアモーレ」「DESIRE」「CHA-CHA-CHA」など数多い。その後も桂銀淑《ケイウンスク》の日本語での歌「ベサメムーチョ」や96年の天童よしみ「珍島物語」などが加わる。

意表を衝いたと言うと、78年の庄野真代の「飛んでイスタンブール」だろう。折からの海外旅行ブームをにらみ、現地を知らぬ庄野真代が現地に行かぬちあき哲也作詞の歌を歌ったのだ。だからジタンの空箱はともかく、光る砂漠でロールなんてあり得ぬ歌詞だった。ちあきが98年に〈愛はひとり芝居〉と作詞した「ノラ」が人気だが、ノラ猫が好きな今の女性はイプセンなんか知らない。

古賀政男の昔から日本と韓国には類似の音楽的琴線があることを「釜山港へ帰れ」は示した。だが原作での日本から戻らぬ弟への呼び掛けが、日本の歌詞では恋人を待つ女心に変った問題も出た。しかし韓国曲ならK-POPのルーツと言われる1972年の「黄色いシャツ」に触れざるを得ない。李成愛が歌う〈黄色いシャツ着た 無口な男 オッチョンジ 気になる オッチョンジ ほれたの〜〉の心地よいリズムを記憶している人は多いはずで、韓国では国民的歌謡になっている。

作詞家のレコード累積売上げ枚数順は秋元康＞阿久悠＞松本隆＞小室哲哉だそうだ。生き馬の眼を抜く業界で彼らがのし上がるには、歌名・内容の新奇性や斬新さが必要だ。その模索から昭和後期の流行歌に(2)の無国籍物が激増したようだ。だがUFO〈手を合せて 見つめるだけで愛しあえる 話も出来る　くちづけするより甘く　ささやきくより強く　私の心をゆさぶるあなた〉では……。

CD購入やコンサート参加を含め、今の流行歌の主要客は中高生〜若者層だ。そこで昭和後期の流行歌一覧で今まで挙げてこなかった残りは(3)ニューミュージック系の摂取・接近となろうが、(1)

の都市・地方社会生活変化と重なる歌も多い。ざっと見ると⑶系は、「22歳の別れ」「心の旅」「シクラメンのかほり」「なごり雪」「酒と泪と男と女」「想い出ボロボロ」「ふれあい」「青春時代」「愛のメモリー」「勝手にしやがれ」「あんたのバラード」「贈る言葉」「ダンシング＝オールナイト」「昴」「長い夜」「チャコの海岸物語」「卒業」「泪のリクエスト」「熱き心に」「人生いろいろ」「乾杯」「とんぼ」、など数多い。

これらの中で目立って記憶に残っているのは、「22歳の別れ」「なごり雪」「いちご白書をもういちど」「酒と泪と男と女」「ふれあい」「昴」「長い夜」「熱き心に」「とんぼ」などだが、昭和50年代後半は本来は傍流のフォーク系だが力が余って本流に残った歌も多い。かぐや姫で言うと、48年「神田川」、49年「妹」「赤ちょうちん」の延長に、50年の「なごり雪」「22歳の別れ」があるのだ。

グループかぐや姫の基本は、南こうせつ・伊勢正三・山田パンダの三人で紆余曲折はありつつ皆がまだ生きている。活動の前半は南こうせつが主軸だが、75年に大ヒットした「なごり雪」「22歳の別れ」は南の大分舞鶴高校の後輩の伊勢正三の作詞作曲だ。「なごり雪」はイルカの歌があまりに流れすぎたが、本来は1951年生まれの伊勢正三の体験をベースに「22歳の別れ」とセットで理解すべきだろう。

「なごり雪」〈汽車を待つ君の横で、僕は時計を気にしてる〉、「22歳の別れ」〈あなたに「さよなら」と言えるのは今日だけ〜〉の歌詞を比較すると、17歳〜22歳まで付き合った男女の切ない別れを男からと女からと歌ったことが分かる。問題は互いに空気のように愛し合った男女が、男の前途に見通しがなく?、女は同居地を離れて別な人に嫁いで行くのだ。荒井由実の作詞作曲でオリコン一位になった「いちご白書をもういちど」の長髪を切って就職する困惑も状況は類似している。

だが青年期に世に背を向けようとも、誰もが稼がざるを得ない。そこで「酒と泪と男と女」のように一緒に飲んだくれ、「想い出ボロボロ」のように調整をする。「長い夜」のように〈恋にゆれる心一つ～〉と自己肯定しつつ、「昴」のように心のみ肥大化もする。しかしそれなら世良公則「あんたのバラード」〈あんたにあげた愛の日々を　今更返せとは言わないわ～〉の方が精神衛生にはよい。出るも戻るも「勝手にしやがれ」の次は「人生いろいろ」が成熟への道筋だろう。

だが昭和63年（1988年）に長渕剛「とんぼ」の〈死にたいくらいに憧れた花の都大東京〉で、幸せのとんぼを追い続ける歌詞を聞いたときは、東京在住者としては「憧れる対象なのか?」と愕然とした。情報過多で先が見えても、自分にしか自己統括は出来ない。ならば自分なりに失敗・再挑戦を繰り返すほかないという青年層の社会的環境受容は、平成に入ってのフォーク後のラップ世代にも連動しているのかも知れない。

## 31 流行歌記憶復元における「歌い出し」の重要性

歌が好きでたまらず歌は〝心の点滴だ〟と言う小沢昭一が『小沢昭一的 流行歌・昭和の心』でまず挙げたのが、同じ東京生まれの藤山一郎の「東京ラプソディ」だ。小沢は〈花咲き花散る宵も銀座の柳の下で〜〉を聞くと、ジャズの流れるカフェ、駅前の円タクと人力車、フクロウの鳴く森、ヤンマが押し寄せる川、小鮒の釣れる沼などがあふれる我がフルサト東京を思い出し、少年時代の元気や希望やエネルギーが再び湧いてくると言う。

小沢の母は藤山一郎後援会に入っていて、昭一は相撲が強く喧嘩っ早く編み物が得意な藤山一郎の多面を知り殆どの曲を聴いているが、すべての曲が好きではないと言う。「男の純情」の二番〈影はやくざに　やつれても　きいてくれるな　この胸を〜〉に心が動き、戦前最後の「なつかしの歌声」〈銀座の街　今日も暮れて〜〉に落ち着き、戦後の「夢淡き東京」の〈悩み忘れんと　貧しき人は歌い　狭い露地裏に　夜風はすすり泣く〉に、当時の混乱期の心情が支えられたのだそうだ。

同時代を生きて様々な歌を聴いた体験が共通でも、同じ歌手が好きでも、各自の心に残る歌は同じではない。歌を受容する心の動きは、不思議なことに親子でも、兄弟でも、仲のよい友人相互でも、恋する男女間でも同じではない。国が軍歌を推奨しても、運動会で同じメロディをかけ続けても、同窓会で定番ソングを歌っても、各自の心の動きや好みは同じ向きにはならない。

だからカラオケ選手権のように機械が判定する歌の点数と、それを聴く各自の歌の好みはまったく別々の方向を向いているのだ。陸上競技のように同じ距離を何秒で走ったかの比較であれば、どんな民族のどんな国民でも例え機械人間でも同一基準の評価ができる。だがどんな局面でどんな歌を聴きどのように反芻するかによって、歌へのこだわりや好みや評価は人それぞれ異なっているのだ。

心の動きは新聞の記事でも話し言葉でも事実確認や喜怒哀楽の反応そのままでは残らず、ふと口ずさむ歌のフレーズに体現されることも多い。しかも眠る時に見る夢に似て、その場ではなぜ口ずさんだのか分からぬのに、しばらく後に自分の心の動きやこだわりが分かることもある。その意味では各自の心が好む歌は、レコード会社の商品としての作詞家・作曲家・歌手の三点セットではなく、ふと口ずさむフレーズや「歌い出し」の方が圧倒的に多いのだ。

「流行歌の精神史」の連載で数多くの気に掛かる歌を挙げてきたが、索引のスタイルを考えた。作詞家・作曲家・歌手の厳密な三点セットは不要だし、歌われた曲名の年代や歌手名は補助的に必要だろうと思う。しかし、替え歌や競作も多いし、歌い出しこそが重要だ。ならば、と、曲名はアイウエオ順に並べ、「歌い出し」をなるべく長く詳しく載せる索引方式に定めた。

歌詞と伴奏付ブログの類では「二木紘三のうた物語」が秀逸で、私より少し年長らしい二木は内外の唱歌や歌曲や童謡のほか目配り広く時代で流行した歌を収集し、作詞・作曲・歌手まできちんと明示し、自分で電子伴奏を加え、コメントを付して感想類も掲載している。ならば二木ブログ目次を許可を得て、私の「歌い出し二千曲集索引」のベースにしようかとも思ったが止めた。

五十音別索引の冒頭ア項目を見ると、私が予定した曲名で二木ブログの目次にはないものは、〈愛しちゃったのよ・愛して頂戴・逢いたかったぜ・会津磐梯山・会えてよかった・愛ちゃんはお嫁に・愛と死をみつめて・愛のくらし・愛の終着駅・愛の水中花・愛のままで・青い背広で・赤いグラス・赤い風船（浅田・加藤）・赤城の子守唄・赤旗の歌・アキラのズンドコ節・憧れのハワイ航路・憧れの郵便馬車・熱き心に・アナスタシア・あなた・あなたに会えてよかった・あの鐘を鳴らすのはあなた・あの娘と僕・あの娘たずねて・あの町この町・雨がやんだら・雨の御堂筋・ありがたや節・ある愛の詩・アルプスの牧場・アンコ椿は恋の花・あん時ゃどしゃ降り〉など、何とア行だけで37曲余もある。私の方が目配りが雑な分、関心幅がずっと広いようだ。

二木ブログのコメント者の多くは戦後の中学・高校・大学を経て、言いたくとも言い出せなかった初恋の思い出やデートとも言えぬ逢う瀬の淡い記憶を繰り返す60年安保世代の方々が多いようだ。だが恥ずかしかったが殻を破ったとか、失敗してもともとの行動がうまく運んだの類は殆どない。わずかな年の差しかないが、年下の私のこだわりとは少しズレている感じが強過ぎる。私らの年代はもっとはじけていて歌の好みの幅も広いし、替え歌も好きだ。そんな微妙なこだわりの差が全共闘を生み、様々な領域での社会的価値観が分岐したのだ。

　ぶっちゃけて私のア項目の追補予定曲を示すと、リベラルそうな二木氏はその殆どをそんな歌もあったねと納得するだろう。だが同時代を生きた各人の〈好み〉の豊富化の前提は、微差への自立的こだわりの徹底化の末の相互確認にあると私は考えている。その意味で私は準備中の、「歌い出し付き二千曲索引」での自分なりの〈好み〉の徹底をまず図ろうと考えたのだ。


　歌曲の記憶と言っても、古典作品などは演奏者の記憶があいまいでも曲名まで忘れはしないだろう。逆に一九六〇年代を通して全盛だった替え歌などは、微妙な歌詞の言い回しのズレにはこだわるが、作詞家・作曲家・レコード会社などに関心はない。自分の心裏に宿り時折思い出す歌の核心は、後者に近くつい口ずさむ歌い出しからの全体像の引き寄せである。

　かつて岩波書店は『広辞苑』の好評を喜び、編集部が自ら『逆引き広辞苑』を出した。その意味では、歌本の一部に残っていた曲名一覧に付した歌い出し表記を、二千曲に拡大し詳細化した私の今回のサービスが「大型歌い出し本」に化ける可能性もゼロではない。すでにカラオケ業界では歌い出し検索化も進めているらしい。

　だが流行歌の、記憶に残る歌い出し部分は、歌詞冒頭部だけではないのだ。流布されている「歌い出し索引」は、すべて歌の冒頭の一行だけだ。しかし「船頭小唄」の〈己《おれ》は河原の枯れすすき〉は有名だが、インパクトのある〈死ぬも生きるも　ねえお前　水の流れに　何かわろう〉を、〈略・〉

を付して私は歌い出しとした。

〈歌い出し検索〉は、曲名とその歌い出し部分を直結すればよいとの机上案ほど楽には進まない。作詞家・作曲家・歌手の公的三点セットを前提としないから、たとえばワルシャワ労働者の歌をワルシャワ労働歌など一般化している曲名に統一した。ロシア民謡やシャンソンなどでは、私の記憶に濃い聞き易い歌い出しを選んだ。「帰れソレントへ」は〈うるわしの海はうつつにも夢む〉もあるが、私は高校で歌った〈海原はるけく離れし春秋〉の方が好きなのだ

また「歌い出し索引」があると不鮮明な記憶が復元できる場合がある。私的な記憶で恐縮だが、〈あの人が　いつも歌っていた　昔の歌　古い歌　たそがれ時　何とはなく　涙がこぼれて来るの〉というフレーズが私の記憶の古層に残っている。確か倍賞千恵子の歌のような気がしたが、調べてもヒットしない。

だが手元の各種の音楽曲集の「歌い出し」類を比較精査すると、1935年に淡谷のりこが歌った「ドンニャ・マリキータ」のようで、これが日本でレコード化されたシャンソン第一号らしい。だが私の記憶の歌詞では、あの人の歌を聴く「私」は涙を流している。だが淡谷の歌詞では聴いている歌が私の「くちびるをもれて来るの」で、私の記憶の方が情景としては整合性が高く思える。

もう少しレベルを上げて考えると、曲名と内容が最初から対応している場合に「歌い出し索引」はもっとも有効性を発揮する。だが曲の中での歌詞の記憶が最初ではなく、もっとも印象深い内容の部分の場合がありえる。たとえば「月日は流れ　私は残る」の歌詞の出所が気掛かりだったが、

これはアポリネール「ミラボー橋」の4番だった。この場合は私の記憶傾向を重視し、歌い出しとした。

流行歌は何が契機でヒットするかは分からない。作曲家は歌のイメージを示し、作詞家は悪戦苦闘して歌詞内容をしぼり、歌手にふさわしい最適タイトルを付ける。だがタイトル名が歌の冒頭から出る場合はよいが、様々な配慮から歌の主内容が二番や三番になって出る場合もある。「出世街道」の冒頭は〈やるぞ見ておれ口には出さず〉は体育会的がんばりの志として、東京オリンピック優勝女子バレーの愛唱歌となった。一番は依頼内容通りなのだろうが、作詞の星野哲郎は三番で〈他人《ひと》に好かれて　いい子になって　落ちて行くときゃ独《ひと》りじゃないか〉と考えを深めた。体育会的バンバリズムにこんな風穴が空いていたら、集団主義も少しは是正できた筈である。

「流行歌の精神史」のラストが、連載で言及し関連する曲名の「歌い出し二千曲集」に偏ったことは申し訳ない。だがそれも全体としては私の表現の一部で、「歌い出し二千曲集」を含め私が現時点で広く流行歌を談じる上での最良手法の模索でもあったのだ。平成期に多感な少年少女期を迎えた今40歳以下位の人たちは、私達とは違った手法で自分らの世代の流行歌の全体像や心に残る意味を追う方法を探るしかない。椎名林檎がいま「木綿のハンカチーフ」を歌う形での旧時代への接近とは別のスタイルでの考察が必要だろう。

# 歌い出し二千曲集

## 言及・参考曲集〈50音順歌い出し付き一覧〉

### 〔ア〕

**ああ上野駅**（どこかに故郷の香りをのせて　入る列車のなつかしさ）
**ああ新撰組**（加茂の河原に千鳥が騒ぐ）
**ああモンテンルパの夜は更けて**（～　つのる思いにやるせない）
**ああそれなのに**（空にゃ今日も　アドバルーン）
**愛さんさんと**（雨さんさんと　この身に落ちて　少しばかりの　運の悪さを　恨んだりして）
×**愛して愛して愛しちゃったのよ**（愛しちゃったのよ　～　あなただけを　死ぬ程に）
×**愛して頂戴**（一目見たとき　好きになったのよ）
**哀愁の街に霧が降る**（日暮れが青い灯つけてゆく　恋の十字路）
**哀愁列車**（ほれてほれて　ほれていながら行く俺に）
**会いたい**（今年も海に行くって　いっぱい映画を観るって～）
**逢いたいなァあの人に**（島の日暮れの　段々畑）
×**逢いたかったぜ**（逢いたかったぜ　三年ぶりに）
×**会津磐梯山**（～　は宝の山よ　笹に黄金がなりさがる）
×**会えてよかった**（～　苦労したろう）
**逢いたくて逢いたくて**（愛した人はあなただけ　わかっているのに）
×**愛ちゃんはお嫁に**（さようなら　さようなら　今日限り）
×**愛と死を見つめて**（マコ…甘えてばかりでごめんネ）
×**愛のくらし**（この両手に　花を抱えて　あの日あなたの　部屋を訪ねた）
×**愛の終着駅**（寒い夜汽車で膝をたてながら　書いたあなたの　この手紙）
×**愛の水中花**（これも愛　あれも愛　たぶん愛　きっと愛）
**愛の讃歌**（あなたの燃える手で　私を抱きしめて）
×**愛のままで**（略・だれかとくらべる幸せなんて　いらない）
**アヴェ・マリア**（～　わが君）
**青い山脈**（若くあかるい歌声に）
×**青い背広で**（～心も軽く　街へあの娘と行こうじゃないか）
×**青い星くず**（たった一人の日暮れに　見あげる空の星くず）
**仰げば尊し**（～　我が師の恩）
**青葉城恋唄**（広瀬川流れる岸辺　想い出は帰らず）
**青葉の笛**（一の谷のいくさ破れ　討たれし平家の公達あわれ）
**赤い靴**（赤い靴はいてた　女の子）
**赤い靴のタンゴ**（誰がはかせた赤い靴よ）
×**赤いグラス**（唇よせれば　なぜかしびれる　赤いグラスよ）
**赤いサラファン**（～縫うてみても　楽しいあの日は帰りゃせぬ）
**赤いハンカチ**（アカシアの　花の下で）
×**赤い風船**〈浅田美代子〉（あの娘は　どこの娘　こんな夕暮れ）
×**赤い風船**〈加藤登紀子〉（赤い風船　手にもって　～）
**赤い夕陽の故郷**（おーい　呼んでいる　呼んでいる　～が）
**赤いランプの終列車**（白い夜霧の灯りに濡れて　別れ切ないプラットホーム）
×**赤城の子守歌**（泣くなよしよし　ねんねしな）
**赤坂の夜は更けて**（いま頃どうして　いるのかしら）
**アカシアの雨がやむとき**（～　このまま死んでしまいたい）
**赤ちょうちん**（あの頃ふたりのアパートは　裸電球まぶしくて）

**赤胴鈴之助**（剣をとっては日本一に　夢は大きな少年剣士）
**赤と黒のブルース**（夢をなくした奈落の底で　何をあえぐか影法師）
**赤とんぼ**（夕焼け小焼けの　赤とんぼ）
**紅《あか》とんぼ**（略・からにしてって　酒も肴も　今日でお終い　店じまい）
×**赤旗の歌**（民衆の旗　赤旗は　戦士の屍を包む）
×**赤旗の歌**〈替え歌〉（民衆の酒　焼酎は　安くて回りがはやい）
**秋でもないのに**（～　ひとこいしくて）
×**アキラのズンドコ節**（街のみんながふりかえる　青い夜風もふりかえる）
**アキラのダンチョネ節**（逢いはせなんだか　小島のカモメ）
×**憧れのハワイ航路**（晴れた空　そよぐ風）
×**あこがれの郵便馬車**（南の丘をはるばると　郵便馬車がやってくる）
**朝はどこから**（～来るかしら　あの空越えて　雲越えて）
**朝まで待てない**（あきらめ捨てた筈なのに　恋は眠りを忘れさせる）
**朝日のあたる家**（あたしが着いたのは　ニューオリンズの）
**あざみの歌**（山には山の愁いあり　海には海のかなしみや）
**明日は明日の風が吹く**（風はきままに　吹いている）
**あずさ2号**（あした私は旅に出ます）
**アタックNo.1**（苦しくたって　悲しくたって　コートの中ではへいきなの）
×**熱き心に**（北国の　旅の空　流れる雲　はるか　時に人恋しく）
×**アナスタシア**（～　小雨ふる　パリの夜に）
**あなた**〈小坂明子〉（もしも私が家を建てたなら　小さな家を建てたでしょう）
×**あなた**〈生き物係〉（～と　ただ～と　言葉をつないで）
**あなたと共に**（～　行きましょう　恋の甘さと切なさを）
×**あなたに会えてよかった**（時が過ぎて　今　心から言える　～）
**あの丘越えて**（山の牧場の　夕暮れに　雁が飛んでる　ただ一羽）
×**あの鐘を鳴らすのはあなた**（あなたに逢えてよかった　あなたには希望の匂いがする）
×**あの娘と僕**（スイム　スイム　スイム　スイムで踊ろう）
×**あの娘たずねて**（花の東京のど真ん中　ぐるり廻るは山手線）
**あの素晴しい愛をもう一度**（命かけてと誓った日から　すてきな想い出　残してきたのに）
**あの日にかえりたい**（泣きながらちぎった写真を　手のひらにつなげてみるの）
×**あの町この町**（～　日が暮れて）
**網走番外地**（春に春に追われし　花も散る）
**あばよ**（何もあの人だけが　世界中でいちばん）
**天城越え**（隠しきれない移り香が　いつしかあなたに浸みついた）
**アムール河の波**（見よアムールに波白く　シベリアの風たてば）
**雨**（雨がふります　雨がふる）
×**雨がやんだら**（～お別れなのね　二人の思い出　水に流して）
**雨に咲く花**（及ばぬことと　諦めました　だけど恋しい　あの人よ）
**雨のオランダ坂**（こぬか雨ふる　港の町の　青いガス灯の　オランダ坂で）
**雨のバラード**（降りしきる雨の舗道　ほほ伝う銀のしずく）
**雨のブルース**（雨よ降れ降れ　悩みを流すまで）
**雨の慕情**（心が忘れたあのひとも　膝が重さを覚えてる）
×**雨の御堂筋**（こぬか雨降る　御堂筋　心変わりな　夜の雨）
**雨降りお月さん**（雨降りお月さん　雲のかげ　お嫁にゆくときゃ　誰とゆく）

**雨降る街角**（辛いだろうが　やぼな事言うでない　これきり逢えぬ二人じゃないさ）

**アメリカ橋**（風が足もとを　通りすぎてゆく）

**アラビヤの唄**（砂漠に陽が落ちて　夜となるころ）

**×ありがたや節**（　ありがたや　〜　〜　〜）

**ありがとう・さようなら**（〜ともだち　ひとつずつの笑顔　はずむ声）

**アリラン**（〜　〜　アラリヨ　〜峠を　越えて行く）

**×ある愛の詩**（海よりも　深い愛があるのを　教えてくれたのはあなた）

**或る雨の午後**（雨が降ってた　しとしとと　或る日の午後のことだった）

**×アルプスの牧場**（　雲が行く　雲が行く　〜よ）

**阿波踊**〈阿波よしこの〉（踊る阿呆に　見る阿呆　同じ阿呆なら）

**×アンコ椿は恋の花**（三日おくれの便りをのせて　船が　行く行く波浮港）

**×あん時ゃどしゃ降り**（〜　雨ン中）

（参考：ア欄の×印37曲は32で触れた仁木紘三「うた物語」未収録曲）

## 〔イ〕

**いいじゃないの幸せならば**（あのときあなたと　くちづけをして）

**いい日旅立ち**（雪解け間近の　北の空に向かい　過ぎ去りし日々の夢を　叫ぶとき）

**いい湯だな**（〜　〜　ゆげが天井から　ポタリと背中に）

**夜来香**〈イエライシャン〉（あわれ春風に　嘆くうぐいすよ　月に切なくも匂う　〜）

**家路**（遠き山に日は落ちて　星は空をちりばめぬ）

**池上線**（古い電車のドアのそば　二人は黙って立っていた）

**池袋の夜**（略・どうせ気まぐれ東京の　夜の池袋）

**異国の丘**（今日も暮れゆく　異国の丘に　友よ辛かろ　切なかろ）

**居酒屋**（もしも　きらいでなかったら　何か一杯のんでくれ）

**石狩挽歌**（海猫《ごめ》が鳴くから　ニシンが来ると赤い筒袖《つっぽ》の　やん衆がさわぐ）

**伊勢佐木町ブルース**（あなた知ってる　港ヨコハマ）

**急げ幌馬車**（日暮れ悲しや　荒野《あれの》は遥か　〜鈴の音だより）

**潮来笠**（潮来の伊太郎　ちょっと見なれば　薄情そうな渡り鳥）

**「いちご白書」をもう一度**（いつか君と行った　映画がまた来る）

**いつかある日**（〜　山で死んだら　古い山の友よ　伝えてくれ）

**五木の子守唄**（おどま　盆ぎり　盆ぎり）

**一週間**（日曜日に　市場へ出かけ　糸と麻を　買ってきた）

**一杯のコーヒーから**（〜夢の花咲く　こともある）

**一本刀土俵入り**（すもう名乗りをやくざに代えて）

**いっぽんどっこの唄**（ボロは着てても　こころの錦）

**一本の鉛筆**（あなたに　聞いてもらいたい）

**いつでも夢を**（星よりひそかに　雨よりやさしく　あの娘はいつも歌ってる）

**田舎の冬**（ましろにおく霜　峰の雪）

**命くれない**（生まれる前から　結ばれていた）

**異邦人**（子供たちが空に向かい　両手を広げ）

**今は幸せかい**（遅かったのかい　君のことを　好きになるのが　遅かったのかい）

**イムジン河**（〜　水清く　とうとうと流る）

**妹**（〜よ　ふすま一枚　へだてて今小さな寝息をたててる　〜よ）

**イヨマンテ（熊祭）の夜**（〜　燃えろかがり火　ああ満月よ）
**色づく街**（いまもあなたが好き　まぶしい思い出なの）
**インターナショナル**（起て飢えたる者よ 今ぞ日は近し　醒めよ我が同胞《はらから》よ暁は来ぬ）

〔ウ〕

**ウオンテッド**（私の胸の鍵を　こわして逃げて行った　あいつはどこにいるのか　盗んだ心かえして）
**上を向いて歩こう**（〜　涙がこぼれないように）
**うそ**（折れた煙草の　吸がらで　あなたの嘘が　わかるのよ）
**唄入り観音経**（遠くちらちら　灯りが揺れる　あれは言問　こちらを見れば）
**歌の翼に**（〜　きみを送らん）
**歌の町**（良い子が住んでる　よい町は）
**うちの女房にゃ髭がある**（何か言おうと思っても　女房にゃ何だか言えません）
**宇宙戦艦ヤマト**（さらば地球よ　旅立つ船は　〜）
**美しき五月のパリ**（オルジョリ　モア　ドゥ　メア　パリ）
**美しい十代**（白いのばらを　ささげる僕に）
**美しき天然**（空にさえずる鳥の声　峰より落つる滝の音）
**うみ**（うみはひろいな大きいな　月がのぼるし日がしずむ）
**海**〈文部省唱歌〉（松原遠く　消ゆるところ）
**裏町人生**（暗い浮世の　この裏町を　覗く冷たい　こぼれ陽よ）
**怨み節**（花よきれいとおだてられ 咲いてみせれば すぐ散らされる）
**ウラルのぐみの木**（川面静かに　歌流れ　）
**美しき五月**（〜の　花みな開けば　わが心にも）
**噂の女**（女心の悲しさなんて　わかりゃしないわ　世間の人に）

〔エ〕

**栄冠は君に輝く**（雲は湧き　光あふれて）
**駅馬車**（あの村この町を　今日また後にして）
**越後獅子の唄**（笛にうかれて逆立ちすれば　山が見えますふるさとの）
**エデンの東**（緑の風　かおる野山を）
**エリカの花散るとき**（青い海を　見つめて　伊豆の山かげに）
**江の島エレジー**（恋の片瀬の　浜千鳥　泣けば未練のますものを）
**襟裳岬**〈森進一〉（北の街ではもう　悲しみを暖炉で　燃やしはじめているらしい）
**エルベ河**（ふるさとの声が聞こえる　自由の大地から）
**演歌チャンチャカチャン**（暗い浮世の　この裏町を　チャーンカラチャチャ）
**エンヤトット**（やってみましょう手拍子で　〜の このリズム これがウチらのロックンーロールやればジンワリ効いてくる）

〔オ〕

**おーい中村君**（〜　ちょいと待ちたまえ）
**大きな古時計**（大きな　のっぽの　古時計）
**お江戸日本橋**（〜　七ツ立ち　初のぼり　行列そろえて　あれわいさのさ）
**大阪しぐれ**（ひとりで　生きてくなんて　できないわ）
**大阪ラプソディー**（あの人も　この人も　そぞろ歩く宵の町）
**大阪ろまん**（略・好きやね　好きやね　咲くやこの花　〜）
**王将**（吹けば飛ぶよな　将棋の駒に　賭けた命を　笑わば笑え）

大利根月夜（あれを御覧と　指差すかたに　利根の流れを　流れ月）
大利根無情（利根の　利根の川風　よしきりの）
おお牧場はみどり（～　草の海　風が吹く）
丘は花ざかり（略・ああ　若い日の～）
丘を越えて（～真澄の空は　朗らかに晴れて）
奥様お手をどうぞ（白う花よマダム　その姿は　触れもすれば）
奥飛騨慕情（風の噂にひとり来て湯の香恋しい奥飛騨路）
贈る言葉（暮れなずむ町の　光と影の中）
おさげと花と地蔵さんと（指を丸めてのぞいたら　黙ってみんな泣いていた）
お座敷小唄（富士の高嶺に降る雪も　京都先斗町《ぽんと》に降る雪も）
おさななじみ（～の思い出は　青いレモンの味がする）
おさらば東京（死ぬほど辛い　恋に破れた　この心）
小樽のひとよ（あいたい気持ちが　ままならぬ）
お使いは自転車に乗って（お使いは自転車で　気軽に行きましょう）
お月さん今晩は（こんな淋しい　田舎の村で　若い心を　燃やしてきたに　可愛いあの娘は）
落ち葉しぐれ（旅の落ち葉がしぐれに濡れて　流れ果てないギター弾き）
弟よ（ひとり暮らしの　アパートで）
男傘（俺の俺のこぶしで　貴様の胸を　どんと一発）
男と女（聞こえる　バババダバダ　ダバダバダ）
男と女のお話（恋人にふられたの　よくある話じゃないか）
男の怒りをぶちまけろ（星のない暗い空　燃える悪の炎 こらえこらえて 胸にたぎる怒りを　冷たく月が笑った時に 命かけて～）
男の裏町（こんな冷たい　世間と知らず～）
男の純情（男いのちの純情は　燃えてかがやく金の星）
男はつらいよ（俺がいたんじゃ　お嫁にゃ行けぬ　わかっちゃいるんだ　妹よ）
お富さん（粋な黒塀　見越しの松に　仇な姿の洗い髪）
踊子（さよならも言えず泣いている　私の踊り子よ　ああ船が出る）
おひまなら来てよね（～　私淋しいの）
おふくろさん（～よ～　空を見上げりゃ　空にある）
おぼろ月夜（菜の花畑に　入日薄れ）
おまえに（そばにいてくれるだけでいい だまっていてもいいんだよ）
お前に惚れた（略・惚れた惚れたよ～　肩を抱きよせ　眸《め》を のぞきゃ　頬に紅さす～）
お祭りマンボ（私のとなりのおじさんは　神田の生まれで　チャキチャキ江戸っ子　お祭り騒ぎが大好きで）
おもいで酒（無理して飲んじゃいけないと　肩をやさしく　抱きよせた）
思い出さん今日は（目隠しした手を　優しくつねり）
想い出のソレンツァラ（私のソレンツァラ　夜の浜辺に）
思い出のブルース（誰が捨てたバラ　濡れた舗道に踏まれて）
想い出のボレロ（山川越えて　想い出は　流れる雲か　夜の霧）
想い出ぼろぼろ（ドアを細目に開けながら夜更けにアイツが帰ってくる）
想い出まくら（こんな日は　あの人の　真似をして　けむたそうな顔をして　煙草をすうわ）
おもちゃのチャチャチャ（～　～　チャチャチャチャ　～　）
おやじの海（海はヨー　海はヨー　でっかい海はヨー）
およげ！たいやきくん（毎日毎日　僕らは鉄板の　上で焼かれて

嫌になっちゃうよ）
**お嫁においで**（もしもこの船で 君の幸せ見つけたら すぐに帰るから僕のお嫁においで）
**折り鶴**（誰が教えてくれたのか 忘れてたけど 折り鶴を）
**俺あ東京さ行ぐだ**（略・電話も無ェ 瓦斯も無ェ バスは一日一度来る 俺らこんな村いやだ～ 東京へ出るだ）
**俺たちの旅**（夢の坂道は 木の葉模様の石だたみ まばゆく白い長い壁）
**俺はお前に弱いんだ**（つれないそぶり したけれど 俺の胸は燃えている）
**俺は待ってるぜ**（霧が流れて むせぶような波止場）
**オーマリヤーナ**（～ 可愛いいマリヤーナ）
**オールド・ブラック・ジョー**（若き日はや夢と過ぎ わが友みな世を去りて）
**女心の唄**（あなただけはと信じつつ 恋におぼれてしまったの）
**おんな船頭唄**（嬉しがらせて泣かせて消えた 憎いあの夜の旅の風）
**女の意地**（こんなに別れが 苦しいものなら 二度と恋など したくはないわ）
**女の階級**（君に捧げた まごころの）
**女の園**（古き都に咲きし 花の命は 祇王の夢ならずや 常盤ならずや）
**女のためいき**（死んでもお前を はなしはしない そんな男の 約束を）
**女の道**（私がささげたその人に あなただけよと すがって泣いた）
**おんなの宿**（想い出に降る 雨もある 恋にぬれゆく 傘もある）
**女ひとり**（京都 大原 三千院 恋に疲れた女がひとり）

〔カ〕

**かあさんの歌**（母さんは夜なべをして 手袋編んでくれた）
**ガード下の靴みがき**（紅い夕日が ガードを染めて ビルの向こうに 沈んだら）
**帰って来たヨッパライ**（オラは死んだじまっただ ～ ～ 天国に行っただ）
**かえり船**（波の背の背に 揺られて揺れて）
**蛙の笛**（月夜の 田んぼで コロロコロロ）
**帰れソレントへ**（海原はるけく 離れし春秋 心に忘れぬ恋しき山よ）
**帰ろかな**（～ 帰るのよそうかな）
**柿の木坂の家**（春には柿の花が咲き 秋には柿の実が熟れる）
**学園広場**（空に向かって あげた手に）
**学生街の喫茶店**（君とよくこの店に来たものさ 訳もなくお茶を飲み 話したよ）
**学生時代**（つたの絡まるチャペルで 祈りをささげた日）
**学生時代**〈替え歌〉（インターを歌いながら 革命を夢見た）
**角兵衛獅子の唄**（生まれて父の 顔知らず 恋しい母の 名も知らぬ）
**影を慕いて**（まぼろしの 影を慕いて雨に日に）
**籠の鳥**（逢いたさ見たさに 怖さを忘れ）
**飾りじゃないのよ涙は**（略・～ HAHAN 好きだと言っているじゃない HOHO）
**カスバの女**（涙じゃないのよ 浮気な雨に）
**喝采**（いつものように幕が開き 恋の歌うたうわたしに 届いた報せは）
**風**（人は誰もただ一人 旅に出て）

**風の盆**（哀しい時は目を閉じて　八尾の秋を思い出す）
**風の盆恋歌**（蚊帳の中から　花を見る）
**風を感じて**（略・It.s easy 走り出せよ Easy to be happy 風の青さを）
**影を慕いて**（まぼろしの　影を慕いて　雨に日に）
**籠の鳥**（逢いたさ見たさに　怖さを忘れ）
**カチューシャ**（りんごの花ほころび　川面にかすみたち）
**カチューシャの唄**（カチューシャかわいや　わかれ のつらさ）
**悲しい色やね**（にじむ街の灯を　ふたり見ていた）
**悲しい酒**（ひとり酒場で　飲む酒は　別れ涙の　味がする）
**哀しい妖精**（いくつの手紙出せば　あなたに会えるかしら）
**悲しき雨音**（耳をすませて聞こうよ　あの雨の音）
**悲しき口笛**（丘のホテルの　赤い灯も　胸のあかりも　消えるころ）
**悲しき子守歌**（かわいい　お前が　あればこそ）
**悲しき竹笛**（ひとり都の　たそがれに　思い哀しく　笛を吹く）
**悲しき天使**（木枯らしの街をゆく　ひとりぼっちの私）
**悲しくてやりきれない**（胸にしみる　空のかがやき）
**悲しみがとまらない**（I Can't Stop The Loneliness こらえ切れず）
**悲しみの黒い瞳**（なぜにほほえむのか　別れの夜に）
**カナリア**（唄を忘れたカナリアは　後ろの山に棄てましょか）
**鐘の鳴る丘**（緑の丘の赤い屋根　とんがり帽子の時計台）
**鎌倉**（七里ヶ浜の磯づたい　稲村ヶ崎名将の　剣投ぜし古戦場）
**蒲田行進曲**（虹の都　光の港　キネマの天地）
**カミニート**（カミニートよ　愛の小径　二人歩みし小径）
**仮面舞踏会**（冒頭・トゥナイヤイヤイヤイセイ　ヤティア！　シャイな言い訳）
**かもめはかもめ**（あきらめました　あなたのことは）
**唐獅子牡丹**（義理と人情を　秤にかけりゃ　義理が重たい　男の世界）
**ガラスのジョニー**（黒い面影　夜霧に濡れて　ギターも鳴いている　ジョニーは何処に）
**からたち日記**（こころで好きと叫んでも　口では言えず　ただあの人と）
**からたちの花**（～が咲いたよ　白い白い花が咲いたよ）
**カリンカ**（～　～　～マヨ）
**枯葉**（あれは遠い想い出　やがて消える灯影も）
**カロ・ミオ・ベン**（わが夢　わが歌　そは君　ただひとり）
**可愛いスーチャン**（お国のためとは言いながら　人の嫌がる軍隊に）
**可愛い花**（プティット・フルー　～）
**川岸のベンチで**（ともしびまたたき　月は水にゆれ）
**河内音頭**（略・ちょいと出ました私は　おみかけ通りの悪声で）
**川の流れのように**（知らず知らず　歩いてきた　細く長いこの道）
**川は流れる**（病葉《わくらば》を　今日も浮かべて　街の谷　川は流れる）
**河は呼んでる**（デュランス河の　流れのように）
**神田川**（あなたはもう 忘れたかしら　赤い手拭い マフラーにして）
**ガンダーラ**（略・ガンダーラ 何処かに あるユートピア どうしたら行けるのだろう）
**勘太郎月夜唄**（影か柳か　勘太郎さんか）
**乾杯**（かたい絆に想いをよせて　語り尽くせぬ 青春の日々）
**関白宣言**（お前を嫁にもらう前に 言っておきたい事がある　かなりきびしい話もするが　俺の本音を聴いておけ）
**乾杯の歌**（盃を持て　さあ卓をたたけ　立ち上がれ飲めや　歌えやもろびと）
**がんばろう**（ガンバロウ！　突き上げる空に）

## 〔キ〕

**キエンセラ**（私を愛するのは　誰でしょう　誰でしょう　～
その人に逢えるのは　いつでしょう　いつでしょう）
**祇園小唄**（月はおぼろに東山　霞む夜毎のかがり火に）
**聞かせてよ愛の言葉を**（愛のその言葉を　繰りかえし　甘くこの胸に囁いてよ）
**危険なふたり**（今日からふたりは　恋という名の）
**ギザギザハートの子守唄**（ちっちゃな頃から悪ガキで　15で不良と呼ばれたよ）
**キス・オブ・ファイヤー**（燃ゆる口づけ　このひととき）
**木曽節**（木曽のナーア　ナカノリサン）
**傷だらけの人生**（何から何まで真っ暗闇よ　筋の通らぬことばかり）
**ギターを持った渡り鳥**（赤い夕陽よ　燃えおちて）
**北上夜曲**（匂い優しい白百合の　濡れているよなあの瞳
**北国の春**（白樺　青空　南風）
**北国行きで**（次の北国行きが　来たら乗るの）
**北酒場**（北の酒場通りには　長い髪の女が似合う）
**北の旅人**（たどり着いたら　岬のはずれ）
**北の宿から**（あなた変わりはないですか　日毎寒さがつのります）
**北へ**（～帰ろう　思い出抱いて　～帰ろう　星降る夜に）
**喫茶店の片隅で**（アカシア並木の黄昏は　淡い灯がつく喫茶店）
**絹の靴下**（間違いはあの時生まれた　私はがまんできない）
**希望**（～という名の　あなたをたずねて）
**君いとしき人よ**（君　名も知らぬ　うるわしき人よ）
**君こそわが命**（あなたをほんとは　さがしてた）
**君がすべてさ**（これきり逢えない　別れじゃないよ）
**君恋し**〈フランク永井〉（宵闇せまれば　悩みははてなし）
**君だけに愛を**（オープリーズ　々　僕のハートを　君にあげたい）
君だけを（いつでもいつでも君だけを　夢にみている　ぼくなのさ）
**君といつまでも**（二人を夕やみが　つつむこの窓辺に）
**君に会いたい**（若さゆえ苦しみ　若さゆえ悩み）
**君の名は**（～と　たずねし　人あり　その人の　名も知らず）
**君は心の妻だから**（愛しながらも　さだめに敗けて）
**君待てども**（～　～　まだ来ぬ宵　わびしき宵）
**君忘れじのブルース**（雨降れば　雨に泣き　風吹けば　風に泣き）
**兄弟仁義**（親の血を引く兄弟よりも　かたいちぎりの義兄弟）
**兄弟舟**（波の谷間に　命の花が　ふたつ並んで　咲いている）
**京都の恋**（風のうわさを信じて　今日からは）
**京都慕情**（あの人の姿懐かしく　黄昏の河原町）
**今日でお別れ**（今日でお別れね　もう逢えない）
**今日の日はさようなら**（いつまでも絶えることなく　友だちでいよう）
**きらめく星座**（男純情の　愛の星の色　冴えて夜空に　ただ一つ）
**霧子のタンゴ**（好きだから　とても　とても　とても）
**霧の中の少女**（涙はてなし　雪より白い　花より白い　君故かなし）
**霧の摩周湖**（霧に抱かれて　静かに眠る　星も見えない　湖にひとり）
**霧のロンドン・ブリッジ**（～に　人影も絶えて）
**銀色の道**（遠い遠い　はるかな道は）
**銀座カンカン娘**（あの娘可愛や　カンカン娘　赤いブラウス
サンダルはいて）
**銀座の恋の物語**（心の底までしびれるような　吐息がせつないささやきだから）

**銀座の雀**（銀座の夜　銀座の朝　真夜中だって知っている）
**禁じられた遊び**（空は遠くだまっている　雲は遠く流れていく）
禁じられた恋（禁じられても逢いたいの　見えない糸にひかれるの）

〔ク〕

**草津節**（草津よいとこ　一度はおいで）
**くちなしの花**（今では指輪も　まわるほど　やせてやつれた　おまえのうわさ）
**口笛が聞こえる港町**（君も覚えているだろ　別れ口笛　別れ船）
**グッド・ナイト**（なんでもない様に　街角で　別れたけれど　あの夜から）
**グッド・マイ・ベイビー**（きっといつかは　君のパパもわかってくれる）
**グッド・バイ・マイ・ラブ**（～この街角で　～歩いてゆきましょうあなたは右に　私は左に　ふりむいたら負けよ）
**暗い日曜日**（胸に赤い花を抱いて　吹きすさぶ木枯らしのなか）
**暗い港のブルース**（いとしいひと　あなたはいま　名前さえ告げずに　海にかえるの）
**グリーンスリーブス**（恋人つれなく　私を見捨てた）
**グリーン・フィールズ**（降りそそぐ光は　荒れゆく青い河は）
**狂った果実**（夏の陽を浴びて　潮風に揺れる花々よ）
**黒い傷あとのブルース**（霧降る夜の　この街角に　今日もまた　俺ひとり）
**黒いパイプ**（君にもらった　このパイプ　昼の休みに　窓辺に寄れば）
**黒い花びら**（～　静かに散った　あの人は　帰らぬ　遠い夢）
**黒い瞳**〈タンゴ〉（黒き汝が瞳　なやましや　夢路やよ覚むるな君がひとみよ）
**黒い瞳の**（黒い瞳の若者が　私の心をとりこにした）
**黒い目**（美しき黒い目よ　燃えたてる　君が目よ）
**黒猫のタンゴ**（君は可愛い　ぼくの黒猫　赤いリボンが　よく似合うよ）
**黒の舟唄**（男と女の間には　ふかくて暗い河がある）
**黒百合の歌**（黒百合は　恋の花　愛する人に捧げれば　二人はいつかは　結びつく）

〔ケ〕

**経験**（やめて　愛してないなら）
**ゲイシャワルツ**（あなたのリードで　島田もゆれる　チークダンスの悩ましさ）
**ケ・セラ・セラ**（略・～　なるようになるわ　先のことなど　判らない）
**月光仮面は誰でしょう**（どこの誰かは知らないけれど　誰もがみんな知っている）
**結婚しようよ**（僕の髪が肩まで伸びて　君と同じになったら）
**結婚するって本当ですか**（雨あがりの朝　とどいた短い手紙）
**ケメ子の唄**（きのうケメ子に　会いました）
**玄海ブルース**（情け知らずと　わらわばわらえ　ひとにゃ見せない男の涙）
**喧嘩辰**（略・殺したいほど惚れてはいたが　指もふれずにわかれたぜ）
**原爆を許すまじ**（ふるさとの街焼かれ　身寄りの骨埋めし焼土に今は白い花咲く）

〔コ〕

**恋**（恋というものは　不思議なものなんだ）

**恋心**（恋は不思議ね　消えたはずの　灰の中から　何故に燃える）

**恋におちて**（もしも願いが叶うなら　吐息を白いバラに変えて）

**恋の季節**（忘れられないの　あの人が好きよ　青いシャツ着てさ　海を見てたわ）

**鯉のぼり**（いらかの波と　雲の波　重なる波の中空を）

**恋のアマリリス**（赤い花なら　アマリリス）

**恋のしずく**（肩をぬらす恋のしずく　濡れたままでいいの）

**恋のバカンス**（ため息の出るような　あなたのくちづけに）

**恋のハレルヤ**（ハレルヤ花が散っても　ハレルヤ君のせいじゃない）

**恋の町札幌**（時計台の下で逢って　わたしの恋は　はじまりました）

**恋の曼珠沙華**（思いかなわぬ　夢ならば）

**恋はみずいろ**（青い空が　お陽さまにとける　白い波が　青い海にとける）

**恋は紅いバラ**（銀の首飾り　むせび泣くテナー　ゆれてとける髪〜）

**恋人もいないのに**（〜　薔薇の花束抱いて　いそいそ出かけて行きました）

**恋人よ**（枯葉散る夕暮れは　来る日の寒さをもの語り）

**恋をするなら**（焔のように燃えようよ　恋をするなら　愛するならば）

**高原の駅よさようなら**（しばし別れの夜汽車の窓よ　云わず語らずに　心とこころ）

**高原の宿**（都おもえば　日暮れの星も　胸にしみるよ　眼にしみる）

**高原の旅愁**（むかしの夢の　懐かしく　訪ね来たりし　信濃路の）

**高原列車は行く**（汽車の窓から　ハンケチ振れば　牧場の乙女が花束投げる）

**高校三年生**（赤い夕陽が校舎をそめて　ニレの木陰に弾む声）

**恍惚のブルース**（女の命は　恋だから）

**荒城の月**（春高楼の花の宴　めぐる盃影さして）

**氷の世界**（窓の外ではリンゴ売り　声をからしてリンゴ売り）

**故郷の廃家**（幾年ふるさと　来てみれば　咲く花　鳴く鳥　そよぐ風）

**故郷の人々**（はるかなるスワニー川　その下流）

**故郷を離るる歌**（園の小百合　なでしこ　垣根の千草）

**ここに幸あり**（嵐も吹けば　雨も降る　女の道よ　なぜ険しい）

**心さわぐ青春の歌**（われらの思いはそれはただ一つ　懐かしき祖国　永遠に栄えよ）

**心のこり**（私バカよね おバカさんよね うしろ指うしろ指 さされても）

**心の旅**（ああ だから今夜だけは 君を 抱いていたい　ああ明日の今頃は 僕は汽車の中）

**心の窓にともしびを**（いじわる木枯らし吹き付ける　古いセーターぼろシューズ）

**心もよう**（さみしさのつれづれに　手紙をしたためています）

**コサックの子守歌**（眠れや愛し子　安らかに）

**小雨の丘**（雨が静かに降る　日暮れの街外れ）

**小雨降る路**（小雨けむる　夜の街に　ともしび消え　われひとり）

**子鹿のバンビ**（〜　はかわいいな　お花がにおう春の朝）

**古城**（松風さわぐ丘の上　古城よ独り何偲ぶ）

**個人授業**（いけないひとねといって　いつもこの頭をなでる）

**コスモス**（薄紅のコスモスが秋の日の　何気ない陽だまりに揺れている）

**国境の町**（そりの鈴さえ　寂しく響く　雪の広野よ　町の灯よ）

**ゴッドファーザー愛のテーマ**（広い世界の片隅に　やがてふたりの朝が来る）

**子連れ狼**（しとしとぴっちゃん　しとぴっちゃん）
**この空を飛べたら**（空を飛ぼうなんて　悲しい話を　いつまで考えて　いるのさ）
**この広い野原いっぱい**（～咲く花を　ひとつ残らず　あなたにあげる）
**この道**（この道はいつか来た道　ああ　そうだよ　アカシアの花が咲いてる）
**この胸のときめきを**（夜ごと二人は　ここにいるけど　きみの瞳は悲しそうだ）
**この世の花**（あかく咲く花　青い花　この世に咲く花　数々あれど）
**五番街のマリーへ**（五番街へ行ったならば　マリーの家へ行き）
**小判鮫の唄**（略・好きといいおうか嫌いといいおか　嘘と誠は両花道よ）
**湖畔の宿**（山の淋しい湖に　ひとり来たのも悲しい心）
**こぼれ花**（紅い野バラが　ただひとつ　荒野の隅に　泣いている）
**コーヒー・ルンバ**（昔アラブの　偉いお坊さんが　恋を忘れた　あわれな男に）
**小指の想い出**（あなたが噛んだ小指が痛い　きのうの夜の　小指が痛い）
**コロラドの月**（～の夜　ひとり行く岸辺に　想い出を運び来る　遥かなる流れよ）
**金色夜叉**（熱海の海岸散歩する　貫一お宮の二人連れ）
**ゴンドラの唄**（いのち短し　恋せよおとめ　あかき唇　あせぬ間に）
**コンドルは飛んで行く**（もしも　できることなら　空を飛べるすずめなら　楽しい）
**こんにちは赤ちゃん**（～　あなたの笑顔）
**今夜は踊ろう**（青い星の光が　遠くに　またたく　浜辺には）

〔サ〕

**斉太郎節**（エンヤートット エンヤートット 松島のサァヨー　瑞巌寺ほどの 寺もないとエー）
**サウスポー**（背番号1のすごい奴が相手）
**サーカスの唄**（旅のつばくろ　淋しかないか　おれもさみしい～）
**再会**（逢えなくなって初めてしった　海より深い恋心）
**酒場にて**（好きでお酒を　飲んじゃいないわ）
**酒は涙か溜息か**（～　この世のうさの捨てどころ）
**酒よ**（涙には　幾つもの　想い出がある）
**桜井の訣別《わかれ》**（青葉茂れる桜井の　里のわたりの夕まぐれ）
**さくら貝の歌**（うるわしき桜貝ひとつ　去り行ける　君にささげん）
**さざんかの宿**（くもりガラスを　手で拭いて　あなた明日が見えますか）
**さすらい**〈小林旭〉（夜がまた来る　思い出つれて　俺を泣かせに　足音もなく）
**さすらい**〈克美しげる〉（泣いてくれるな　流れの星よ　可愛い瞳によく似てる）
**さすらいの唄**（ゆこうか戻ろか　オーロラの下を　ロシアは北国　果て知らず）
**さとうきび畑**（ざわわ　ざわわ　ざわわ　広い～は）
**佐渡おけさ**（ハアー佐渡へ佐渡へと　草木もなびくよ）
**里の秋**（静かな静かな　里の秋）
**砂漠のような東京で**（キザな女と　呼ばれても　愛した人の　ためならば）
**さのさ節**（情けなや　これが浮世か　知らねども　同じ都に　住み

ながら）

**さなえちゃん**（大学ノートの裏表紙に さなえちゃんを 描いたの一日中かかって　いっしょうけんめい描いたの）

**錆びたナイフ**（砂山の砂を　指で掘ってたら　真っ赤に錆びたジャックナイフが　出てきたよ）

**サボテンの花**（ほんの小さな出来事に　愛は傷ついて　君は部屋を飛び出した）

**寒い朝**（北風吹きぬく　寒い朝も）

**淋しきアコーディオン**（夜半の眠り深まり　戸も窓も閉ざされ）

**侍ニッポン**（人を斬るのが　侍ならば　恋の未練が　何故切れぬ）

**さよならはダンスの後に**（何も言わないでちょうだい　黙ってただ踊りましょう）

**さよならルンバ**（それでは　お別れしましょ）

**さよならをするために**（過ぎた日の微笑を　みんな君にあげる）

**精霊流し**（去年のあなたの思い出が　テープレコーダーからこぼれています）

**ざんげの値打ちもない**（あれは二月の寒い夜　やっと十四になった頃）

**さらば恋人よ**（ある朝　目覚めて　さらばさらば　恋人よ）

**サンタルチア**（月は高く　海に照り　風も絶え　波もなし）

**サン・トワ・マミー**（二人の恋は終わったのね　許してさえくれない貴方）

**三百六十五歩のマーチ**（幸せは歩いてこない　だから歩いて行くんだね）

**三百六十五夜**（みどりの風に おくれ毛が　やさしくゆれた 恋の夜）

**サンフランシスコのチャイナタウン**（～　夜霧に濡れて）

**山谷ブルース**（今日の仕事は辛かった　あとはしょうちゅうを　あおるだけ）

〔シ〕

**しあわせの歌**（しあわせはおいらの願い　仕事はとても苦しいが）

**倖せはここに**（秋の夜は更けて　すだく虫の音に　疲れた心いやす我が家の窓辺）

**幸せなら手をたたこう**（～　～　幸せなら態度で示そうよ）

**シーサイドバウンド**（踊りに行こうよ　青い海のもとへ）

**シーハイルの歌**（岩木の下ろしが　吹くなら吹けよ）

**自衛隊に入ろう**（～　入ろう入ろう　自衛隊に入ればこの世は天国）

**しおさいの詩**（略・青春の夢にあこがれもせずに　青春の光を追いかけもせずに～）

**四季の歌**（春を愛する人は心清き人　すみれの花のような僕の友だち）

**シクラメンのかおり**（真綿色したシクラメンほど　清しいものはない）

**思秋期**（足音もなく行き過ぎた　季節をひとり見送って）

**仕事の歌**（かなしい歌　うれしい歌　たくさん聞いたなかで）

**詩人の魂**（はるかな昔にさりし人の歌　今日も街に流る）

**時代遅れ**（一日二杯の酒を飲み　魚は特にこだわらず）

**時代遅れの酒場**（この街には不似合な時代おくれの　この酒場に今夜もやって　来るのは）

**下町育ち**（三味と踊りは　習いもするが　習わなくても　女は泣ける）

**下町の太陽**（下町の空に　かがやく太陽は　喜びと悲しみ写す　ガラス窓）

**私鉄沿線**（改札口できみのこと　いつも待ったものでした）

**支那の夜**（～　～よ　港のあかり　むらさきの夜に）

**東雲節**（何をくよくよ　川端柳）
**島のブルース**（奄美なちかしゃ　蘇鉄のかげで）
**死ぬほど　愛して**（アモーレアモーレアモーレ　アモーレ　ミオ）
**シバの女王**（あなたゆえ狂おしく　乱れたわたしの心よ）
**島原の子守唄**（おどみゃ島原の　おどみゃ島原の　ナシの木育ちよ）
**15の春**（落書きだらけの教科書と　外ばかり見ている俺）
**ジャニー・ギター**（可愛いあの娘と別れ　ふるさとはるかに離れ）
**洒落男**（我輩は　村中で一番　モボだと　言われた男）
**しゃれこうべと大砲**（大砲の上にしゃれこうべが　うつろな目を開いていた）
**受験生ブルース**（おいで皆さん聞いとくれ　僕は悲しい受験生）
**17歳**（誰もいない海　二人の愛を　たしかめたくて）
**終着駅**（落ち葉の舞い散る停車場は　悲しい女の吹きだまり）
**上海帰りのリル**（船を見つめていた　ハマのキャバレーにいた　風の噂はリル）
**上海の花売り娘**（紅いランタン　ほのかに揺れる）
**上海の街角で**（リラの花散る　キャバレーで逢うて　今宵別れる街の角）
**上海ブルース**（涙ぐんでる上海の　夢の四馬路の街の灯）
**修学旅行**（二度とかえらぬ想い出乗せて　クラス友達肩寄せ合えば）
**十五夜お月さん**（～　雲の上）
**十九の春**（ながす涙も　輝きみちし　あわれ十九の　春よ春）
**十三夜**（河岸の柳の　行きずりに　ふと見合わせる　顔と顔）
**秋止符**（左ききのあなたの手紙　右手でなぞって真似てみる）
**囚人の歌**（舟こぐ明け暮れ　鎖につながれ）
**十代の恋よさようなら**（好きでならない人なれど　別れてひとり湖に）
**終着駅**（落葉の舞い散る停車場は　悲しい女の吹きだまり）
**出世街道**（略・他人《ひと》に好かれていい子になって　落ちてゆくときゃ独りじゃないか）
**シューベルトのセレナーデ**（秘めやかに闇をぬう　わが調べ静けさは）
**ジュリアに傷心**（キャンドル・ライトが　ガラスのピアスに　はじけて滲む）
**ジョニイへの伝言**（ジョニイが来たなら伝えてよ　二時間待ってたと）
**城ヶ島の雨**（雨がふるふる　城ヶ島の磯に）
**少女A**（上目使いに盗んで見ている蒼いあなたの視線がまぶしいわ）
**少年時代**（夏が過ぎ　風あざみ　誰のあこがれに　さまよう）
**純情二重奏**（森の青葉の　蔭に来て　なぜか寂しく　あふるる涙）
**昭和枯れすすき**（貧しさに負けた　いいえ世間に負けた）
**昭和ブルース**（生まれた時が悪いのか　それとも俺が悪いのか）
**知りたくないの**（あなたの過去など　～）
**知床旅情**（知床の岬に　はまなすの咲く頃　思い出しておくれ　俺たちのことを）
**白い色は恋人の色**（花びらの　～）
**白いギター**（白いギターに変えたのは　何か理由《わけ》でもあるのでしょうか）
**白い恋人たち**（夜に向かって雪が降り積もると　悲しみがそっと胸にこみ上げる）
**白い蝶のサンバ**（あなたに抱かれて　私は蝶になる）
**白い花の咲く頃**（白い花が咲いてた　ふるさとの遠い夢の日）
**白いブランコ**（君は覚えているかしら　あの白いブランコ）

**白いランプの灯る道**（通い慣れた　歩き慣れた　敷石道よ）
**島育ち**（赤いそてつの　実もうれるころ）
**新宿育ち**（女なんてさ～　嫌いと思ってみても）
**新宿ブルース**（恋に切なく降る雨も　一人ぼっちにゃ連れないの）
**人生いろいろ**（死んでしまおうなんて　悩んだりしたわ）
**人生劇場**（やると思えばどこまでやるさ　それが男の魂じゃないか）
**人生の並木路**（泣くな妹よ　妹よ泣くな）
**新雪**（紫けむる新雪の　峰ふり仰ぐこのこころ）
**死んだ男の残したものは**（～　ひとりの妻とひとりの子供）
**新聞少年**（僕の名前を　知ってるかい　朝刊太郎と　いうんだよ）

〔ス〕

**スーダラ節**（チョイと　一杯の　つもりで飲んで　いつもながらのハシゴ酒）
**好きだった**（～　～　俺は死ぬほど好きだった）
**鈴懸の径**（友と語らん　鈴懸の径）
**鈴蘭物語**（鈴蘭の花咲けば　思い出すよ）
**素敵なランデブー**（私の好きなあの人が　昼の休みに言いました）
**ス・ト・リ・ッ・パー**（略・過去を脱ぎ捨て　昨日を脱ぎ捨て　すべてを脱ぎ捨てたらおいで）
**砂山**（海は荒海　向こうは佐渡よ）
**砂に書いたラブレター**（いつか君と砂に書いた　懐かしい手紙）
**スニーカーブルース**（ペアでそろえたスニーカー　春夏秋と駆けぬけ）
**すばる**（目を閉じて何も見えず　哀しくて目を開ければ）
**すみだ川**（銀杏がえしに　黒繻子かけて　泣いて別れた　～）

〔セ〕

**背くらべ**（柱のキズは　おととしの）
**青春**〈かぐや姫〉（やりたいことをやるのさ　何故それが悪いのかい）
**青春時代**（卒業までの半年で　答えを出すと言うけれど）
**青春日記**（初恋の　涙にしぼむ　花びらを）
**青春のパラダイス**（はれやかな　君の笑顔　やさしく　われを呼びて）
**世界は二人のために**（愛　あなたと二人　花　あなたと二人）
**セカンドラブ**（恋も二度目なら　少しは上手に）
**赤色エレジー**（愛は愛とて何になる　男一郎まこととて）
**惜別の歌**（遠き別れに　たえかねて　この高殿に　登るかな）
**セコハン娘**（みなさん　どなたも　私のことを）
**絶唱**（愛おしい　山鳩は　山こえて　どこの空）
**せんせい**（淡い初恋　消えた日は　雨がしとしと　降っていた）
**船頭小唄**（略・死ぬも生きるも　ねえお前　水の流れに　何かわろ）
**千の風になって**（略・私のお墓の前で泣かないでください　そこに私はいません　死んでなんかいません）
**戦友**（ここはお国を何百里　離れて遠き満州の）

〔ソ〕

**草原情歌**（はるか離れた　そのまた向こう）
**草原の輝き**（いねむりしたのねいつか　小川のせせらぎきいて）
**早春賦**（春は名のみの　風の寒さや　谷の鶯　歌は思えど）
**ソウルこれっきりですか**（これっきり　これっきり　これっきりですか）
**そして神戸**（神戸　泣いてどうなるのか）

**そして…めぐり逢い**（語りあかせば　尽きないけれど）
**蘇州夜曲**（君がみ胸に　抱かれて聞くは　夢の舟唄　恋の唄）
**卒業**（校舎の影　芝生の上　すいこまれる空　幻とリアルな気持ち感じていた）
**空に星があるように**（～　浜辺に砂があるように）
**ソルヴェイグの歌**（冬はゆきて春過ぎて　春過ぎて　真夏も去りて）

## 〔タ〕

**ダイアナ**（君は僕より年上と　周りの人は言うけれど　何てったってかまわない）
**タイガー&ドラゴン**（略・俺の俺の俺の話を聞け　2分だけでもいい　お前だけに本当の事を話すから）
**大学かぞえうた**（一つとせ　人は見かけに　よらぬもの　軟派張る奴○大生　そいつあ豪気だね）
**大都会**（あー果てしない　夢を追い続け　あーいつの日か　大空かけめぐる）
**ダイナ**（～　私の恋人　胸にえがくは　麗しき姿）
**太陽がいっぱい**〈映画音楽〉（あなただけが　私の恋人）
**太陽がくれた季節**（君は何を今　見つめているの　若い悲しみに濡れた瞳で）
**だから言ったじゃないの**（あんた泣いてんのネ　～）
**焚き火**（かきねの　かきねの　まがりかど）
**武田節**（甲斐の山々　陽に映えて）
**たそがれのビギン**（雨に濡れてた　たそがれの街　あなたとあった初めての夜）
**達者でナ**（わらにまみれてヨー　育てた栗毛）
**ダニー・ボーイ**（おおダニーボーイ　いとしきわが子よ）
**他人の関係**（逢う時には　いつでも他人の二人　ゆうべはゆうべそして今夜は今夜）
**他人船**（別れてくれと　言う前に　死ねよと言って　欲しかった）
**タバコ屋の娘**（向う横丁の　タバコ屋の　かわいい　看板娘）
**田原坂**（雨は降る降る　人馬は濡れる　越すに越されぬ　～）
**旅笠道中**（略・亭主もつなら　堅気をおもち　とかくやくざは　苦労の種よ）
**旅姿三人男**（清水港の名物は　お茶の香りと　男伊達）
**旅立ち**（私の瞳がぬれているのは　涙なんかじゃないわ　泣いたりしない）
**出発**《たびだち》**の歌**（乾いた空を見上げているのは誰だ　お前の目に焼きついたものは　化石の山）
**旅の終りに**（流れ流れて　さすらう旅は　きょうは函館　あしたは釧路）
**旅の宿**（浴衣のきみはすすきのかんざし　熱燗徳利の首つまんで）
**旅の夜風**（花も嵐も踏み越えて　行くが男の生きる道）
**旅人よ**（風にふるえる　緑の草原　たどる瞳かがやく　若き旅人よ）
**谷間のともしび**（たそがれに我が家の灯　窓にうつりしとき）
**だまって俺についてこい**（ゼニのないやつぁ　俺んとこへ来い）
**誰か故郷を想わざる**（花摘む野辺に　日は落ちて　みんなで肩を組みながら）
**誰か夢なき**（想いあふれて　花つめば）
**誰もいない海**（今はもう秋　～　知らん顔して　人がゆきすぎても）
**誰よりも君を愛す**（誰にも言われず　たがいに誓った）
**炭坑節**（月が出た出た　月が出た）

**ダンシング・オールナイト**（甘い吐息　はずむ心　一夜のきらめきにゆれる）
**ダンスパーティの夜**（赤いドレスが　よく似合う　君と初めて逢ったのは　〜だった　踊りつかれて二人で）
**ダンチョネ節**（三浦三崎でョ　どんと打つ波はネ）
**探偵物語**（あんなに激しい潮騒が　あなたのうしろで黙り込む　身動きも出来ないの）

〔チ〕

**小さい秋**（誰かさんが〳〵　見つけた　小さい秋〳〵　見つけた）
**小さな喫茶店**（〜で　ぼくたち二人は　お茶とお菓子を　前にして　一言も話さず）
**小さなスナック**（僕が初めて　君を見たのは　白い扉の　小さなスナック）
**小さな日記**（〜につづられた　小さな過去のことでした　忘れたはずの　恋でした）
**地上の星**（風のなかのすばる　砂の中の銀河　みんな何処へ行った　見送られることもなく）
**チャイナタンゴ**（〜　夢の唄　紅の提灯　ゆらゆらと）
**チャコの海岸物語**（海岸で若い二人が　恋をする物語　目を閉じて　胸を開いて　ハダカで踊るジルバ）
**チャンチキおけさ**（月がわびしい　路地裏の　屋台の酒の　ほろにがさ）
**チャチャチャチャ**（略・街で噂の　辛くち　セクシー・ギャル）
**中央フリーウェイ**（〜　調布基地を追い越し　山にむかって行けば　黄昏が　フロント・グラスを染めて広がる）
**中国地方の子守唄**（ねんねこしゃっしゃりませ　寝た子のかわいさ）
**チューリップのアップリケ**（うちが何ぼ早よ起きても）

〔ツ〕

**ついて来るかい**（〜　何も聞かないで　〜　過去のある僕に）
**追憶**（星影やさしく　またたくみ空　仰ぎてさまよい　木陰を行けば）
**津軽海峡・冬景色**（上野発の夜行列車　降りたときから）
**津軽のふるさと**（りんごのふるさとは　北国の果て　うらうらと山肌に　いだかれて夢を見た）
**つぐない**（窓に西陽があたる部屋は　いつもあなたの匂いがするわ）
**月がとっても青いから**（〜　遠回りして帰ろう）
**月の沙漠**（〜をはるばると　旅のラクダは行きました　）
**月の浜辺**（月影白き　波の上　ただひとり聞く調べ）
**月の法善寺横町**（包丁一本　さらしに巻いて　旅に出るのも　板場の修業）
**月よりの使者**（白樺ゆれる　高原に　りんどう咲いて　恋を知る）
**妻恋**〈つまこい〉**道中**（好いた女房に　三下り半を　投げて長脇差永の旅）
**積み木の部屋**（いつの間にか君と　暮らしはじめていた　西日だけが入る　せまい部屋で）
**爪**（略・二人暮らした　アパートを　一人一人で　出て行くの）

〔テ〕

**亭主関白**（お前を嫁にもらう前に　言っておきたいことがある　か

なりきびしい話もするが　俺の本音を聴いておけ）
**デザイア**（略・やり切れない程 退屈な時があるわ あなたと居ても
　喋るぐらいなら踊っていたいの）
**テネシー・ワルツ**（去りにし夢　あの～　なつかし愛の唄）
**出船**（今宵出船か　お名残おしや　暗い波間に　雪が散る）
**出船の港**（ドンとドンとドンと　波乗り越えて）
**天使の誘惑**（好きなのに　あの人はいない　話相手は　涙だけなの）
**てんとう虫のサンバ**（あなたと私が　夢の国）

〔ト〕

**同期の桜**（貴様と俺とは　～　同じ兵学校の　庭に咲く）
**東京**〈マイペース〉（最終電車で　君にさよなら　いつまた逢える
と聞いた　君の言葉が）
**東京**〈矢沢永吉〉（略・～　想い出ももう忘れて）
**東京**〈やしきたかじん〉（略・痛いほど好きなのに　なんでなんで
別れたんやろ　いまもまだ胸の奥　揺れる東京）
**東京音頭**（踊り踊るなら　チョイト東京音頭）
**東京アンナ**（ライトの虹を　踏みながら　銀座の夜を　ひらく薔薇）
**東京キッド**（歌も楽しや東京キッド　いきでおしゃれでほがらかで）
**東京行進曲**（昔恋しい　銀座の柳　仇な年増を　誰が知ろ）
**東京五輪音頭**（ハアー　あの日ローマで眺めた月が　今日は都の空
照らす）
**東京砂漠**（空がないてる　煤け汚されて　人はやさしさを　どこに
棄ててきたの）
**東京シューシャインボーイ**（さーさ　みなさん　東京名物）
**東京ティティナ**（～　夢見る瞳　誰を待つのか　優しい瞳）
**東京だよおっ母さん**（久しぶりに　手を引いて　親子で歩ける　嬉
しさに）
**東京ドドンパ娘**（好きになったら　はなれられない）
**東京ナイトクラブ**（なぜなくの　睫毛が濡れてる　好きになったの
　もっと抱いて）
**東京流れもの**（何処で生きても流れ者　どうせさすらい　ひとり身
の　明日は何処やら風に聞け）
**東京のバスガール**（若い希望も恋もある　ビルの街から　山の手へ）
**東京の花売り娘**（青い芽をふく　柳の辻に　花を召しませ　召しま
せ花を）
**東京の人**（並木の雨の　トレモロを　テラスの椅子で　ききながら）
**東京の灯よいつまでも**（雨の外苑　夜霧の日比谷　今もこの目に
やさしく浮かぶ）
**東京の屋根の下**（～に住む　若い僕等は　しあわせもの）
**東京ブルース**〈西田佐知子〉（泣いた女が　バカなのか　だました
男が　悪いのか）
**東京ラプソディ**（花咲き花散る宵も　銀座の柳の下で）
**どうにも止まらない**（うわさを信じちゃいけないよ　私の心はうぶ
なのさ）
**遠い世界に**（～旅に出ようか　それとも赤い風船に乗って　雲の上
を歩いてみようか）
**遠き山に日は落ちて**（～　星は空をちりばめぬ）
**遠くへ行きたい**（知らない街を　歩いてみたい　どこか遠くへ　行
きたい）
**同棲時代**（ふたりはいつも傷つけあってくらした　それがふたりの
愛のかたちだと信じた）

**灯台守**（凍れる月影　空にさえて　真冬のあら波寄する小島）
**時には母のない子のように**（～　だまって　海を見つめていたい　～　ひとりで旅に出てみたい）
**時の過ぎゆくままに**（あなたはすっかり　つかれてしまい）
**時の流れに身を任せ**（もしもあなたと逢えずにいたら　わたしは何をしてたでしょうか）
**時計台の鐘**（～が鳴る　大空遠くほのぼのと）
**どこかで春が**（～生まれてる　どこかで水が流れ出す）
**どしゃぶりの雨のなかで**（とても悲しいわ　あなたと別れて）
**ドミノ**（～　～　神の与えし天使　～　～　我を悩ます悪魔）
**ともしび**（夜霧のかなたへ　別れを告げ　雄々しきますらお　出でてゆく）
**友よ**（～　夜明け前の闇のなかで　～　闘いの火をもやせ）
**トロイカ**（雪の白樺並木　夕日が映える　走れ～ほがらかに　鈴の音高く）
**飛んでイスタンブール**（いつか忘れていったこんなジタンの空箱《からばこ》）
**とんぼ**（略・ああ しあわせのとんぼよ どこへ　お前はどこへ飛んで行く）
**ドンニャ・マリキータ**（あの人が　いつも歌っていた　昔の唄　古い唄　夕暮れ時　何とはなく　涙がこぼれてくるの）

【ナ】

**長い夜**（恋にゆれる　心ひとつ　お前だけを　追いかけているよ）
**長崎の鐘**（こよなくはれた青空を）
**長崎のザボン売り**（鐘が鳴る鳴る　マリアの鐘が　坂の長崎　ザボン売り）
**長崎は今日も雨だった**（あなたひとりに　かけた恋　愛の言葉を信じたの）
**長崎ブルース**（逢えば別れが　こんなにつらい）
**長崎物語**（赤い花なら　曼殊沙華　オランダ屋敷に　雨が降る）
**泣かないで・マヒナスターズ**（さよならと　さよならと　街の灯りが　ひとつずつ）
**泣かないで・舘ひろし**（略・　～　～　抱き寄せてしまうから）
**長良川艶歌**（水にきらめくかがり火は　誰に想いを燃やすやら）
**啼くな小鳩よ**（～　心の妻よ）
**なごり雪**（汽車を待つ君の横で　僕は時計を気にしてる　季節はずれの雪が降ってる）
**なつかしの歌声**（銀座の街　今日も暮れて　赤き灯燃ゆ　恋し東京）
**懐かしのブルース**（古い日記の　ページには　涙のあとも　そのままに）
**懐かしのボレロ**（南の国　唄の国　太鼓を打て　拍子をとれ　楽しき今宵）
**夏にご用心**（夏は心のカギを　甘くするわ　ご用心）
**夏の思い出**（夏が来れば思い出す　はるかな尾瀬　遠い空）
**夏の日の想い出**（きれいな月が　海を照らし　たたずむ影は　砂に浮かび）
**夏は来ぬ**（うの花の匂う垣根に　ほととぎす　はやも来鳴きて）
**涙そうそう**（古いアルバムめくり　ありがとうってつぶやいた）
**何も言わないで**（今は何も　言わないで　黙ってそばにいて）
**浪花節だよ人生は**（略・馬鹿な出逢いが　利口に化けて　よせばいいのに　一目惚れ　浪花節だよ　女の女の人生は）
**並木の雨**（並木の路に　雨が降る　どこの人やら　傘さして）

なみだ恋（夜の新宿　裏通り　肩を寄せ合う　通り雨）
なみだの操（あなたのために　守り通した女の操　今さら他人に捧げられないわ）
涙のリクエスト（～　最後のリクエスト）
涙の連絡船（いつも群れ飛ぶ　かもめさえ）
涙の渡り鳥（雨の日も風の日も　泣いてくらす）
なみだ船（涙の終わりの　ひとしずく）
平城山（ならやま）（人恋うは　悲しきものと　～に）
南国土佐を後にして（～　都へ出てから　幾年ぞ）
なんとなくなんとなく（君と逢ったその日から　なんとなくしあわせ）

〔ニ〕

新妻鏡（僕がこころの　良人なら　君はこころの　花の妻）
憎しみのるつぼ（～に　赤く焼くる　くろがねの剣を打ちきたえよ）
ニコライの鐘（青い空さえ　小さな谷間　日暮れはこぼれる　涙の夕陽）
22才の別れ（あなたに　さようならって言えるのは　今日だけ　明日になって）
日本全国酒飲み音頭（酒が飲める　酒が飲める　酒が飲めるぞ）
庭の千草（～　も　虫の音も　枯れて寂しく　なりにけり）
人形の家（顔もみたくないほど　あなたに嫌われるなんて）

〔ヌ〕

ぬくもり（もう誰も愛さない　もう何も信じない）

〔ネ〕

狙い撃ち（ウララ～ウラウラで　ウララ～ウラウラよ）

〔ノ〕

野菊（遠い山から　吹いて来る　小寒い風に　ゆれながら）
ノーエ節（富士の白雪ゃノーエ　～）
野崎小唄（野崎参りは　屋形船でまいろう）
のふうぞ（お前が二十歳になったら　酒場で二人で　飲みたいものだ）

〔ハ〕

バイカル湖のほとり（豊かなるザバイカルの　果てしなき野山を）
ハイ　それまでよ（あなただけが生きがいなの　お願いお願い　すてないで）
バイバイバイマイラブ（略・バイバイバイ私のあなた　バイバイバイ私のこころ　バイバイバイ私のいのち　～）
灰色の瞳（枯野に咲いた小さな花のように　なんて淋しいこの夕暮れ）
バケーション（ヴイエイシーエーティワイオーエン　楽しいな　きらきらと輝く）
函館の女（はるばるきたぜ　函館へ　さかまく波を　のりこえて）
20歳《はたち》のめぐり逢い（風に震えるオレンジ色の　枯葉の舞いちる停車場で）
ハートブレイクホテル（恋に破れた　若者たちで　いつでも込んでる　～）
初恋〈島崎藤村〉（まだあげそめし前髪の　林檎のもとに見えしとき）
初恋〈石川啄木〉（砂山の砂にはらばい　初恋のいたみを　遠くお

もい出ずる日）

**初恋**〈村瀬孝蔵〉（五月雨は緑色　悲しくさせたよ　一人の午後は　恋をして淋しくて　届かぬ想いを暖めていた）

**初恋のひと**（そよ風みたいにしのぶ　あの人はもう）

**波止場気質**（別れ惜しむな　銅鑼の音に）

**花**（春のうららの隅田川　上り下りの船人が）

**花言葉の唄**（可愛い蕾よ　きれいな夢よ　乙女ごころに　よく似た花よ）

**花の街**（七色の谷を越えて　流れて行く風のリボン）

**花は遅かった**（かおるちゃん　遅くなってごめんね）

**花はどこへ行った**（野に咲く花はどこへ行く　野に咲く花は清らか）

**花嫁**（花嫁は夜汽車に乗って　嫁いでゆくの）

**埴生《はにゅう》の宿**（〜も　我が宿　玉のよそい　うらやまじ）

**羽田発7時50分**（星も見えない空　淋しく眺め　待っていたけど逢えないひとよ）

**春一番**（雪が溶けて川となって　流れて行きます）

**母恋吹雪**（酔ってくだまく　父さの声を　逃げて飛び出しゃ　吹雪の夜道）

**母に捧げるバラード**（略・今日も聞こえる　あのおふくろの声　ぼくに人生を教えてくれた）

**ハバロフスク小唄**（〜　ラララ〜　ラララ〜　河の流れは　ウスリー江）

**波浮《はぶ》の港**（磯の鵜の鳥や　日暮にゃ帰る　波浮の港にゃ　夕やけ小やけ）

**浜千鳥**（青い月夜の浜辺には　親を探して鳴く鳥が）

**浜辺の歌**（あした浜辺をさまよえば　昔のことぞしのばるる）

**バラ色の人生**（略・彼が私を抱きしめて　そっとささやく時　私の人生はバラ色になる）

**バラが咲いた**（〜　〜　真っ赤なバラが　淋しかった僕の庭に　〜）

**パラダイス銀河**（ようこそここへ　遊ぼうよパラダイス）

**パリの空の下**（パリの空の下に響く　ムームー　歌は若い息吹を乗せ）

**巴里の屋根の下**（巴里の屋根の下に住みて　楽しかりし昔　燃ゆる瞳　愛の言葉　やさしかりし君よ）

**春一番**（雪がとけて川になって　流れて行きます）

**はるかなるサンタルチア**（遠いところへ　船出の時にゃ　船で歌うナポリターナ）

**遙かなる山の呼び声**（青いたそがれ　山が招くよ　呼んでいるよ）

**バルカンの星の下に**（黒きひとみいずこ　わがふるさといずこ）

**春咲小紅**（ミニミニ　見に着てね　わたしの心）

**春なのに**（卒業だけが　理由でしょうか）

**春の唄**（ララララ　紅い花束　車に積んで）

**バンジョーで唄えば**（雲と一緒に　山を越え）

**バンバンバン**（とぼけた顔して〜バンバン　ババババ　バババババン）

〔ヒ〕

**ピクニック**（丘を越え　ゆこうよ　口笛吹きつつ）

**ビバップ・ルーラ**（〜　シスマイベイビー　赤いデニムをはいてるから　若い皆の憧れ）

**氷雨**（飲ませてください　もう少し　今夜は帰らない　帰りたくない）

**ひと夏の経験**（あなたに女の子の一番　大切な　ものをあげるわ）

**人の気も知らないで**（〜　涙もみせず　黙って別れられる　心の人だった）

**一人で生まれて来たのだから**（略・一人で生まれて来ることは

一人きりで生きてゆくためなのよ）
**人を恋ふる歌**（妻をめとらば　才長けて　見め麗しく　情けあり）
**ひとりじゃないの**（あなたがほほえみを　少し分けてくれて　私が一粒の　涙を返したら）
**緋牡丹博徒**（娘盛りを　渡世にかけて　張った体に　緋牡丹燃える）
**ひなげしの花**（丘の上　ひなげしの花で　占うのあの人の心）
**ひばりの花売り娘**（花を召しませ　ランラララン）
**ひまわりの小径**（あなたにとっては　突然でしょう　ひまわりの咲いてる道で）
**ピレネーの山の男**（〜は　いつも一人　雲の中で　霧に濡れ　星を眺めて）
**ビューティフルサンデー**（さわやかな日曜　降りそそぐ太陽　ヘイヘイヘイ）
**百万本のバラ**（小さな家とキャンバス 他には何もない　貧しい絵かきが　女優に恋をした）
**琵琶湖周航の歌**（我は湖の子　さすらいの　旅にしあれば　しみじみと）
**ピンポンパン体操**（とらのプロレスラーは　シマシマパンツ）

〔フ〕

**歩**（肩で風きる　王将よりも　俺は持ちたい　歩の心）
**ファンキーモンキーベイビー**（君は〜　おどけてるよ　だけど恋しい　俺の彼女）
**風雪ながれ旅**（破れ単衣に　三味線だけは　よされよされと　雪が降る）
**プカプカ**（俺のあん娘はタバコが好きで　いつもプカプカプカ）
**釜山港へ帰れ**（椿咲く春なのに　あなたは帰らない）
**ふたり酒**（生きてゆくのがつらい日は　お前と酒があればいい）
**二人でお酒を**（うらみっこなしで　別れましょうね）
**ふたりの大阪**（頬よせあって　あなたと踊る　別れに似合いの　新地のクラブ）
**二人の銀座**（待ち合わせて　歩く銀座　灯ともし頃　恋の銀座）
**二人の世界**（君の横顔　素敵だぜ　すねたその瞳が　好きなのさ）
**二人は若い**（あなたと呼べば　あなたと答える　山のこだまの　うれしさよ）
**舟唄**（お酒はぬるめの燗がいい　肴はあぶった　イカでいい）
**フニクリ・フニクラ**（赤い火を吹く　あの山へ　登ろう　登ろう）
**ブーベの恋人**（女のいのちは　野原に人知れずに　咲く花よ）
**冬が来る前に**（略・〜　もう一度あの人と　めぐり逢いたい）
**冬景色**（さ霧消ゆる　湊江の　船に白し　朝の霜）
**冬の星座**（木枯らしとだえて　さゆる空より　地上に降りしく　くすしき光よ）
**冬の夜**（ともしび近く　衣縫う母は　春の遊びの楽しさ語る　居並ぶ子供は　指を折りつつ）
**古き花園**（〜には思い出の数々よ　白きバラに涙して　雨が今日も降る）
**フランシーヌの場合は**（〜　あまりにもおバカさん　〜　あまりにもさびしい）
**ブランデーグラス**（これでおよしよ　そんなに強くないのに　酔えば酔うほど　淋しくなってしまう）
**フランチェスカの鐘**（ああ　あの人と　別れた夜は　ただなんとなく　めんどうくさくて）

**ふるさとのはなしをしよう**（砂山に　さわぐ潮風　かつお舟　入る浜辺の）

**ブルーシャトー**（森と泉に　囲まれて　静かに眠る　ブルーブルーブルーシャトー）

**ブルーライト・ヨコハマ**（街の灯りが　とてもきれいね　ヨコハマ　～）

**ふれあい**（悲しみに出会うたび　あの人を思い出す）

**プレイバックPART2**（緑のなかを　走りぬけてく　真っ赤なポルシェ）

**ブンガワンソロ**（～　果てしなき　清き流れに　今日も祈らん）

〔ヘ〕

**ベサメ・ムーチョ**（ベサメ　～　燃ゆる口付けを交わすたびに　～いつもいつも　ながれるしらべ）

**ペッパー警部**（～　邪魔をしないで　～私たちこれからいいところ）

**紅屋の娘**（～の　言うことにゃ　サノ　言うことにゃ）

**弁天小僧**（牡丹のようなお嬢さん　尻尾出すぜと浜松屋　二の腕かけた彫り物の　桜にからむ緋縮緬）

〔ホ〕

**鳳仙花**（やっぱり器用に　生きられないね　似たような二人と笑ってた）

**僕は泣いちっち**（僕の恋人　東京へ　行っちっち　僕の気持ちを知りながら）

**僕のマリー**（僕がマリーと逢ったのは　さみしいさみしい　雨の朝）

**鉾をおさめて**（～　日の丸あげて　胸をドンと打ちゃ　夜明けの風が）

**ポーリュシカ・ポーレ**（緑もえる　草原を越えて　僕は行きたいあなたの花咲く窓辺へと）

**星影の小径**（静かに～　手を取り～　あなたの　ささやきは　アカシアの　香りよ）

**星影のワルツ**（別れることはつらいけど　仕方がないんだ君のため）

**星屑の町**（両手を回して　帰ろ揺れながら　涙の中を　たった一人で）

**星の砂**（二度と出来ない恋を捨て　あなた遠く　離ればなれになってゆくの）

**星の流れに**（～身を占って　どこをねぐらの　今日の宿）

**星のフラメンコ**（好きなんだけど　離れてるのさ）

**星降る街角**（星の降る夜は　あなたと二人で　踊ろうよ　流れるボサノバ　触れ合う指先）

**星はなんでも知っている**（～　ゆうべあの娘が　泣いたのも）

**菩提樹**（泉に添いて　茂る菩提樹）

**慕情**（春浅きあした　風に揺れて咲くバラの花こそ）

**北帰行**（窓は夜露に濡れて　都すでに遠のく　北へ帰る旅人ひとり涙流れてやまず）

**骨まで愛して**（略・傷つきよごれた　わたしでも　骨まで　骨まで～ほしいのよ）

**本気かしら**（～　好きさ　大好きさ）

〔マ〕

**牧場の朝**（ただ一面に立ち込めた　～の霧の海）

**真白き富士の根**（～　緑の江ノ島　仰ぎ見るも　今は涙）

**また逢う日まで**（～　逢える時まで　別れのそのわけは　話したくない）

**また君に恋してる**（～　今までよりも深く　まだ君を好きになれ

る　心から）

**まちぶせ**（夕暮れの街角　のぞいた喫茶店　微笑み見つめ合う　見覚えある二人）

**まちぼうけ**（〜　〜　ある日せっせと　野良稼ぎ　そこへ兎がとんで出て　ころりころげた　木の根っこ）

**待ちましょう**（〜　〜　やがて来るその日まで　淋しくて淋しくて　とてもたまらぬ朝は）

**真赤な太陽**（まっかに燃えた　太陽だから）

**街のサンドイッチマン**（ロイドメガネに燕尾服　泣いたらつばめが笑うだろう）

**街の灯り**（そばに誰かいないと　沈みそうなこの胸　まるで潮が引いたあとの暗い海のように）

**まつの木小唄**（松の木ばかりが　まつじゃない）

**待つわ**（かわいいふりして　あの子　わりとやるもんだねと　言われ続けた　あのころ　生きるのがつらかった）

**聖母《マドンナ》たちのララバイ**（さあ眠りなさい　疲れきった体を投げ出して）

**迷い道**（現在・過去・未来　あの人にあったなら）

**真夜中のギター**（街のどこかに　淋しがり屋がひとり　今にも泣きそうに　ギターを弾いている）

**毬藻の歌**（水面をわたる風さみし　阿寒の山の　みずうみに）

**満州の丘に立ちて**（静かに霧は流れ　雲の彼方に　月は輝きぬ）

〔ミ〕

**見上げてごらん夜の星を**（略・〜ぼくらのように　名もない星が）

**ミアモーレ**（あなたをさがして　のばした指先が　踊りの渦にまかれてく）

**三日月娘**（幾夜重ねて　砂漠を越えて　あすはあの娘《こ》の　いる町へ）

**みかんの花咲く丘**（みかんの花が咲いている　思い出の道　丘の道）

**岬めぐり**（あなたがいつか　話してくれた　岬を僕はたずねて来た）

**魅せられて**（略・女は海　好きな男の　腕の中でも　ちがう男の　夢を見る Uh ー Ah ー）

**水色のワルツ**（君に会ううれしさの　胸に深く　水色のハンカチを潜める慣わしが）

**Mr. サマータイム**（〜　探さないで　あのころの私を）

**みだれ髪**（髪のみだれに　手をやれば　赤い蹴出しが風に舞う　憎や恋しや　塩屋の岬）

**みちづれ**（水にただよう浮き草に　同じさだめと　指をさす）

**みちのくひとり旅**（ここでいっしょに　死ねたらいいと　すがる涙の　いじらしさ）

**みどりのそよ風**（〜　いい日だね　ちょうちょもひらひら　豆のはな）

**緑の地平線**（なぜか忘れぬ　人ゆえに　涙かくして　踊る夜は）

**緑の牧場**（朝だ霧が晴れたよ　緑の牧場）

**みなと**（空も港も　夜は晴れて）

**港が見える丘**（あなたと二人で　来た丘は　〜）

**港のヨーコ・ヨコハマ・ヨコスカ**（あんた　あの娘の　なんなのさ！　〜）

**港町・涙町・別れ町**（港町　別れ町　未練にけむる町）

**港町ブルース**（背のびして見る海峡を　今日も汽笛が遠ざかる）

**皆の衆**（〜　〜　嬉しかったら　腹から笑え）

**南から南から**（〜　飛んで来た来た渡り鳥）

**南の花嫁さん**（略・おみやげは なあに 籠のオーム 言葉もたったひとつ いついつまでも）

**南のバラ**（〜 そよ風に ほほ笑む 君の姿）

**ミネソタの卵売り**（ココココココケッコ ココココココケッコ私は〜）

**耳をすましてごらん**（〜 あれは はるかな 海のとどろき）

**ミヨちゃん**（僕の可愛い 〜は 色が白くて小さくて 前髪垂らした女の子）

**ミラボー橋**（略・〜の下を セーヌ川が流れ われらの恋も流れる …日も暮れよ 鐘も鳴れ 月日は流れ わたしは残る）

**魅惑のワルツ**（星空の下を 二人きりで歩きましょう 肩と肩 頬と頬 寄せ合いながら）

〔ム〕

**無縁坂**（母がまだ若い頃 僕の手をひいて）

**昔の名前で出ています**（京都にいるときゃ 忍と呼ばれたの 神戸じゃ渚と名乗ったの）

**麦と兵隊**（略・友を背にして 道なき道を 行けば戦野は 夜の雨）

**無錫旅情**（君の知らない 異国の街で 君を想えば 泣けてくる）

**無情の夢**（あきらめましょうと 別れてみたが 何で忘りょう 忘らりょうか）

**娘よ**（嫁に行く日が 来なけりゃいいと おとこ親なら 誰でも思う）

**霧笛が俺を呼んでいる**（霧の波止場に帰って来たが 待っていたのは悲しいうわさ）

**霧氷**（〜 〜 思い出はかえらない）

**無法松の一生**（小倉生まれで 玄海育ち 口も悪いが 気も荒い）

**むらさき小唄**（流す涙が お芝居ならば 何の苦労も あるまいに）

**村祭**（村の鎮守の神様の 今日は楽しいお祭り日）

〔メ〕

**名月赤城山**（男心に男が惚れて 意気が溶け合う 赤城山）

**明治一代女**（浮いた浮いたと 浜町河岸に 浮かれ柳の はずかしや）

**夫婦春秋**（ついて来いとは 言わぬのに だまってあとから ついて来た）

**メーデー歌**〈小楠公↓歩兵の本領替え歌〉（立て万国の労働者 とどろき渡る メーデーの）

**メーデー中大歌**〈替え歌〉（徹底的にぶちこわせ 徹底的に破壊せよ 貴婦人令嬢強姦し 昼の都会を闇とせよ）

**メランコリー**（緑のインクで 手紙を書けば）

**目ン無い千鳥**（〜の 高島田）

〔モ〕

**もしも明日が**（〜晴れならば 愛する人よ あの場所で 〜雨ならば 愛する人よ傍にいて）

**もしもピアノが弾けたなら**（〜 思いのすべてを歌にして きみに伝えることだろう）

**もずが枯木で**（〜鳴いている おいらは藁を叩いてる 綿引車はおばあさん）

**モスクワ郊外の夕べ**（庭の木々もそよがず ものみな静まり 宵闇を二人行く 〜）

**紅葉**《もみじ》（秋の夕日に 照る山紅葉）

**木綿のハンカチーフ**（恋人よ ぼくは旅立つ 東へと向かう 列車で）

**桃色吐息**（咲かせて咲かせて 〜 あなたに抱かれて こぼれる華

になる）
**森の小径**（ほろほろこぼれる　白い花を　受けて泣いていた　愛らしい　あなたよ）
**森の水車**（緑の森の彼方から　陽気な歌が聞こえましょう）
**モンパリ**（麗しの思い出　～　わがパリ）

〔ヤ〕

**八木節**（さても一座の　皆さまがたよ）
**矢切の渡し**（つれて逃げてよ……　ついておいでよ……　夕ぐれの雨が降る　矢切の渡し）
**やさしさに包まれたなら**（小さい頃は　神様がいて　不思議に夢をかなえてくれた）
**椰子の実**（名も知らぬ　遠き島より　流れ寄る　～ひとつ　）
**ヤットン節**（お酒呑むな　酒呑むなの　御意見なれど　ヨイヨイ）
**やっぱ好きやねん**（略：～　～　悔しいけどあかん　あんたよう忘れられん）
**柳ヶ瀬ブルース**（雨の降る夜は　心も濡れる）
**山男の歌**（娘さんよく聞けよ　山男にゃ惚れるなよ）
**山小屋の灯**（たそがれの灯は　ほのかにともりて　なつかしき山小屋は　麓の小道よ）
**山の彼方に**（～　あこがれて　旅の小鳥も　飛んでゆく）
**山のけむり**（～の　ほのぼのと　たゆたう森よ　あの道よ）
**山のロザリア**（山の娘ロザリア　いつもひとり歌うよ）
**ヤングマン**（～　さあ立ち上がれよ～今　翔びだそうぜ～　もう悩む事は　ないんだから）
**柔**（勝つと思うな　思えば負けよ）

〔ユ〕

**勇気あるもの**（この道は長いけれど　歩きながら行こう）
**夕暮れ時はさびしそう**（略・～　とっても一人じゃ　いられない）
**夕陽が泣いている**（夕焼け 海の夕焼け　真赤な 別れの色だよ　誰かに恋をして　激しい恋をして　～）
**夕陽の丘**（～の　ふもと行く　バスの車掌の襟ぼくろ　わかれた人に　生き写し）
**郵便馬車の馭者だった頃**（～　俺は若くて力持ち　そこは小さな村だった）
**ゆうべの秘密**（ゆうべのことは　もう聞かないで　あなたに　あげた　私の秘密）
**ＵＦＯ**（手をあわせてみつめるだけで　愛しあえる 話も 出来る）
**夕焼け小焼け**（～で　日が暮れて　今来たこの道　帰りゃんせ　）
**有楽町で逢いましょう**（あなたを待てば　雨が降る　濡れて来ぬかと　気にかかる）
**雪が降る**（～　あなたは来ない　～　重い心に）
**雪椿**（やさしさと　かいしょのなさが　裏と表に　ついている）
**雪の降る町を**（～　～　想い出だけが　通り過ぎてゆく）
**雪山賛歌**（雪よ岩よ　我らが宿り　俺たちゃ町には　住めないからに）
**湯島の白梅**（湯島通れば　想い出す　お蔦主税の　心意気）
**湯の町エレジー**（伊豆の山々　月あわく　灯りにむせぶ　湯のけむり）
**夢淡き東京**（柳青める日　つばめが銀座に飛ぶ日　君を待つ心　可愛いガラス窓）
**夢追い酒**（略・あなたなぜなぜ　わたしを捨てた）
**夢去りぬ**（夢いまだ覚めやらぬ　春のひと夜　君呼びて　ほほえめ

ば　血汐おどる）
**夢芝居**（恋のからくり　～台詞ひとつ忘れもしない）
**夢路より**（～　かえりて　星の光　あおげや）
**夢の中へ**（略・それより僕と踊りませんか～　～　行ってみたいと思いませんか）
**夢は夜ひらく**〈園まり〉（雨が降るから逢えないの　来ない貴方は野暮な人）
**夢は夜ひらく**〈緑川アコ〉（いのち限りの恋をした　たまらないほど好きなのに　）
**夢は夜 ひらく**〈三上寛〉（前略：サルトルマルクス並べてもあしたの天気はわからねえ　ヤクザ映画の看板に～）
〈藤圭子の〉**夢は夜ひらく**（赤く咲くのはけしの花　白く咲くのは百合の花　どう咲きゃいいのさこの私　～）
**夢一夜**（素肌に片袖　通しただけで　色とりどりに　脱ぎ散らかした）

〔ヨ〕

**夜明けのうた**（～よ　私の心の　昨日の悲しみ　流しておくれ）
**宵待草**（待てど暮らせど　来ぬ人を　～のやるせなさ）
**ヨイトマケの歌**（略・今も聞こえるヨイトマケの歌　今も聞こえるあの子守唄）
**酔いどれ女の流れ歌**（酔いどれ女が　今夜も一人　酒場でグラスを抱いている　睫を濡らして）
**横須賀ストーリー**（これっきり　く　もう　これっきりですか）
**よこはま・たそがれ**（～　ホテルの小部屋　くちづけ　残り香　煙草のけむり）
**よせばいいのに**（〝いつまでたっても駄目なわたしね〟）
**四つのお願い**（たとえば私が　恋を　恋をするなら）
**喜びも悲しみも幾歳月**（俺ら岬の　灯台守は　妻と二人で　沖行く船の　無事を祈って　灯をかざす）
**よろしく哀愁**（もっと素直に　僕の愛を信じて欲しい）
**夜汽車**〈北島三郎〉（すがるお前を叱り付け　無理やり乗せた終列車）
**夜霧の第二国道**（つらい恋なら　ネオンの海へ　捨ててきたのに忘れてきたに）
**夜霧のブルース**（青い夜霧に　灯影が赤い　どうせおいらは独り者　夢の四馬路か）
**夜霧のしのび逢い**（雨に濡れながら　夜ごとに　心求め合う　街角）
**夜霧よ今夜もありがとう**（しのび逢う恋を　つつむ夜霧よ　知っているのか　二人の仲を）
**嫁に来ないか**（～　僕の所へ）
**夜と朝のあいだに**（～　ひとりの私　天使の歌をきいている　死人のように）
**夜のタンゴ**（小夜更けて　懐かしのタンゴ）
**夜のプラットホーム**（星はまたたき　夜ふかく　鳴りわたる　鳴りわたる）
**よろしく哀愁**（もっと素直に　僕の愛を信じて欲しい　一緒に住みたいよ）

〔ラ〕

**ラストダンスは私に**（貴方の好きな人と　踊ってらしていいわ　優しい微笑みも　その方におあげなさい）
**ラ・ノビア**（白く輝く　花嫁衣裳に　心を隠した　美しいその姿）
**ラブイズオーバー**（～　悲しいけれど　終わりにしよう　切りがな

いから）
**ラブユー東京**（七色の虹が消えてしまったの）
**ラ・メール**（～　たそがれた二人　渚を歩いて　海の歌きいたよ）

〔リ〕

**旅愁**〈犬童球渓歌詞〉（更け行く秋の夜　旅の空の　わびしき思いに　ひとり悩む）
**旅愁**〈西崎みどり〉（あなたをさがして　ここまできたの）
**リバーサイドホテル**（誰も知らない　夜明けが明けた時　町の角からステキなバスが出る）
**リリー・マルレーン**（兵舎の門の街灯の下でよく逢ったね　今もあるならまた逢おう　皆にバレたらそれでもいいさ　～）
**リンゴ追分**（リンゴの花びらが　風に散ったよな　月夜に月夜にそっと）
**リンゴの唄**（赤いりんごに　口びるよせて　だまってみている　青い空）
**リンゴ村から**（おぼえているかい　故郷の村を　便りも途絶えて幾年すぎた）

〔ル〕

**ルイジアナ・ママ**（あの娘は～　やって来たのは　ニューオリンズ）
**流転**（男いのちを　みすじの糸に　かけて三七　二十一《さいのめ》くずれ）
**流亡の曲**（美しい山　なつかし河　追われ追われて　果てしなき旅よ　道づれは涙　幸せはない　国の外にも　国のなかにも）
**ルビーの指環**（くもりガラスの　向こうは風の街　問わず語りの心が　切ないいね）

〔レ〕

**レッツキッス**（～　頬よせて　～目を閉じて　～小鳥のようにくちびるを重ねよう）
**連絡船の唄**（思い切れない　未練のテープ　切れて切ない　女の恋心）

〔ロ〕

**露営の歌**（勝ってくるぞと　勇ましく）
**浪曲子守唄**（逃げた女房にゃ　未練はないが）
**老人と子供のポルカ**（略・やめてケレ　やめてケレ　ゲバゲバ）
**ローレライ**（なじかは知らねど　心わびて　昔のつたえは　そぞろ身にしむ）
**ロマンス**（友よ聞き給え　この愛の歌　とわの幸せを　奏でる歌を）

〔ワ〕

**ワインレッドの心**（もっと勝手に恋したり　もっとKissを楽しんだり　忘れそうな想い出を　そっと抱いているより　忘れてしまえば）
**若いお巡りさん**（もしもし　ベンチでささやく　お二人さん）
**若いふたり**（君には君の　夢があり　僕には僕の　夢がある）
**わかって下さい**（貴方の愛した　人の名前は　あの夏の日と共に忘れたでしょう）
**我が良き友よ**（下駄をならして奴がくる　腰に手ぬぐい　ぶらさげて　学生服にしみこんだ　男の臭いが　やってくる）
**若葉のささやき**（若葉が街に　急に萌え出した　ある日私が　知らないうちに）
**若者たち**（君の行く道は　果てしなく遠い　だのになぜ　歯をくい

しばり　君は行くのか　そんなにしてまで）

**若鷲の歌**（若い血潮の　予科練の　七つボタンは　桜に錨）

**別れたっていいじゃないか**（～　泣くこたぁ　ないじゃないか　あいつだって真剣に　愛してくれたんだ）

**別れても**（空になるこがらし　雨戸打つ吹雪）

**別れても好きな人**（別れた人に会った 別れた渋谷で 会った 別れた時とおんなじ 雨の夜だった）

**別れの磯千鳥**（逢うが別れのはじめとは　知らぬ私じゃないけれど）

**別れの一本杉**（泣けた　泣けた　こらえきれずに泣けたっけ　あの娘と別れた　悲しさに）

**別れのサンバ**（何んにも思わず　涙も流さず）

**別れのタンゴ**（別れの言葉は　小雨の花か　さようならと濡れて散る）

**別れ船**（名残つきない　はてしない　別れ出船の　鐘が鳴る）

**別れのブルース**（窓を開ければ港が見える　メリケン波止場の灯が見える）

**忘れな草をあなたに**（別れても別れても　心のおくに）

**わたし祈ってます**（からだに十分　注意をするのよ　お酒もちょっぴり控えめにして）

**私たちの望むものは**（～　生きる苦しみではなく　～　生きる喜びなのだ）

**私は泣いています**（～　ベッドの上で あなたに逢えて 幸せだった昼も夜も帰らない）

**私の青い鳥**（ようこそここへ　クッククック　～　恋をした心にとまります）

**私の青空**（夕ぐれに　仰ぎ見る　かがやく　青空）

**わたしの城下町**（格子戸をくぐり抜け　見上げる夕焼けの空に）

**私は街の子**（～　巷の子　窓に灯りが　ともる頃　いつもの道を歩きます）

**ワルシャワ労働歌**（暴虐の雲　光を覆い　敵の鉄鎖は荒れ狂う）

**我は海の子**（われは海の子　白浪の　さわぐいそべの松原に）

**吾亦紅**《われもこう》（あなたにあなたに　謝りたくて　仕事に名を借りたご無沙汰）

**我等の仲間**（仲間にはいい娘が　たくさん働いている）

**ワン・レイニー・ナイト・イン・トーキョー**（小雨降る夜は　なぜか淋しくて　しんみり貴方とお話したいの）

# 〈歌は世につれ、世は歌につれ〉考

神津　陽

私らが学童期の昭和三十年代頃の夕飯時には家族が茶の間に集まり、食事の後にはホームドラマやお笑いや歌番組に心興じたものだ。ラジオがテレビに代わるも、司会者の宮田輝や玉置宏らの〈歌は世につれ、世は歌につれ〜〉などの名セリフは健在だった。だが映画制作会社がスター出演を一社に縛る時代に、世間に流れた歌の殆どは各レコード会社専属歌手の歌謡曲だった。右の惹句は今では情報媒体を通し歌と世間を結ぶ、業界人の願望にも聞こえる。

東京オリンピック前年に上京した折に、私は歌と世間との蜜月の拡散に驚いた。様々な宴会で学生がまず知るのは中大節や替え歌類で、駅前はクラシック喫茶だが神田古本屋裏の主流はシャンソンやタンゴ、全盛期の歌声喫茶はロシア民謡や反戦歌を店ごとの歌集で大合唱。そこで漸く広告屋が宣伝しレコード屋が販売し流れる歌謡曲より、自ら聴いた記憶があり、時折は口ずさみ、興が乗れば合唱参加できる唄が、自分の心が求める「流行歌」なのだと確信できた。

人間は本能を持つ動物だが、心にも社会を持つ文化的生物だ。ここから種々の宗教・法・国家観が広がり様々な歴史観も生じた。確かに子供は大人になるが、世界どこにも貧富格差があり、米国的キリスト教優位観は普遍性を装い今も残る。現世で地位や名声を得て権力や金銭を握る成功者が、心豊かで幸せな筈はない。しかし外からは伺えぬ人の心の社会の広さや深さが、流行歌という記憶の鏡を通せば如実に比喩的に再現されて写るのは何とも不可思議な仕組みではないか。

日本は島国で明治維新後も落語や漫才や浪曲などの娯楽は残存するが、軍歌の戦争賛美を消し恋愛物の厭戦気分を排す政治介入は一度も功を奏しなかった。庶民生活は旧藩体制の枠組の村落分布や寺社領域や庄屋・旧家秩序が背景の集団主義で維持されてきた。戦後日本国憲法は個人尊重を掲げたが、実生活の集団主義と二重底で維持された。この二重底の間で学び働き悩む個々人と、恋愛や郷土愛を含む新共同体的関係の希求や愛着の歌が流行ったのだ。

戦後の高度経済成長期は個人的生活意欲と集団主義的な家や仕事のなかで揺れる心を反映し、多くの良質な流行歌が生まれた。だが昭和の終了とともに高度成長が終わり、格差はあるが食うには困らぬ便利な生活のなかで国民各自の心は安心できる共同的居場所を見失った。ＡＩ化への動きに敏感な若者たちは機械化できぬ自己の気持ちや恋愛美化や相互信頼を求める心をラップ調で絶叫するが、情報機器を通じ同世代に広がっても恋人の心奥や大人にはまるで届いていない。

昭和時代の特に戦後に青春期を送った大人には、復興期の組合運動や60年安保や全共闘やヒッピー文化やバブル便乗やの各自の共同体的記憶がある。だが世はすでに大衆情報化社会で、共同行動から生じる仲間意識や相互信頼は記憶の中の愛着物で、子や孫や家族は勝手に動き、恋愛心理も歌で反芻するばかりだ。子や孫の新時代のラップやダンスには追い付けず、自分らが共鳴し参加し信頼し得た共同的経験の伝承が必要だと気付いても糸口が見出せないのではないか？

だがそんな大衆情報社会下の共同的きずなの喪失や世代間の断絶は世界的産物のようだ。人間社会は長く発展史観の国力増強が動力だったが、米ソ冷戦が終わり米国一強のグローバリズムとなったその先には展望が見えない。自然破壊が更に進み経済格差が拡大し戦争状態が続いても、超大国間バランス維持はどんな打開策も生みそうにない。進歩史観は資本主義の次は社会主義だと宣伝してきたが、諸悪の根源の国家主義を打破しえぬ社会主義体制が人類史的な目的の訳がない。ならば経験を反芻し記憶復元から世間を見直すのが、社会矛盾除去への最短方法ではないか？

人は一人では生き得ず社会的生活を保ち、その先に国家が出て来るのでその逆ではない。戦後日本はこの単純原理を復興期に身に染みて体験してきたのだから、流行歌の記憶のなかには自然との共存や村落愛郷心や学校や職場やでの自立や恋愛劇やの、共同的関係と個の哀歓が凝縮している。各自なりの流行歌の軌跡をたどれば、見失った個と共同性の新たな相関が浮上する流れだ。

冒頭に掲げた〈歌は世につれ、世は歌につれ〉の名セリフの後に、司会者は〈時代を超えて語り継ぎたい歌がある〉と続けたらしい。本書で紹介する歌の目配りは私が生きてきた昭和戦後史を軸としたが、記憶の幅は昭和時代より前へパイプが伸び、民謡・唱歌・童謡・歌謡曲・演歌・軍歌・労働歌・歌声喫茶から替え歌にまで及び、各分野で私の好きな歌も示した。

私は愛媛県宇和島で生まれ、時代に翻弄されながら自己主張を重ね高校まで地元で暮らした。上京してから五十余年間も何があっても夏には一カ月ほど帰郷してきたが、地元に住み続けた母の都は二〇一六年春に自宅で93歳で一人で老衰死した。本書刊行は地元への恩返しと、母への鎮魂の意味も込めている。校正中の2018年7月に西日本豪雨が降り、宇和島近辺の密柑山も養殖ハマチも壊滅状態に陥った。一日も早い新たな再生方途の模索を祈るばかりである。

両親の実家が近隣の縁もあり秋祭りや正月には私らは父母の祖父母宅に集まり、食べて呑んで歌って、いとこ同士が遊び情報交換し教え合う至福の共同体的経験を享受しえた。特に母方は四姉妹の年齢も近かったので、城山下の清家、下宇和の松本、大阪の石川家などとの付き合いも深く、後にいとこ会もやったりした。

三島神社の秋祭りで四つ太鼓をみた私は、エイヨージはエイヨウジとはたきを手に自作歌を踊ったそうだが、環境が消えても良い記憶はプラスに働く。新憲法批判も増えたが、戦後七十余年の平和は、いびつでも世界に誇れる新体制だ。戦後の子の私にも戦後社会の良い記憶を再発掘し後世に伝える義務があると考える。

そこで私は奥付に、異例の〈著者の裸の略歴〉をかなり詳しく書いた。様々の分野で心に残る私の流行歌史を示す参考に、外からは見えぬ心の動きを略歴の形で示しておきたいと考えたのだ。

先日も中央大学新聞のインタビュー（２０１７・12・21号）を受けたが、生涯定職なしを選んだ私の活躍期も人生も特異のようだ。人生における様々な場面での私の選択は確かに微妙だろうが、時代の転換点は誰にも共通に訪れた訳だから、読者の側は足下を見直し流行歌の記憶の共通項を見出して下さればよいのだ。

私は本書を同世代向けの記憶メモではなく、異世代間の連結ツール化を意図して書いた。本書を手に取った貴方は、ともかく巻末の〈歌い出し二千曲集〉を開いて欲しい。一頁に一曲でも歌い出し部分の記憶があり、鼻歌で少しは歌える皆さまは、本文中に面白頁を必ず見出せる筈だ。

私は今も主な落語や浪曲の妙も祭り唄や施餓鬼歌も分かる。私の流行歌の記憶幅は、他の誰とも同じく祖父や孫との交流史の前後百五十年くらいの筈なのだ。読了多謝！

## ＜本書を気楽に見るために・著者 神津《こうづ》 陽《あきら》の裸の略歴書＞

藩校教師の末裔で宇和島で生れ戦後に育つが、東京生活が既に五十余年になる。1950 年代末の愛媛県教員勤務評定反対闘争の激動表裏を教員の父の近辺から見聞し、小学校高学年で世俗的人生観を捨てた。その志の根幹を反芻しつつ今も持続しているが、風変わりな本書も十二歳で得た極私的思想の副産物だろう。

妙典寺前の旧士族向け宅地に、私が年長の男三人兄弟の教員家庭に育つ。鶴城幼稚園→明倫小・宇和津小→城南中→宇和島南高へ進む。高校ではブラスバンドを続け文芸部長を引き受け生徒会役員も務める。他方で校内図書館貸出本冊数は三年間毎月全校一位となる位に読書に傾き、人生の進路に悩んでいた。

中央大法科に入学し、神田古書街を歩き回り、歌声喫茶を比べ、真法会研究室で司法試験準備を進めるが、一年から大学院に出入りし法と国家の死滅を調査するほど腰が落ち着かない。学館管理運営方針を巡り学生案が学校側に勝利し対等関係で調印後に、学生役員を処分する学校側の手口は理不尽だと不当処分撤回闘争に加わり、四年で自治委員に当選し、いきなり昼間部全学自治会書記長になる。

学館規約作成にあたり大学側がゴネ始め、バリケード封鎖で管理運営権を獲得。67 年春に卒業後は開館した学生会館の夜警仕事に従事し、学費値上げ阻止準備から値上げ白紙撤回まで伴走する。68 年反乱の大波を予感させる反響に驚き、学館管理運営権学生獲得→学費値上げ白紙撤回の全国初の連続勝利体験を活かすべく新左翼改革に希望を託す。その成果の現代思潮社 70 年刊「蒼氓の叛旗」は、全共闘運動の根拠を示す異色の思想的ベストセラーだと評される。

最後の党派と自負し叛旗派を形成するが、内ゲバ隆盛に嫌気が差し新左翼で初めて自主解散し、互助会を維持する。三多摩で結婚し子は一男二女、孫も三人。司法試験はやめ定職なき反権力生活を模索するが、子らの自立を見届け一人に戻る。社長への勧誘は断り、校正・編集・旅行・法律事務所・駿台予備校講師などの傍ら宇和島和霊神社・日野新選組・論文試験対策・世相語事典など何十冊も本を出す。

本書内容は当初は「出版人・広告人」に連載され、一部は愛媛新聞宇和島地区版 PR 紙に転載された。母親三回忌鎮魂に、2018 年豪雨宇和島再生の祈念の意も加え縁のある松山の創風社出版からの刊行となった。本書はこんな略歴の著者が口ずさんできた流行歌の、周辺考案の集大成だ。この異色な＜歌を介した自分史＞の試みが読者の心奥に伝わり、各自の思索作業の糸口として生きることを願う。

＜神津陽連絡先＞メール kouzua@gmail,com 直通電話 090-5564-8483

流行歌の精神史
―あの頃こんな唄が流行っていた！―

2018年8月15日発行　定価＊本体2000円＋税

著　者　神津　陽
発行者　大早　友章
発行所　創風社出版
〒791-8068 愛媛県松山市みどりヶ丘９－８
TEL.089-953-3153 FAX.089-953-3103
郵便振替 01630-7-14660 http://www.soufusha.jp/
印刷　㈱松栄印刷所　製本　㈱永木製本

 ISBN 978-4-86037-261-3